支持幼儿主动学习的 优秀教育活动 案例与评析

李　峰　周立莉　马　虹　主编

北京师范大学出版集团
BEIJING NORMAL UNIVERSITY PUBLISHING GROUP
北京师范大学出版社

图书在版编目（CIP）数据

支持幼儿主动学习的优秀教育活动案例与评析 / 李峰，周立莉，马虹主编. —北京：北京师范大学出版社，2024.5

（支持幼儿主动学习与探索丛书）

ISBN 978-7-303-29509-8

Ⅰ．①支… Ⅱ．①李… ②周… ③马… Ⅲ．①幼儿园－教学活动－教学研究 Ⅳ．①G612

中国国家版本馆 CIP 数据核字（2023）第 200258 号

营 销 中 心 电 话　010-58808083

图书意见反馈　gaozhifk@bnupg.com　010-58805079

ZHICHI YOU'ER ZHUDONG XUEXI DE YOUXIU JIAOYU
HUODONG ANLI YU PINGXI

出版发行：北京师范大学出版社　www.bnupg.com
　　　　　北京市西城区新街口外大街 12-3 号
　　　　　邮政编码：100088
印　　刷：唐山玺诚印务有限公司
经　　销：全国新华书店
开　　本：787 mm×1092 mm　1/16
印　　张：18.75
字　　数：303 千字
版　　次：2024 年 5 月第 1 版
印　　次：2024 年 5 月第 1 次印刷
定　　价：59.80 元

策划编辑：张丽娟　　　　　　责任编辑：梁民华
美术编辑：焦　丽　李向昕　　装帧设计：李尘工作室
责任校对：段立超　　　　　　责任印制：马　洁　赵　龙

前　言

2012年教育部颁布的《3—6岁儿童学习与发展指南》中强调应重视幼儿的学习品质，幼儿在活动过程中表现出的积极态度和良好行为倾向是终身学习与发展所必需的宝贵品质。主动学习是学前儿童学习品质的核心要素，对个体的终身学习与发展具有奠基作用。

当前，在幼儿园教育实践中幼儿被动学习、教师制约幼儿主动学习的现象仍然存在，主要表现在：教师对幼儿学习的支持存在"控制过多"或"完全放手"的两极化状态；教师多采用"教"的方式，忽视幼儿主动"学"的过程；教师对如何支持幼儿主动学习缺少支持策略……为研究并解决教师忽视和制约幼儿主动学习的问题，北京市海淀区教师进修学校学前教育研修室教研员带领园所开展了"支持幼儿主动学习的实践"的行动研究。研究成果获2021年北京市基础教育教学成果奖一等奖。

为了解教师支持幼儿主动学习的实践样态，本书主编调研分析了海淀区幼儿园教育教学现场，基于第一版内容，继续精选案例，最终汇编成册。案例体现了以下三个特点。

一是重反思、重评析，凸显教师在教育中的思考。每个案例主要分为教育过程和反思评析两部分。反思评析包括个人反思和综合评析，从不同视角分析案例。个人反思是教师对自身教学过程的分析与思考，综合评析是保教管理者对案例亮点和问题的整体分析。需要特别指出的是，一些案例中某些教育环节也许并不理想，但教师个人反思和综合评析能抓住关键问题，反思评析有一定深度和启发性。阅读后，教师不仅能运用这些案例，而且可以在借鉴学习的同时学会分析、学会思考。应该说，案例后细腻的反思是本书的亮点之一，大家仔细阅读后一定会有所收获。

二是重互动、重细节，凸显教师在幼儿主动学习中的角色和作用。本书案例尽可能细致地描述教育过程，为教师提供教学参考，实用性和可操作性强。每个案例力求再现当时的教育情境，真实展现出幼儿在学习过程中的语言、表情、行为、动作，以及教师追随幼儿的兴趣和需要的过程，使读者似乎身临其境。应该说，细腻地呈现互动过程也是本书的亮点之一，大家可以结合案例分析幼儿的主动学习的过程，从中看到教师如何追随幼儿、如何回应和支持幼儿，也能学习到教师的教育策略和实践智慧。

三是重生活、重探究，凸显幼儿主动学习的发生过程。2022 年教育部颁布了《幼儿园保育教育质量评估指南》，所附的评估指标中提出"发现和支持幼儿有意义的学习，采用小组或集体的形式讨论幼儿感兴趣的话题，鼓励幼儿表达自己的观点，提出问题、分析解决问题，拓展提升幼儿日常生活和游戏中的经验"。本书中的教育活动源于幼儿的生活，教师研究幼儿的需要和兴趣，基于幼儿原有经验，创设宽松的教育环境，投放丰富的活动材料，促进幼幼互动、师幼互动，支持不同年龄幼儿用自己的学习方式进行学习。大家可以结合案例分析教师在支持幼儿主动学习中的具体教学行为和背后的思考。

教师应成为幼儿主动学习的支持者与鼓励者、引导者与帮助者，教师应成为自身实践的研究者。在教师研究自身实践的过程中，案例研究得到广泛应用并被实践证实是帮助教师提升日常教育教学质量的一种有效方式。一般来说，案例研究的内容涉及学科领域、幼儿发展和教育教学三个大的方面。本书旨在通过领域教学活动案例的研究，帮助教师把握学科领域的基本特点和关键经验，了解幼儿的学习特点和学习进程，获得创造性地开展教育教学的能力。

本书第一版《实践·研究·反思——幼儿园优秀教育活动案例》于 2010 年出版，出版时得到了中国教育科学研究院刘占兰教授的指导与建议，历时 14 年，得到广大读者的喜爱。本书的再版，要特别感谢北京师范大学出版社张丽娟编辑，她对再版工作提出了中肯的建议，使本书品质得以提升。

在修订过程中我们保留了部分经典案例，也结合时代发展和教育要求对原有案例进行了删减和丰富。第二版的案例遴选和修改的分工为：科学领域由马虹负责，健康领域和社会领域由周立莉负责，语言领域和艺术领域由李峰负责。

相信这本案例集将进一步全面推进学前教育的扩优提质，促进实现幼儿园之间的交流共享，推动学前教育向更高质量迈进！

编者
2024 年 1 月

目　录

目
录

健康领域

水球大战（小班）

中央军委机关事务管理总局红星幼儿园（太平路园）　潘晶

活动由来及设计思路

炎热的夏天，在户外活动中幼儿对用气球做的水球很感兴趣，基于此我们开展了水球游戏。基于幼儿对玩水球的热情以及幼儿协调能力有待进一步增强的发展需求，我们设计了"水球大战"。幼儿在游戏中尝试单手侧身肩上投掷，发展协调能力，培养勇于接受挑战的运动品质，感受投掷游戏的乐趣。

活动目标

1. 尝试单手侧身肩上投过具有一定距离和高度的障碍，能够全身协调用力，发展上肢力量和身体协调性。

2. 在游戏中勇于接受挑战，体验投掷的乐趣，获得完成任务的成就感。

活动准备

1. 经验准备：有向前投掷和玩球的游戏经验。

2. 物质准备：呼啦圈、软球、垫子、水球（见图1-1）、软质小球（见图1-2）、音乐等。

图1-1　水球

图1-2　软质小球

1

重点、难点

重点：学习单手侧身肩上投过具有一定距离和高度的障碍，能双腿前后开立自然转体投掷。

难点：能向前投过具有一定距离和高度的障碍。

活动过程

1. 开始部分。

热身环节，幼儿跟随音乐做蛙泳、自由泳等游泳动作来活动身体，重点活动上肢。

教师：小朋友们，夏天到了，你们喜欢什么运动呀？

幼儿1：我喜欢游泳。

幼儿2：我也喜欢游泳，夏天游泳好凉快呀。

教师：那我们一起去游泳吧，准备出发……

2. 基本部分。

（1）游戏一：小球大战。

①幼儿运用经验，自由投掷。

教师：前面有一条河，小朋友需要把球投到河对岸。请小朋友分别站在圈的两侧，我们要进行小球大战了。每个小朋友每次只拿一个球，将球投到河对岸，捡球时要在自己这一侧的岸边捡。（教师提供软质小球，利用呼啦圈在场地中间布置小河，见图1-3）

图1-3 呼啦圈布置的小河

幼儿自由开展投掷游戏，教师观察幼儿投掷的情况和动作。

教师：我发现好多小朋友都把球投到对岸去了，谁来说一说你是怎样把球投到对岸的？

幼儿1：我是用力投过去的。

幼儿2：我是用力往上投过去的。

教师：真棒，你们的办法特别好，大家一起来试一试。

②增加投掷距离，巩固幼儿的投掷动作。

教师：小河变宽了，这么远小朋友怎样投过去呢？

教师调整呼啦圈的间隔宽度，规范幼儿的动作。幼儿集体练习投掷动作。

幼儿1：我是用刚才的办法用力投过去的。

幼儿2：我是看着前面用力投的。

教师：你们真棒，好多小朋友都把球投过去了，而且都是在岸边投的，遵守了游戏规则。

教师：那小朋友们换另外一只手试一试吧。

幼儿再次练习动作并进行投掷游戏，教师规范个别幼儿的投掷动作。

教师：丫丫，你在投的时候要一只脚在前，一只脚在后，换另外一只手拿球向前投。

丫丫：老师，是要换这只手吗？

教师：对，要记得转身用力向前投，再来试一试吧。

（2）游戏二：小球帆船战。

教师创设游戏情境，提示幼儿出手的角度。

教师：河上开来了一艘大帆船（见图1-4），这么高的帆船小朋友要把球投到对岸去可没那么容易，还记得我们的动作要领吗？

幼儿1：我记得转身用力向前投。

幼儿2：一只脚在前，一只脚在后，用力向前投。

图1-4 用垫子做的大帆船

幼儿自由进行投掷练习。

教师：为什么有的小朋友没投过去呢？

幼儿：帆船太高啦，投不过去。

教师：那这次我们瞄准得要更高一些。

教师强化投掷动作，幼儿再次进行投掷练习，教师提示幼儿出手的角度。

（3）游戏三：水球大战。

教师：我们做了很多练习，小朋友们最喜欢的水球大战要开始啦。请每个小朋友从旁边拿两个水球站在岸边，我们将水球投到对面。

教师：水球大战结束了，谁来说一说游戏后有什么样的感受呀？

幼儿1：水球大战游戏真好玩儿。

幼儿2：我把水球扔过去了，真开心呀。

幼儿用水球进行投掷活动，兴趣很高。大部分幼儿能够完成单手侧身肩上投掷动作且能投过障碍物。

3. 结束部分。

(1) 对幼儿在游戏中的表现进行点评,梳理经验。

教师:小朋友们是怎样把水球投得又高又远的?

幼儿1:我是使劲投的。

幼儿2:瞄准高高的地方。

教师:瞄准高高的地方,用力投过去。

(2) 放松活动。

幼儿和教师伴随音乐一起做拉伸运动,并收放整理游戏材料。

教师:今天的游戏结束了,谁愿意来一起收材料呢?

幼儿1:我来收呼啦圈。

幼儿2:我要和老师一起收垫子。

教师:小朋友们太能干了,跟着老师一起把游戏材料都收放好了。

活动延伸

变换游戏材料,增加投掷的距离与高度,引导幼儿继续开展游戏。

个人反思

小班幼儿喜欢户外游戏,好玩的"水球大战"游戏也深受幼儿喜爱。活动内容来源于班级幼儿的兴趣。我及时抓住幼儿喜欢水球的特点,巧妙结合班级幼儿投掷的发展现状,设计并组织了本次活动。

活动过程中,幼儿参与积极性高。活动目标符合小班幼儿的年龄特点和实际发展水平,遵循了小班幼儿游戏化的学习方式,并具有一定的挑战性。热身环节让幼儿在有趣的情境中充分活动上肢,激发了幼儿的兴趣,并为后面的投掷动作做了充分准备。重点环节的设计关注幼儿的投掷经验,以"小球大战""小球帆船战"为情境,从幼儿充分自主练习投掷动作,到巧妙结合呼啦圈与垫子,根据幼儿的实际情况增加投掷距离、规范投掷动作。游戏从易到难,环环相扣,层层递进,最后真正的"水球大战"把活动推向高潮。幼儿在游戏中充分感受到了投掷的快乐。另外,我能够关注幼儿发展现状和个体差异,根据幼儿的投掷动作给予适时适度的指导,并在投掷游戏中观察与鼓励幼儿单手侧身肩上投过具有一定距离和高度的障碍。在最后结束部分,我与幼儿共同讨论,帮助幼儿总结出新的经验,并在放松活动环节与幼儿一起收放整理游戏材料,帮助幼儿养成良好的收放整理习惯。

在活动中，我还应关注语言的清晰、简练，随时调整幼儿自主探究的时间，为幼儿提供充分的自主学习机会，加强对个别幼儿的随机指导；在材料的选择和利用上还可再丰富、多样化一些，因地制宜地促进每个幼儿在原有水平上获得发展，锻炼幼儿的身体，增强幼儿的体质；另外，也可有效利用家长资源，让幼儿在家进行投掷游戏，在增强幼儿投掷能力的同时增进亲子间的情感。

综合评析

《3—6岁儿童学习与发展指南》指出，3～4岁幼儿能单手将沙包向前投掷2米左右。本次教学活动内容源于幼儿对水球的兴趣，教师能够遵从幼儿的好奇心和兴趣设计活动。活动的游戏性和挑战性强，符合小班幼儿的年龄特点与学习方式，整体结构由易到难、环环相扣、层次清晰。在活动过程中，教师精神饱满，有一定的感染力，能遵循幼儿现阶段的发展水平，在幼儿自主投掷游戏的基础上不断调整投掷距离，增加高度、距离，从而增加了游戏的挑战性，大大激发了幼儿参与投掷游戏的热情。另外，教师能够较细致地关注幼儿的投掷动作并给予适宜的指导，有方法、有策略。同时，教师能尊重幼儿的个体差异，鼓励幼儿分享经验并帮助幼儿建立新经验，使幼儿在原有水平上获得了发展。此外，在游戏材料的选择上还应更加多元，形式更为丰富，真正做到以幼儿为主体，促进幼儿身心健康发展。

指导教师：中央军委机关事务管理总局红星幼儿园（太平路园）　赵敬
北京市海淀区教师进修学校　赵蕊莉

小兔冒险（小班）

中国人民解放军军事科学院幼儿园（复兴园）　程敏

活动由来及设计思路

冬季天气寒冷，很多幼儿来到户外后不主动参加体育活动。我关注到幼儿在日常活动中喜欢模仿小兔子跳，对小兔子跳有着浓厚的兴趣，但跳的动作还不够协调。为了调动幼儿的运动积极性，锻炼幼儿身体的平衡性和协调性，我结合小班幼儿的年龄特点设计了本次活动，以发展幼儿跳的动作。我创设了小兔子经过不同路径摘取果子的冒险情境，指导幼儿学习双脚连续向前跳，激发幼儿的兴趣和探索欲望，使幼儿掌握新的玩法和技能，在活动中感受快乐、锻炼体能、发展动作。

活动目标

1. 愿意参加体育游戏，不怕天气冷，主动参加锻炼。

2. 能身体平稳地双脚连续向前跳。

活动准备

1. 经验准备：大部分幼儿会双脚并拢跳。

2. 物质准备：

头饰：小兔宝宝、小兔妈妈。

器材：空旷的场地、呼啦圈、沙包、平衡板、泡沫积木、障碍物、红色梅花桩、大树、红色小墩、拱形门。

音乐：动感强的音乐和舒缓的音乐。

重点、难点

重点：身体平稳地双脚连续向前跳。

难点：主动尝试双脚夹物连续向前跳。

活动过程

1. 热身活动。

设置游戏情境"小兔子冒险"，教师扮演兔妈妈，播放《牛奶歌》，带幼儿边做热身操，边说自编儿歌，重点活动上肢关节、髋关节和膝关节。

引导语：兔宝宝们快和兔妈妈一起来做早操吧！伸伸臂，弯弯腰，扭扭屁股，跳一跳，天天锻炼身体好。

2. 基本活动。

（1）幼儿原地跳，感知跳的基本动作。

①请幼儿自由尝试双脚连续跳，激发幼儿的兴趣。

教师：小兔子是怎么跳的呢？

幼儿1：要跳得很高、很远。

幼儿2：（边跳边说）这样跳。

教师：我们一起来跳一跳吧。（幼儿原地自由跳）

②示范讲解双脚跳的动作要领。

教师：有一只兔宝宝跳得不一样，我们请他来试一试，看看他是怎么跳的。

幼儿1：双脚并拢用力向前跳的。

幼儿2：膝盖弹起来向前跳。

教师边说边做慢动作示范：兔宝宝要双脚并拢，膝盖弯曲，用力向前跳，我们一起来学一学吧。

教师用儿歌引导幼儿练习跳的动作：小兔小兔，双脚并拢，膝盖弯弯，向前跳跳。（鼓励幼儿再次自由练习双脚跳动作）

（2）幼儿跳小草堆，学习双脚连续跳这一基本动作要领。

教师利用呼啦圈，组织幼儿分成两组依次双脚连续跳呼啦圈，边说儿歌边指导幼儿跳的方法。

教师：兔宝宝们快看，前面有许多小草堆（呼啦圈），我们一起去玩吧。跳的时候兔宝宝要注意什么呢？

幼儿1：双脚要并拢。

幼儿2：要向前跳，小心别摔倒。

教师：兔宝宝一定要双脚并拢向前跳，跳过前面的小草堆，我们才能到达终点，快试一试吧（见图1-5）。

（3）幼儿自由尝试跳障碍小路。

教师：草坪上怎么多出这么多彩色的小石头呀？看看兔妈妈是怎么跳过去的（边说边进行动作示范），双脚并拢用力向前跳，跳过障碍。兔宝宝们，快来和妈妈一起试一试吧（见图1-6）。

图1-5　小兔子跳小草堆　　　　图1-6　小兔子跳障碍小路

（4）幼儿进行"摘水果"游戏。

教师介绍游戏场地及游戏规则，鼓励幼儿自主选择游戏。

教师：兔宝宝们，你们喜欢吃什么水果呢？

幼儿1：我喜欢吃苹果。

幼儿2：我最喜欢吃甜甜的桃子。

教师：快看，对面有许多果树，上面有好吃的水果，兔宝宝们可以跳过障碍，到对面的果园摘自己喜欢的水果。

游戏玩法：通往果园有三条小路，小路难度由易到难。幼儿通过小路障碍之后，到达果园摘下好吃的水果，直线跑回起点，再将摘下的水果放进水果筐。完成之后，幼儿可自主选择通往果园的路径。

游戏规则：游戏中幼儿一定要通过一条小路才可摘下水果，每人一次只摘一个水果，并将其送回水果筐。完成后，幼儿继续自主选择通往果园的小路。

游戏场地：操场。

难度一：钻山洞（拱形门），连续跳 6 个小草堆（呼啦圈）。

难度二：跑 S 形障碍物（树林），跳 8 块石头（泡沫积木）。

难度三：走过小桥（平衡木），夹沙包连续跳 10 个障碍物（泡沫积木）。（见图 1-7）

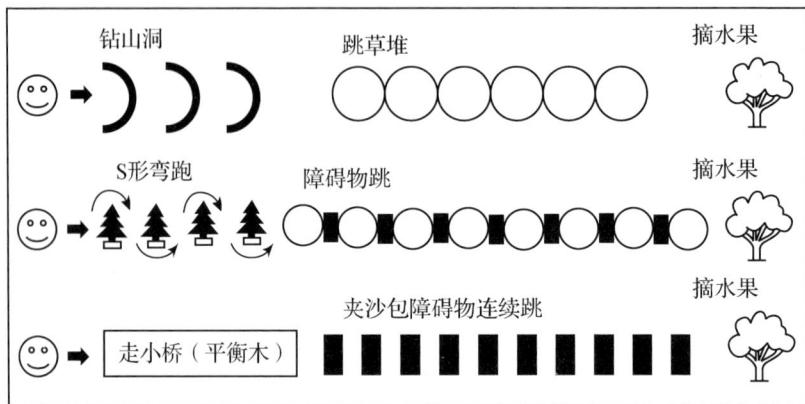

图 1-7　游戏场地设计图

对于能力较强的幼儿，教师指导其进行双脚夹物连续跳，掌握双脚连续跳的方法；对于能力较弱的幼儿，教师指导其双脚连续跳的基本方法。

3. 结束活动。

教师：你们是最勇敢的兔宝宝，都摘到了好吃的水果，你都是通过哪条小路摘到水果的呢？

幼儿 1：我钻过山洞摘了苹果。

幼儿 2：我绕过大树摘了梨。

幼儿 3：我走过小桥摘了好吃的桃子。

教师：兔宝宝们太能干了，摘了那么多水果，都累了吧？我们一起放松一下吧。

教师播放舒缓的背景音乐，组织幼儿进行放松活动。幼儿在教师的带领下做放松手臂、腿部等动作。

教师：宝宝们，快帮妈妈把我们摘的水果送回家吧。

活动延伸

设置不同的情境游戏，根据幼儿动作发展情况逐步增加游戏难度。例如，开展"小兔运萝卜""青蛙过河""袋鼠跳跳"游戏，逐步提高幼儿的腿部控制能力及幼儿身体的灵活性和协调性。

个人反思

小班幼儿在生活中喜欢学小兔子跳。针对小班幼儿的年龄特点，我创设了"小兔子冒险"的游戏情境。幼儿在模仿小兔子跳的过程中，理解了"双脚连续向前跳"的动作要领，掌握了动作技能，并通过游戏环节大胆尝试和体验。活动中我提供的材料丰富，创设的情境有趣。幼儿在多种活动材料组成的情境中进行有效练习，提高了身体平衡能力，增强了腿部力量，达到了预定目标。

活动以双脚连续向前跳为核心目标，层层递进，从易到难。层次一，利用呼啦圈巩固双脚连续向前跳的基本方法；层次二，在每个呼啦圈中间添加泡沫积木，增加动作难度，有效发展幼儿的耐力；层次三，夹沙包跳，增加了双脚连续向前跳的难度，锻炼了幼儿大腿肌肉的力量。幼儿兴趣极高，敢于挑战难度不一的小路，不怕困难。

游戏中的水果数量不宜过多，避免幼儿游戏时间过长。夹沙包跳的障碍数量可以由少到多，使游戏的挑战性逐步提高。

综合评析

活动设计符合小班幼儿的身心特点。教师教态亲切，语言自然，有感染力，能有效吸引幼儿的注意力和兴趣。教师抓住小班幼儿的年龄特点，设计了小兔子去冒险的游戏情境，使活动轻松有趣。从开始巩固双脚连续跳，到增加了难度的障碍跳、夹沙包跳，教师还利用游戏化的情境设计了层级递进的双脚跳的练习过程。虽然这对小班幼儿来说具有一定的挑战性，但是幼儿经过努力能够完成。活动不仅发展了幼儿的动作协调能力，还锻炼了幼儿的坚持性，提高了幼儿的意志品质。本次活动还可以给幼儿创设不同数量的障碍，让幼儿根据自身能力和兴趣选择活动内容，充分发挥自主性，从而在自由自主的游戏中得到更好的发展。

指导教师：中国人民解放军军事科学院幼儿园（复兴园）　李丽华　杨静

健康领域

我会漱口和刷牙（小班）

北京市海淀区北部新区实验幼儿园　丁一

活动由来及设计思路

在幼儿园健康领域活动中，幼儿的口腔保健很重要。我通过调查发现，很多幼儿在入园前都没有养成餐后漱口、刷牙的习惯。根据小班幼儿的这种情况及年龄特点，我采用游戏的方法，以幼儿生活中的事件来帮助幼儿了解、感知漱口、刷牙的重要，从而引导幼儿主动漱口、刷牙，逐步养成好习惯。

本次系列活动首先以小班幼儿喜欢的动画片《小红脸和小蓝脸》吸引幼儿，让幼儿了解口腔保健的相关知识，初步感知饭后漱口、刷牙的重要性；其次在区域中开展"小猪的牙齿"游戏活动，让幼儿通过帮助小猪赶跑小红脸和小蓝脸加深对小红脸和小蓝脸存在于牙齿中的认识。小红脸和小蓝脸贯穿活动始终，这种游戏化的策略符合小班幼儿的年龄特点。此外，教育的内容应源于幼儿的生活。结合每年一次的幼儿牙齿治疗活动，我组织幼儿开展了此次活动。

活动目标

1. 通过活动，使幼儿了解、体验、感知饭后漱口、刷牙的重要性。

2. 重点学习漱口的方法，逐步养成餐后漱口、刷牙的良好习惯。

活动准备

1. 经验准备：

（1）看过动画片《小红脸和小蓝脸》，了解牙齿会被损坏以及会被什么损坏。

（2）在区域游戏中玩过游戏"小猪的牙齿"，当医生帮助小猪赶走了小红脸和小蓝脸。

2. 物质准备：

（1）结合幼儿园每年一次的幼儿牙齿治疗活动，与医生沟通，对本班幼儿补牙的情况进行录像。

（2）活动前一周，每天中午将幼儿的漱口水收集在一个玻璃器皿内。

（3）小红脸和小蓝脸的图片。

重点、难点

让幼儿了解、体验、感知餐后漱口和刷牙的重要性，并把认知转换成自觉的行为。

活动过程

1. 谈话活动导入。

教师：小朋友们，上午大夫阿姨给我们大家做了什么检查？

幼儿：牙齿检查。

教师：牙齿有问题了怎么办？

幼儿：大夫阿姨给治疗。

教师：是的，牙齿坏了，被小红脸和小蓝脸造房子了，就要请大夫阿姨把那两个小东西赶跑才行。

2. 观看幼儿治疗牙齿的录像。

教师：我们大家一起来看一看大夫阿姨是怎样帮助小朋友赶跑小红脸和小蓝脸的。

观看录像时，教师重点引导幼儿观察患病幼儿在接受治疗的过程中的表情，同时注意保护被治疗幼儿的心理，鼓励幼儿勇敢地配合大夫赶跑小红脸和小蓝脸。

3. 提问交流，请补过牙的幼儿谈谈自己的感受。

教师：捉小红脸和小蓝脸的时候，舒服吗？

幼儿：不舒服。

教师：为什么？

幼儿1：嘴张着，累，疼。

幼儿2：害怕听"嘶嘶"的声音。

幼儿3：嘴里有味儿，不好闻。

教师：你们都很棒，虽然怕，但还是和阿姨一起努力把小红脸和小蓝脸赶跑了。

教师小结：小红蓝和小蓝脸虽然被赶跑了，但是一有机会还会钻空子，不认真漱口的小朋友，可要当心啊。

4. 出示漱口水，引导幼儿通过看一看和闻一闻来感知嘴里残渣的存在，让幼儿理解漱口的重要性。

教师：大家快来看，小红脸和小蓝脸说什么了？（做倾听状）

教师：它让小朋友看一样东西。（出示漱口水）

教师：我们来看一看、闻一闻，你闻了舒服吗？为什么？（端起玻璃器皿走到幼儿身边，请幼儿看一看、闻一闻）

幼儿1：好臭！（幼儿边说边用手捂着鼻子）有菜叶。

幼儿2：酸味，难闻，有饭渣。

幼儿3：不闻了，不好闻。（边说边推）

幼儿4：好闻，香的。

有一个不一样的声音，有的幼儿"啊"了一声，有的幼儿笑了。

教师：那你告诉大家，为什么你觉得是香的呢？

幼儿：臭豆腐就臭，但奶奶说吃着香。

教师：那下次请你给小朋友带些来，我们一起闻一闻、尝一尝。

教师：快听听，小红脸和小蓝脸又说什么了？

教师：（以小红脸和小蓝脸口吻说）我最喜欢这样的饭渣了，有了它们我们就可以钻进小朋友的嘴里去，在牙齿上造房子了。可惜你们这些小朋友太聪明了。漱口时都漱出来了，这就是你们平时的漱口水。哎……我们进不去了，拿上望远镜再找一找，看看有没有不认真漱口的小朋友。（引导幼儿感知餐后漱口的重要性）

5. 谈话活动：餐后怎样做才能不让小红脸和小蓝脸进来。

教师请幼儿说一说餐后怎样做才能不让小红脸和小蓝脸进来，重点引导幼儿学习餐后认真漱口的方法。

教师：小红脸和小蓝脸要留在这里看一看，是不是还有机会留在小朋友的嘴里，在小牙齿上造房子。我们怎么办？

幼儿：让水在嘴里漱一漱再吐出来，就能把饭渣冲出来了。

6. 幼儿学习儿歌，练习漱口。

教师将小红脸和小蓝脸的图片贴在盥洗室，引导幼儿边学习儿歌边练习漱口。

漱口儿歌：手拿小水杯，喝口清清水。仰起头，闭上嘴，咕噜咕噜吐出水。食物残渣全都没。

活动延伸

结合加餐、中饭和晚饭引导幼儿认真漱口、刷牙。

娃娃家：可以投放杯子、牙刷等物品，让幼儿在游戏中给娃娃漱口、刷牙，强化幼儿对保护牙齿的认识。

图书区：把相应的小红脸和小蓝脸的图片、头饰投放到图书区，供幼儿讲述；还可投放看牙镜，供幼儿表演。

益智区：保护牙齿的棋类游戏。

日常生活中，不断发挥墙饰的作用，创编儿歌支持幼儿认真漱口、刷牙。家园一致引导、教育幼儿认真漱口、刷牙，养成良好的卫生习惯。

个人反思

1. 活动中的优点。

（1）注重小班幼儿的年龄特点，体现了北京市"幼儿园快乐与发展课程"提出的"小班幼儿一日化的游戏生活"这一要求；"小红脸和小蓝脸"贯穿活动的始终，调动了幼儿的积极性、主动性；发挥环境的支持作用，将幼儿感兴趣的小红脸和小蓝脸的图片贴在墙面上与幼儿互动，对培养幼儿积极、主动的行为习惯起到了很好的作用。

（2）注重体验感知的过程。小班幼儿通过各种感官感知周围世界。积累漱口水让幼儿看一看、闻一闻，这样的活动非常符合小班幼儿具体形象的思维特点。在回应个别幼儿的问题时，我能够正确把握，灵活处理。在闻漱口水的味道时有一个幼儿说出了"好闻，香的"，我并没有简单地否定或告知，而是追问原因，以了解幼儿的经验，并根据幼儿的回答，用适当的方法有针对性地引导幼儿通过更多的感知来建构对味道的认知。

（3）注重活动内容源于幼儿的生活。日常的漱口水、幼儿园每年的牙齿治疗活动等生活素材，较好体现了教育内容贴近幼儿的生活，重视短期与长期相结合；活动既符合幼儿当前发展的需要，也为幼儿长远发展奠定了基础。

（4）注重教育的全面性。在看录像时，我及时鼓励、表扬治疗牙齿的幼儿，有利于幼儿心理健康发展。

2. 活动中的不足。

（1）把小红脸和小蓝脸的图片换成手偶效果会更好。

（2）关于幼儿对味道的感知预想不够全面。

综合评析

小班幼儿的认知过程具有直观形象的特点，在活动中需要依靠或借助具体形象的事物来学习。在本次活动中，教师细心地用镜头记录下了幼儿的生活，将大夫治疗牙齿的过程拍了下来，帮助幼儿回顾并梳理经验，激发了幼儿保护牙齿的愿望。积累下日常的漱口水，可以更直观形象地让幼儿感受不漱口的坏处。教师还运用了儿歌、图片等形式支持幼儿的积极行为，适合小班幼儿的年龄特点，达到了很好的效果。活动的延伸部分给了我们更多的思考。教育不是一次活动就能够完成的，可以通过娃娃家的游戏、

健康领域

图书区的讲述表演、益智区好玩的棋、墙饰的宣传、家园配合等多种途径发挥最大价值。这样的思路拓展了教师在健康领域进行教育的途径。

本次活动只是教育中的一点。要养成讲究卫生、乐于保护牙齿的意识和习惯，需要一个长期的过程，还需要通过多种形式不断让幼儿感知、体会，引导幼儿对保护牙齿进行更多方面的思考和体验，如认真刷牙，少吃甜食等，树立保护牙齿的意识。

指导教师：北京市海淀区北部新区实验幼儿园　肖延红

学做小战士　匍匐向前进（中班）

北京师范大学实验幼儿园（牡丹园分园）　黄蕊

活动由来及设计思路

幼儿在前期的主题活动中对战士训练的一些动作有了初步的了解，并在生活中经常饶有兴趣地模仿，如站军姿、敬礼、瞄准射击、穿越障碍冲锋前进等。《3—6岁儿童学习与发展指南》指出，4～5岁幼儿能以匍匐、膝盖悬空等多种方式钻爬。基于以上思考，我们开展了"学做小战士　匍匐向前进"的体育活动，以帮助幼儿掌握匍匐前进的基本动作，学习、巩固动作要领，锻炼耐力及身体协调性。

活动目标

1. 积极参加体能挑战活动，体验成功的喜悦。

2. 学习低姿匍匐爬的动作，能够动作协调地低姿匍匐前进。

3. 锻炼自身的耐力及身体协调性。

活动准备

1. 经验准备：

（1）有手膝爬、手脚爬的经验。

（2）观看过士兵训练及战士冲锋前进的视频。

2. 物质准备：海绵爬垫、玩具手榴弹、草坪、障碍绳、跳箱、假山、锥桶、玩偶匍匐兵等。

重点、难点

重点：学习匍匐爬的基本动作，四肢和躯干能较协调地匍匐爬。

难点：在低姿匍匐爬的过程中不断尝试四肢配合，能坚持一定的时间和距离，不怕困难。

活动过程

1. 热身活动, 调动幼儿参加活动的积极情绪。

(1) 热身: 跑步, 手膝爬。

教师: 小朋友们好, 操场周围用锥桶和垫子摆了一圈, 我们从这边的入口开始, S 形跑步穿过锥桶, 爬过垫子, 完成三圈热身活动。

听到口令后, 幼儿伴随音乐有节奏、有秩序地跟队跑步, 并依次穿过锥桶、爬过垫子。完成三圈后, 教师发出整队口令, 幼儿原地踏步并调整呼吸。

教师: 手臂摆起来, 小脚用力踏, 一、二、一。

(2) 学小战士喊出口号及做热身操。

教师: 孩子们, 今天你们身穿迷彩服特别精神, 你们想做小战士展示风采吗?

幼儿: 想。(情绪愉悦, 精神饱满)

教师: 全体小战士立正! 喊出你们响亮的口号吧!

幼儿边喊口号边跟随音乐做军旅操, 教师给予动作提示。

幼儿: (边踏步边喊口号) 我们是勇敢的小战士, 走起路来真神气。一二一二上战场, 不怕危险不怕苦。

教师带领幼儿跟随《当那一天来临》的音乐做军旅操热身。军旅操涉及踏步动作、左右肢体相互配合的动作、俯背动作、肩部动作、跳跃动作、小碎步等。

(3) 讨论战士的本领。

教师: 今天我们学做小战士, 你们想学做什么样的小战士?

幼儿 1: 我想学做勇敢不怕牺牲的小战士。

幼儿 2: 我想学做一位本领多多的小战士。

幼儿 3: 我想学做一位爱学习的小战士。

幼儿 4: 我想学做像黄继光和董存瑞那样能消灭敌人的小战士。

教师: 你们说的太好了。小朋友刚才说到想学做本领多多的小战士, 战士的什么本领最让你们敬佩呢? 你们想学习战士的什么本领?

幼儿 1: 扛枪。

幼儿 2: 顶炸药包。

幼儿 3: 战士打枪的动作。

幼儿 4: 踏步、敬礼的样子最神奇。

幼儿 5：我觉得战士匍匐爬最厉害。

2. 引导幼儿学习低姿匍匐动作，通过多种形式进行体验、练习。

（1）幼儿尝试自己理解的匍匐动作。

教师：刚才说战士的本领时，有小朋友说到匍匐爬，你们知道战士为什么要匍匐爬吗？

幼儿 1：怕被敌人发现。

幼儿 2：通过低矮空间的时候，战士要匍匐爬。

教师：战士在前线为了不被敌人发现，或者要通过低矮空间的时候，会用到匍匐爬。

教师：你们觉得匍匐爬的动作是怎么做的呢？

幼儿 1：我觉得就是趴着往前爬。

幼儿 2：我觉得匍匐爬就像青蛙爬一样，我看到电视上的战士就是那样爬的。

幼儿 3：就是要手用力往前爬，手得用力。

教师：刚才你们说的都很好。请看那片场地，有障碍绳，有垫子。大家可以用自己理解的匍匐爬的动作尝试爬过垫子，通过障碍绳。

幼儿很积极地尝试自己理解的匍匐爬的动作，并努力通过障碍绳。有的幼儿像小海豹，双手用力向前一起扒，但双脚不动，一副很吃力但又很快乐的样子；有的幼儿像小青蛙，手和脚配合不太协调；有的幼儿侧着身子爬。为了通过低矮的障碍，幼儿想法各异。

（2）教师进行动作示范，幼儿观察动作要领，教师小结。

教师：刚才你们都尝试了自己理解的匍匐爬动作，大家的动作不太一样，有两个小朋友的动作接近匍匐爬的标准动作，我们请他们展示一下吧。小朋友们认真看。

两名幼儿展示，其他幼儿认真观察动作要领。

教师：他们的准备动作是怎样的呢？

幼儿：是趴着的，身体要贴着地面，头抬起一些向前看。

教师：向前移动时胳膊和腿是怎么样配合的呢？

幼儿：胳膊轮流往前爬，小腿弯曲，脚蹬地。

教师引导幼儿认真观察展示幼儿的动作，帮助幼儿用语言表达动作要领。

教师：请展示的小朋友说说匍匐爬有什么要注意的地方吧。

幼儿：我刚刚双手是这样往前爬的。

幼儿边说边做双手交替向前的动作，其他幼儿模仿学习。

教师：双腿怎样做呢？

幼儿：腿要蹬地，一条腿蹬地后另一条腿蹬，这样才能快速前进。

教师：噢，双手和双腿都要相互配合才能让匍匐速度更快呀。那小朋友们都说说匍匐爬应该注意什么。

教师出示玩偶匍匐兵，幼儿边描述，教师边利用玩偶匍匐兵进行展示。

幼儿1：为了身体不触碰障碍绳，身体要紧贴地面。

幼儿2：脚不能抬太高，不然会触碰障碍绳。

幼儿3：双手要交替往前爬，腿要弯曲蹬地。

教师：你们总结的都很对。首先趴下做准备，身体贴地面，眼睛向前看，两个手臂要弯曲，一侧手臂向前爬，另一侧腿弯曲脚蹬地。接下来我们再一次用匍匐的动作通过障碍绳吧，相信你们这次都能标准地进行匍匐爬。

（3）分组尝试，练习低姿匍匐爬的动作。

此环节是幼儿自由练习阶段。幼儿知道了匍匐爬的动作要领，积极地、充满兴趣地尝试匍匐爬。教师重点提示手、脚、腿相互配合。针对个别幼儿的动作问题，教师请幼儿进行展示和讨论。通过这个环节，大部分幼儿可以把动作要领展示出来。

（4）转换场地，巩固匍匐动作。

教师：小战士们，接下来我们要穿越封锁线，展示我们小战士匍匐前进的本领了。所有小战士用匍匐爬的方法，穿过草地从两侧返回（见图1-8）。

场地设置：高40厘米的低矮绳和长6米的草坪，幼儿不触碰绳匍匐通过草地。

图1-8 幼儿匍匐前进

（5）在新情境中完成综合挑战。

教师：小战士们，刚才你们匍匐穿越封锁线的挑战任务完成得特别棒，接下来，我们要完成最后的任务了。我们需要匍匐爬过草地，助跑跨跳过蓝色垫子后，取一颗手榴弹投掷到山后敌营里，然后快速跑回，有没有信心完成最后的挑战？

幼儿：有！

幼儿分三组完成挑战，教师提示幼儿注意间距，鼓励幼儿用正确的匍匐动作快速前进。活动加入了投掷手榴弹的情境。在冲锋音乐的背景下，幼儿就像真正的战士一样冲锋前进。大多数幼儿的动作非常标准，速度大幅提高，有一种能战胜一切困难的气势。

3. 回顾活动，总结经验。

（1）对幼儿学做小战士的表现给予鼓励和肯定。

教师：今天你们表现得都很出色，不怕热，不怕累，希望你们在以后继续学做小战士。

（2）放松活动。

教师带领幼儿跟随儿歌《名字叫中国》进行放松活动。放松活动涉及手臂、腿、腰、背等部位的放松动作及肌肉拉伸的舒展动作。幼儿沉浸在完成任务后成功的喜悦之中。

活动延伸

户外活动时为幼儿布置运动环境，让幼儿巩固匍匐爬的动作，并尝试用不同姿势匍匐前进。

个人反思

本次教学活动设计结构清晰，层层递进，情境真实。热身活动包含一般性热身和针对性热身。针对性热身中有为匍匐爬做铺垫的"爬垫子"，还有军旅操。军旅操的编排动作全面，涉及大动作及四肢的相互配合，如踏步动作、左右肢体相互配合的动作、俯背动作、肩部动作、跳跃动作、小碎步等。幼儿在热身活动中很积极，动作有力。

活动通过谈话讨论引出匍匐爬，幼儿在动作展示、观察总结及探究学习的过程中逐渐掌握了匍匐爬动作要领，表现出了对匍匐爬的学习兴趣及一定的耐力，锻炼了身体协调性。在观察、尝试中，不是所有的幼儿都能准确地完成动作并有一定的速度的。我通过观察，对幼儿进行有针对性的指导，引导幼儿解决了四肢配合不当的问题。难点问题解决了，幼儿的速度也快了。

在整个活动中幼儿积极、勇敢、不怕苦、不怕热、乐于挑战、不怕困难，展现出了小战士的精气神，在对匍匐爬动作有初步感知的基础上通过学习、探索、体验，对匍匐爬动作有了更切实的感知。在最后冲破封锁线的场景中，大部分幼儿掌握了匍匐爬的标准动作，个别幼儿手臂和腿的配合还不够协调，后续仍需指导。

在引导幼儿学习动作要领的过程中，要注意指导语精练，让幼儿充分理解；从环境材料上，可以提供更多样、更丰富的材料辅助幼儿锻炼。在本次活动后，幼儿在垫子上与同伴用匍匐爬模拟战士冲锋，比比谁爬得快；还有的幼儿与同伴交流和学习在电视中看到的不一样的匍匐爬，如侧身匍匐爬等。幼儿的交流及展示是生成教育活动的良好契机，在后期可以针对幼儿的发现及兴趣，带领幼儿开展更多的运动和探究活动。

综合评析

本次体育活动是立足幼儿兴趣、体能需要的趣味性体育活动。教师遵循幼儿的运动兴趣和需要选择内容，依据幼儿的发展特点设定目标，根据幼儿的学习特点设计环节，使活动结构清晰，重点突出。教师巧妙设计了游戏情境，激发了幼儿学习、尝试匍匐爬的积极性，给予了幼儿主动探索、分享交流的机会，有效迁移和运用了幼儿的经验，实现了幼儿在体育活动中的主动学习。本次活动有以下四个方面值得肯定。

第一，关注并支持幼儿的愿望。教师结合幼儿对战士各种本领的兴趣，满足了幼儿学做战士的愿望，支持幼儿学战士匍匐前进。

第二，充分支持幼儿自主探究体验。活动中，教师注重为幼儿提供自主探索、发现、总结的机会。例如，当首次说到匍匐爬时，教师请幼儿展示自己理解的匍匐爬，进一步激发了幼儿持续探索的兴趣。另外教师观察在先，让幼儿看到同伴匍匐前进，相互学习。教师在此环节的观察是非常重要的，基于对幼儿的观察进行指导更有针对性。

第三，材料投放层层递进，任务情境设计巧妙。在开始探索体验时，教师设计的场地及材料非常适合幼儿。幼儿在海绵爬垫上体验、探索动作。之后转入新场地，幼儿爬过草坪。草坪的长度也是教师考虑后为幼儿设计的。幼儿转入草坪感受不一样的匍匐爬，锻炼了身体力量。结合幼儿对战士的崇拜，活动中引入小战士匍匐爬过电网并投掷手榴弹的任务情境，进一步激发了幼儿反复练习的兴趣。幼儿在参与中是愉悦的，也展示了他们不怕困难、勇敢拼搏的精神。

第四，注重幼儿运动的频率和密度。从开始的热身环节（跑步、爬、军旅操），到谈话引出匍匐爬，到自由探索、示范引导、反复尝试，到转换场地完成综合性挑战，最后到放松活动，帮助幼儿梳理总结了运动的经验，进一步激发了幼儿参与的积极性。整个活动过程张弛有序，没有

健康领域

不必要的等待。

指导教师：北京师范大学实验幼儿园（牡丹园分园）　荣柏莹

北京市海淀区教师进修学校　赵蕊莉

勇闯森林（中班）

中央军委机关事务管理总局红星幼儿园（太平路园）　蔡梦烨

活动由来及设计思路

中班幼儿对户外自主性游戏感兴趣，已经能够以简单合作交流的方式体验各种趣味性活动，身体平衡能力和四肢协调能力都有了一定发展，表现出爱玩、好动的特点，喜欢玩模仿游戏，能在各种游戏情境中感受快乐。我结合幼儿的兴趣特意创设了勇闯森林情境，通过不同动物走藤蔓开展多种趣味游戏，吸引幼儿参与。轻松的活动氛围有利于幼儿在户外自主活动中进一步锻炼身体平衡能力和协调能力。

活动目标

1. 尝试在长绳上变化速度和重心走，能较好地维持身体平衡。

2. 大胆尝试模仿不同动物走藤蔓的方式，乐于与同伴交流和表达。

活动准备

1. 经验准备：欣赏过各种动物的图片，在平衡行走方面已经具备一定的能力，喜欢通过模仿的方式展开不同形式的想象。

2. 物质准备：长绳、标记碗、轮胎、音乐、红色和绿色马甲、栏架等。

重点、难点

重点：体验在长绳上用多种方式行走，并注意保持身体平衡。

难点：通过调节身体重心和速度，在长绳上保持平衡。

活动过程

1. 开始部分。

（1）游戏情境导入。

教师：动物们住在森林里，它们从小就要学习很多生存技能。今天我们来模仿动物去森林探险闯关，你们敢不敢挑战？

幼儿：敢。

（2）热身游戏：动物演员出场秀。

教师：要模仿动物可不简单，在整个游戏过程中都要模仿动物的行为举止。今天都有哪些动物来参加森林探险呢?

随着出场音乐响起,教师引导小演员们自己出场或者几个人一组出场,与观众打招呼,并鼓励观众猜一猜出场的都是什么动物。

幼儿1学猩猩双手举起走了出来。

幼儿2学老虎张着大嘴嗷呜嗷呜地走了出来。

幼儿3学狮子手脚着地走了出来。

幼儿4学狗熊捶着胸脯走了出来。

幼儿5学大象双手握紧,身体半弯着走了出来。

小演员们用自己的方式展示着自己想象中的动物的样貌。

教师:猩猩、老虎、狮子、狗熊、大象,这么多可爱动物,这次我们围着圈一起来一次,向场下的观众打招呼,看看谁能获得观众的注意和热烈掌声。

2.基本部分。

(1)游戏一:森林前行。

教师:大家的模仿很成功,顺利晋级成为森林探险队成员。接下来我们就要开始进入森林探险了。森林中可能有毒蛇毒虫、沼泽泥潭。队长这里有一根魔方藤蔓,大家要像动物一样走在藤蔓上,才能安全度过。动物要如何走藤蔓呢? 走的时候要注意什么呢?

——猩猩侧身走藤蔓

幼儿1:可以模仿猩猩的叫声。

幼儿2:猩猩身体很灵活,在走藤蔓的时候要保持身体平衡。

——猩猩举起双手正面走藤蔓

教师:举起双手正面走藤蔓的时候怎样才能不让身体晃动掉下来呢?

幼儿:走的时候身体不要左右动,就不会掉下来了。

——大象弯腰走藤蔓

教师:大象又大又重,在走藤蔓的时候怎样保持平衡呢? 我刚才看到一位小演员的方法特别好,请他来分享一下。

幼儿:把两脚脚尖打开一点,就不会掉下去了。

——头顶帽子走藤蔓(见图1-9)

教师:小演员们越来越棒了。接下来的训练有点难度,小演员们需要把帽子放在头上,顶着帽子走藤蔓。你们有信心挑战吗?

图1-9 头顶帽子走藤蔓

幼儿：有！

教师：我发现有的小演员的帽子总是掉，谁有好的方法？

幼儿1：头不能动，眼睛看前面。

幼儿2：可以把双臂张开，保持身体平衡，帽子就不会掉了。

幼儿3：可以走得快一点，帽子也不会掉。

教师：这么多好方法会有效果吗？小演员们再试一次吧。

（2）游戏二：抢帽子（见图1-10）。

教师：小演员们前面完成得不错，下面我们来玩抢帽子游戏。请两队小演员分别站在长绳红色起点处做好准备，听到音乐后游戏开始，排在第一个的小演员快速走到轮胎前，从里面拿一顶帽子戴到头上，走到长绳绿色终点，然后下一个小演

图1-10　抢帽子游戏

员再出发。小演员们可以用自己喜欢的走藤蔓的方式进行游戏，请注意抢帽子成功的前提是在走藤蔓的过程中没有掉下来。

教师：游戏难度再次升级，这里有几顶帽子，看看哪队抢走的帽子最多。

3. 结束部分。

教师结合幼儿在游戏中的表现进行简单点评。

教师：今天小朋友们都能自信地展示自己。通过分享我们知道在走藤蔓的时候双臂张开放平，两脚脚尖向外打开一点，身体就能保持平衡。在帽子接力过程中，你们齐心协力完成了任务，太棒了。

教师播放音乐，带领幼儿进行全身肢体拉伸与放松。

活动结束后，教师请幼儿帮忙一起收拾器材。

活动延伸

利用场地让幼儿模仿更多动物，以不同的身体姿态走藤蔓，开展平衡游戏；在过程中增加障碍，如需要钻、跨的障碍，使游戏具有一定的挑战性；鼓励幼儿继续自由体验，不断创新游戏。

个人反思

此活动是根据幼儿的年龄特点和本班幼儿动作发展程度设计的。游戏由易到难，循序渐进。幼儿在自主探索和观察过程中，能够与同伴进行良性互动，促进了社会性发展。

1. 活动以拓展幼儿的生活经验为出发点，在场景布置和材料利用上，充分考虑周围实际情况。丰富的场景内容，贴合实际的道具准备，使幼儿在潜移默化中锻炼了平衡能力。

2. 以幼儿为主体开展活动，尊重幼儿实际发展的需求，创设更加能够满足幼儿探索需求的活动方式，激发幼儿自主探索、发现、实践的欲望和好奇心。我充分考虑幼儿作为游戏主人的角色，构建由易到难的游戏环节，调动了幼儿的活动兴趣。对于模仿各种动物的活动，幼儿有自己的思考，建立了更加清晰的认识，提升了自主表演的能力。

3. 以循序渐进的方式提升幼儿的能力，从猩猩侧面走藤蔓、猩猩举双手正面走藤蔓、大象正面走藤蔓到头顶帽子走藤蔓，活动由易到难，层层递进，帮助幼儿不断提升自身能力。为充分调动幼儿的积极性，小组活动让幼儿在合作和竞争过程中感受走藤蔓的乐趣。

4. 充分发挥幼儿的自主性。我扮演活动支持者、引导者和观察者的角色，帮助幼儿在活动中不断发现和进步。在物质上，我支持幼儿探究的需要，创设更加完善的游戏活动环境，以引导的方式帮助幼儿不断推进游戏，形成更加丰富的平衡内容。在活动中，我注意观察幼儿的发展和变化，形成更加客观的评价形式，鼓励幼儿不断创新。

综合评析

中班幼儿活泼好动，喜欢探索，开始关注他人和周围环境，逐渐形成初步的集体意识和竞争意识。我们发现"勇闯森林"户外体育活动是幼儿非常感兴趣的。

首先，从内容选择来看，模仿和体验是幼儿认识与探索世界并获得直接经验的方式，森林中的各种动物符合幼儿的认知，贴近的幼儿生活；模仿森林中的动物表演节目的"惊险与精彩"满足了中班幼儿喜欢探索和挑战的特点，为幼儿主动学习提供了情感支持。

其次，从材料提供来看，教师创造性地利用粗绳作为藤蔓，锻炼幼儿的平衡行走能力，既高于地面又不会出现危险，既激发了幼儿探索体验的积极性又符合环境创设安全性；利用不同动物的动作特点增加平衡走的难度，幼儿通过想象动物的大小、高矮、胖瘦、轻重等特点以及戴帽子、抢帽子等层层递进的活动环节，能够主动调节身体重心和行走速度来保持身体平衡。

再次，从环境创设来看，教师营造了能够激发想象的森林氛围，调动了幼儿积极体验的兴趣；在抢帽子的游戏环节，幼儿有了初步的团队竞争，促进了社会性的发展；在游戏探索过程中，教师通过合理的、层层递进的提问，激发幼儿主动表达侧面、正面举手等动作以及身体重心和速度的自我调节方法，支持幼儿主动思考，提高了幼儿的主动表达能力。不难看出，教师对这次活动在物质环境与心理环境建设上的用心。

最后，本次户外体育活动摆脱了枯燥的练习方式，设计新颖，材料简易，动作形式多变，对幼儿平衡能力的练习起到了积极作用。

幼儿在这次户外体育活动中积极参与，大胆表现，主动探索，互助合作，从操作物体、行动反思、内部动机、解决问题几方面充分体现了主动学习、主动探索的过程。

在这次活动的基础上，可以提供更加丰富、更加具有挑战性和层次性的材料。例如，增加粗细不同的绳子、软水管、木条、木棍等；在藤蔓的摆放上除直线外，可以有长有短，也可以摆成圆形的；在角色选择上提供更多的角色供幼儿自主选择，用更多的动作标识进行自由组合；设置多种障碍；根据材料的不同特性和难易程度，逐步提高不同藤蔓的高度，让幼儿根据自己的能力特点进行自主选择。

指导教师：中央军委机关事务管理总局红星幼儿园（太平路园）　康颖

我有一双明亮的眼睛（中班）

北京市海淀区颐慧佳园幼儿园　杨意

活动由来及设计思路

教师带领中班幼儿参加大班哥哥姐姐的升旗仪式时，大班哥哥姐姐提到了一个让中班弟弟妹妹十分关注的话题——"全国爱眼日"。随后，中班幼儿围绕这一内容展开了一系列的讨论与交流。例如，什么是"爱眼日"及"爱眼日"的来历，第一个"爱眼日"是什么时候等。

随着幼儿对"爱眼日"的了解不断加深，我针对"讲卫生，护双眼"的内容组织幼儿开展了"我有一双明亮的眼睛"爱眼主题活动，目的是通过多种形式的活动，引导幼儿充分感知眼睛对人的重要性，知道保护眼睛，了解并掌握保护眼睛的简单方法，从而帮助幼儿养成良好的用眼卫生习惯。

活动目标

1. 感知眼睛对人的重要性，了解保护眼睛的方法。

2. 知道良好用眼卫生习惯与健康的关系，初步形成正确的用眼意识。

活动准备

1. 经验准备：组织幼儿了解"爱眼日"的来历，采访戴眼镜的人的感受。

2. 物质准备：手偶——蒙眼的小猪、铃鼓、丝带、教师记录用纸。

重点、难点

感知眼睛对人的重要性，并能将感受用语言表达出来。

活动过程

1. 通过与蒙眼小猪交流，引导幼儿感知不良的卫生习惯给眼睛带来的危害。

教师：小猪罗罗怎么了？它为什么被大夫蒙上了眼睛？

幼儿1：它眼睛生病了，不能见阳光，所以大夫给它蒙上了眼睛。

幼儿2：它的眼睛疼，大夫给它上了药，不能露在外面，所以要先用纱布蒙上。

教师：我们问问小猪，它到底是因为什么被医生蒙上了眼睛。小猪小猪，你怎么了？

小猪（手偶叹口气）：昨天我去医院测视力，大夫阿姨让我看视力表，我什么都看不清，大夫阿姨说需要点些药水，然后再测。这不，测完大夫阿姨说我需要配眼镜，这两天还不能看东西，需要恢复一下。我什么都玩不了，真是急死人了。

教师：如果是你，你会有什么感觉？为什么？

幼儿1：应该挺好玩的，可能会睡着。

幼儿2：蒙上眼睛好黑呀，我担心会被绊倒。

教师：小朋友们有不同的猜想，让我们来试试，看看如果我们的眼睛也像小猪一样被蒙上，我们会有什么样的感受。

2. 体验游戏。

通过体验游戏，引导幼儿进一步感知眼睛对人们生活的重要性，激发幼儿爱护眼睛的积极情感。

（1）体验环节。

教师帮助幼儿将眼睛蒙上，用铃鼓引导幼儿离开座位，进行前进、后退、自转、回座位等动作。

（2）集体分享环节。

教师：你旁边坐的是哪个小朋友？和原来坐在你旁边的是一个人吗？为什么？

幼儿1：我旁边坐的是×××，不是同一个人。

幼儿2：我没动，是你坐错地方了，你怎么坐到我旁边了？

幼儿3：我什么都看不见，摸到一把椅子，就坐下了。

教师：当你看不见时，有什么感觉？为什么？

幼儿1：我觉得挺好玩的，有些惊喜。

幼儿2：我觉得不好玩，什么都看不见，我害怕摔倒。

幼儿3：我觉得不安全，小朋友们都在动，撞倒了怎么办？

幼儿4：我有些紧张，什么都看不见，不敢离开椅子。

教师：当我们看不见的时候，很多小朋友都很担心，甚至害怕，怕有危险。那戴上眼镜，看得见了，是不是就没有问题了呢？我们采访过戴眼镜的人，他们有什么感受？

幼儿1：我妈妈戴眼镜，她说眼镜会把她的鼻梁压疼。

幼儿2：我哥哥戴眼镜，有一次他打篮球，篮球把他的眼镜砸碎了，他差点受伤。

幼儿3：我问过迟老师，她说冬天戴眼镜从外面走到房间里，镜片上会有一层雾气，还得摘下来擦干净，有些不方便。

教师：眼睛看不见会让我们不舒服，戴着眼镜能看见了，但也会有许多不方便。看来有一双健康的眼睛才是最好的。

3. 小组讨论，引导幼儿交流保护眼睛的正确方法。

教师将幼儿讨论出来的方法进行汇总，图文并茂地记录下来。

教师：我们怎么做才能够让眼睛健康呢？

幼儿1：我妈妈说多吃胡萝卜，眼睛就能很明亮。

幼儿2：上次我眼睛红的时候，大夫阿姨告诉我，不要用脏手揉眼睛，可以用干净纸擦。

幼儿3：我去海边旅行时，妈妈给我戴了一个墨镜，她说这样阳光就不会晃到眼睛了，也是保护眼睛。

幼儿4：吃蓝莓也对眼睛有好处。

幼儿5：我哥哥说过，不躺着看书和手机。

教师：我们写字、画画的时候，怎么做才能保护眼睛呢？

幼儿1：我姐姐的铅笔上安了一个握笔器，妈妈说这样就可以保护眼睛了。

幼儿2：我每次画画时，老师都会扶一下我的头，还说要坐正。

教师：我们坐在晃动的车里看书，是保护眼睛吗？

幼儿1：不行，那样我们还会晕车呢，可难受了。

幼儿2：不行，上次我就看过一回，后来看其他东西，就看不清了，妈妈说是眼睛花了，所以不能在晃动的车里看书。

教师：眼睛对于每个人来说都很重要，我们需要爱护它。爱护眼睛的方法有很多：吃保护眼睛的食物，如胡萝卜、蓝莓；用保护眼睛的工具，如握笔器；还要注意画画时要抬头，坐直身体，坐在车里不看书等。相信小朋友们还有好多爱护眼睛的方法。希望我们能够把爱护眼睛的方法告诉其他小朋友，让每个小朋友都能有一双明亮的眼睛。

活动延伸

1. 将幼儿在活动中讨论出的保护眼睛的方法粘贴到阅读区，在生活游戏中为培养幼儿良好的用眼习惯提供支持。

2. 与培养进餐习惯相结合，开展"保护眼睛我们可以吃什么"的探究活动。

3. 在幼儿园检查幼儿视力的时候，与保健医生互动，帮助幼儿学习更多保护眼睛的方法。

个人反思

1. 精心设计集体教育活动，解决幼儿的共性问题。

幼儿近期经常讨论有关眼睛的话题，很多幼儿表现出了对戴眼镜的兴趣，很羡慕戴眼镜的人。这说明幼儿对眼睛的了解、对戴眼镜的认识不足，因此，有必要设计一次集体教育活动，和全班幼儿一起认识戴眼镜的原因以及不便之处。基于此我设计了引入话题、体验不便、讨论方法三个层层递进的环节，让幼儿在认知冲突中发现戴眼镜的不便，提高了全班幼儿保护眼睛的意识，进一步激发了幼儿想了解保护眼睛的方法的动机。此外，集体讨论环节将幼儿散在的关于爱护眼睛的相关经验进行了梳理与归纳，将幼儿个别学习经验转化为了集体共同经验。

2. 体验环节既符合幼儿的学习方式，又提高了幼儿保护眼睛的意识。

体验环节是本次活动的重要环节，起到了承上启下的作用，对于突破本次活动的重难点起到了关键的作用。为了保证体验环节有效，我为幼儿提供了较为宽敞的体验空间，以保证幼儿能够在安全的环境中充分感知眼睛的重要。第一环节通过"蒙眼小猪"引出了戴眼镜的话题，幼儿跃跃欲试，兴奋好奇。接下来的体验环节引发幼儿积极、主动地参与，提升了幼儿学习的有效性。但当真正蒙住双眼时，他们体会到的是不安，和体验之前的情绪形成了反差。在这样的情绪转变过程中，幼儿深刻感受到了拥有健康的眼睛很重要，提高了保护眼睛的意识。

3. 及时记录幼儿的表达，支持幼儿的经验分享、反思与提升。

活动过程中，我运用简单的图示及符号及时记录了幼儿的表达。这出于以下几方面的考虑：一是及时肯定幼儿的想法，让幼儿的想法自己看得见、同伴看得见；二是让幼儿在了解他人想法的基础上及时反思，促进幼儿进一步思考和讨论；三是引导幼儿从不同方面思考，促进幼儿思维的发展。另外，我感到要让活动过程中的记录环节真正发挥支持幼儿反思与表达的作用，还需要教师在日常师幼互动过程中多实践，并且做到熟练应用，同时要进一步思考怎样的记录形式更符合本班幼儿的年龄特点，即看得懂、条理清晰，使记录真正成为幼儿活动过程中支持幼儿学习与发展的有效策略。

综合评析

本次活动是主题活动中的一部分内容。前期，教师为中班幼儿创设与大班哥哥姐姐交往的机会，通过参与大班哥哥姐姐的升旗活动，采访戴眼镜的小朋友等，不仅拓宽了幼儿的交往空间，也为此活动的开展提供了契机，体现了预设与生成有机融合。内容的选择来源于幼儿的兴趣点，教师从身边丰富的教育资源入手，设计了本次活动。从生活中引出教育内容，自然、流畅，体现了教师对"幼儿园一日生活皆教育"的理解与认识。在后续的活动开展中，建议教师可以考虑针对不同的教育内容，充分挖掘教育资源的意义与价值。例如，可以请幼儿园的保健医生参与其中，与幼儿互动，帮助幼儿形成科学的用眼卫生习惯，效果也会更加显著。

体验环节的设计非常符合中班幼儿的年龄特点与学习方式，能够充分帮助幼儿感受眼睛的重要性，同时也使幼儿体会到了眼睛不健康带来的不便，强化了幼儿爱护眼睛的内在心理需要，对幼儿落实保护眼睛的行为奠定了情感基础。

此外，在整个活动过程中，教师注重幼儿学习的整体性，关注促进幼儿交往能力、语言表达能力、健康意识等的发展；同时，运用了集体讨论、教师记录、支持幼儿交流与表达等策略，使"爱护眼睛"的教育内涵更加丰富。

指导教师：北京市海淀新区恩济幼儿园　成勇

我是小小兵（大班）

北京明天幼稚集团　张晶

活动由来及设计思路

5～6岁幼儿投掷的远度和准确度明显提高，部分能力强的幼儿可以掌握侧身肩上投掷动作。投掷类游戏能够发展幼儿的上肢手臂力量和爆发力。在运动中我发现幼儿上肢力量稍弱，在投掷练习中上肢与躯干动作配合不够好。基于幼儿的兴趣及现阶段发展水平，为更好地锻炼幼儿的上肢力量及动作的协调性，我设计了"我是小小兵"的体育活动。

活动目标

1. 掌握侧身肩上向高向远投掷的动作，尝试投掷移动中的物体，学会全身协调用力。

2. 能够与同伴讨论、分享投高投远的方法，获得完成任务的成就感和喜悦感。

活动准备

1. 经验准备：

（1）观看过阅兵仪式和特种兵训练，了解军人的精神面貌。

（2）有分队经验，也有自主创设和布置游戏场地的经验。

（3）有侧身肩上向远投掷的经验。

（4）了解几种泳姿。

2. 物质准备：

（1）幼儿喜欢的小军衣。

（2）安全投掷软球、投掷移动物体的粘球靶子、大圆桶、体操垫、扁口呼啦圈。

（3）进行曲音乐用于进场队列变换，激情欢快的乐曲用于投掷游戏，舒缓的乐曲用于放松环节。

重点、难点

重点：投掷中能够做出侧身转体动作，较好地控制出手角度，全身协

健康领域

29

调用力。

难点：尝试投掷移动中的物体并梳理相关经验。

活动过程

1. 开始部分。

（1）情境引入：由幼儿崇拜解放军引入小小兵角色扮演。

教师：孩子们，你们都非常喜欢解放军叔叔，解放军叔叔是什么样子的呢？今天我们就扮演小小兵学习解放军叔叔好吗？今天我们小小兵要完成几项艰巨的任务，你们有信心完成吗？下面就来展示我们小小兵的风采吧。

（2）关节操热身。

活动头、肩、臂、胯、手腕、脚腕。

（3）"穿越黄河"热身游戏。

开展第一次游戏，将扁口呼啦圈作为小岛，鼓励幼儿营救伙伴。

教师：小小兵们，我们接到的第一项任务是穿越黄河，我们要游泳穿越，注意河里有危险。当听到"鳄鱼来了"，我们要赶快躲到小岛上（扁口呼啦圈），跟我一起出发吧。

游戏中教师提示幼儿打开手臂，与幼儿一起模仿蛙泳、蝶泳、自由泳的动作。活动肩关节为后面的投掷做铺垫。

教师：鳄鱼消失了，我们继续出发。小小兵们不仅勇敢，还非常团结，能主动分享自己的位置营救伙伴。你们成功地完成了第一项任务，为你们点赞。

2. 基本部分。

（1）开展投掷"小炮弹"游戏。

教师：勇敢的小小兵们，我们接到的第二项任务是两队比拼哪个队的投掷本领强。请你们分成两队。为了不暴露各自的阵地，我们要安装隔离墙，你们想一想可以用什么材料。

①分队，确定阵地，师幼一起布置场地。

幼儿自主分成两队，并确定各自的阵地，选择用大圆桶、体操垫做隔离物。教师引导幼儿将体操垫摆放在大圆桶上当作高高的隔离墙，并与幼儿共同布置游戏场地。

②组织幼儿开展投掷游戏，及时观察指导。

音乐响起，小小兵们互相向对方的阵地投掷小炮弹；音乐结束，停止投掷。投掷时不能越过警戒线。阵地小炮弹多的失败。

教师观察幼儿在投掷中能否做到自然侧身转体，出手角度是否合适，能否将球投得又高又远，并给予鼓励和个别指导。

游戏中个别幼儿动作比较标准；部分幼儿投掷时侧身转体动作不明显，还不能全身协调用力，所以不能将球投得又高又远。

③游戏后引导幼儿分享交流。

教师：怎样投得又高又远？

教师邀请个别幼儿示范，引出侧身转体和调整出手角度的关键经验，带领幼儿原地练习单手肩上投掷动作，边说边做。（关键点：转身侧平举，持球弯曲手臂，重心后移，瞄准，全身用力快速投出去）

④提升难度，再次游戏。

教师根据幼儿上一次游戏的表现适当增加投掷宽度（警戒线外扩），让幼儿向更远的地方投掷。

游戏中教师巡视幼儿投掷的情况，指导幼儿瞄准更高的参照物，全身用力快速将球投过障碍物。部分幼儿能注意投掷时侧身转体，全身一起用力。伴随着欢快的音乐，幼儿完成一次投掷后快速捡起小球继续投掷。

教师：恭喜小小兵们完成了第二项任务。你们都学会了向又高又远的地方投掷炮弹的本领，接下来是终极挑战，你们有信心完成吗？

（2）开展投掷移动靶子游戏。

游戏开始之前，教师将体操垫、大圆桶快速撤离场地，宣布游戏规则：终极挑战是两队比拼投掷高高的移动靶子，音乐停止后，数一数、比一比哪个队靶子上的炮弹数量多。

小兵们取回炮弹到阵地准备，等待移动靶子的出现。音乐响起，两名教师各自高高举起靶子在警戒线内慢慢移动，根据幼儿的动作能力适当增加游戏难度，移动靶子的速度可时快时慢。音乐结束，数一数靶子上的炮弹数量。投掷后教师引导幼儿用成组数的方法计算靶子上炮弹的数量。

游戏结束后教师组织幼儿分享交流。

教师：怎样投到移动的靶子上？

幼儿1：随着靶子移动，瞄准，投得够高才行。

幼儿2：要跟随它的速度，观察瞄准，投得够高。

教师：你们太棒了。成功完成了终极挑战。

3.结束部分。

（1）结合幼儿表现进行简单点评，与幼儿击掌。

教师：小小兵们，你们太优秀了。不怕困难，敢于挑战，还善于动脑筋思考，今天成功完成了所有任务。小小兵们你们辛苦了，为你们击掌加油。

（2）听音乐做拉伸、放松运动，激发继续挑战的兴趣。

教师：还想挑战更艰巨的任务吗？为了今后能完成更艰巨的任务，我们要保护好身体，一起做拉伸、放松运动。

幼儿随着舒缓的音乐慢走并拉伸肩、臂、腿部，教师观察幼儿的拉伸情况，对于拉伸不到位的幼儿给予个别指导。最后师幼一起将活动材料归位。

活动延伸

支持幼儿自主开展游戏，根据幼儿动作的发展，可以对移动的靶子进行变换，通过改变靶子的大小、高度等不断激发幼儿持续开展游戏的兴趣。

个人反思

体育活动"我是小小兵"以游戏贯穿始终，源于幼儿对解放军的崇敬之情和对坚强勇敢的军人风采的向往，展现了大班幼儿积极向上、不畏挑战的精神面貌。

活动开始部分，在简单队列变化入场、关节操热身之后，我针对本次活动重点的动作发展部位设计的"穿越黄河"热身游戏，这也是幼儿挑战的第一项任务。幼儿模仿各种泳姿慢跑进行热身，活动肩臂，从而为后面的活动做充足的准备。活动强度适宜，幼儿沉浸于游戏情境中，充分锻炼了上肢力量。

本次活动结合大班幼儿的年龄特点创设了任务情境，设计了由易到难的挑战性任务，充分调动了幼儿的积极性。游戏中通过教师观察指导、同伴间的榜样示范、集体体验等，每名幼儿的侧身肩上投掷动作都有所发展。他们通过观察模仿和同伴讨论等方式进行学习。我组织幼儿讨论、分享，能够更好地帮助幼儿掌握动作。活动中我注重规范的动作示范和口令引领，情绪高涨地融入幼儿的游戏。幼儿在愉快的氛围中发展了动作，获得了完成任务的成就感和喜悦感。

在本次活动中，我需要多考虑投掷距离远近的适宜性，循序渐进地调整难度。幼儿在投掷移动的靶子时往往略有困难，我需在其他活动中多设计提高反应速度的游戏。幼儿动作发展是一个持续的过程，需要教师科学、有针对性地设计体育游戏活动，激发幼儿参与体育活动的兴趣，培养幼儿良好的运动习惯。

综合评析

《幼儿园教育指导纲要（试行）》指出："在组织体育活动时，要根据幼儿的年龄特点和季节特点，灵活运用适当的组织形式与方法，保证运动量，引导幼儿上下左右肢体都参与活动。"本次体育活动的内容选择符合大班幼儿的年龄特点和发展需要，符合夏季炎热的特征。整个活动设计的动作强度、活动密度较适宜，准备细致充分，为活动开展做了全面支持。

活动以"我是小小兵"的游戏情境贯彻始终，激发了幼儿参与活动的兴趣，且各环节环环相扣、由易到难，在帮助幼儿巩固侧身肩上投掷动作的同时使幼儿初步获得了投掷移动目标物的经验。在活动中，教师自身的感染力强，能充分调动幼儿参与活动的积极性，时刻考虑幼儿的年龄特点与学习特点，为幼儿充分创设主动学习的机会，鼓励幼儿自主协商布置场地。

教师结合本次活动的重点内容，在全身关节操后设计了趣味性强的肩关节热身游戏，避免投掷过程中肩臂受伤，使幼儿从生理上和心理上都做了参与体育活动的准备。教师关注整体同时兼顾个体，结合活动重难点注意观察幼儿在投掷中的动作水平并进行指导。

通过教师有目的、有计划地指导，幼儿在投掷游戏中提高了身体素质，增强了体质，养成了遵守规则、协商合作等优良品质。此活动有效帮助幼儿实现了在原有水平上的提升。

指导教师：北京明天幼稚集团　库红
北京市海淀区教师进修学校　赵蕊莉

挑战单杠（大班）

北京师范大学实验幼儿园　徐超

活动由来及设计思路

结合幼儿园每学期对幼儿发展评价的数据，我们发现在大班幼儿存在上肢力量偏弱的问题。为此，我们在本学期开展了单杠活动，以提升幼儿的大肌肉群动作技能。

单杠运动主要是绕杠做各种支撑、悬垂、摆动、转体、回环等动作。经常练习单杠运动能发展上肢、胸部、腰部、腹部、背部等肌肉的力量，增强韧带的柔性、关节的灵活性和身体的协调性，对前庭分析器官的肌能有良好作用，也能培养幼儿勇敢、果断、顽强的意志品质。

活动目标

1. 通过单杠游戏，掌握双手杠上支撑、杠上翻滚身体的动作技能，提高动作的灵敏性、协调性及平衡性。

2. 积极参与单杠游戏，不怕困难，体验个人和团队取得成功后的喜悦。

3. 在游戏中积极思考，具有良好的问题解决能力。

活动准备

1. 经验准备：学习过伴随音乐的热身操，有过单杠游戏活动的体验。

2. 物质准备：垫子、音乐、单杠。

重点、难点

重点：探索杠上翻滚的动作技能，愿意接受挑战，提升动作经验。

难点：进一步巩固单杠翻滚的动作技能，根据自身的能力自由选择适合自己的单杠，运用翻杠动作技能进行挑战活动。

活动过程

1. 开始部分：做好身体各关节以及运动状态的准备。

教师带领幼儿伴随音乐有节奏地进行热身活动（含热身操以及单杠活动中的部分动作）。

2. 基本部分：通过"大力士"的单杠游戏帮助幼儿掌握新的动作技能。

（1）游戏激发幼儿的兴趣，引起幼儿对怎样抓杠的讨论。

教师：今天我们来玩"大力士"的游戏，老师现在要吊挂在单杠上，看看哪个小朋友可以像大力士那样把我从单杠上拉下来。谁在我数十个数之内把我拉下来谁就是大力士，要不要试试？然后换成小朋友来吊挂在单杠上，老师来拉，小朋友数十个数，能坚持住就是大力士，谁来试试？

引发幼儿讨论：我们怎样抓杠才能抓得紧、抓得牢？

幼儿：手掌抓紧单杠，脚收紧，告诉自己坚持住。

幼儿进行初步尝试，教师观察幼儿吊臂悬垂动作，并进行指导，提示幼儿正手握杠，下肢自然下垂，鼓励幼儿坚持住。

（2）开展"单杠翻滚"的游戏，探索杠上翻滚的动作要领。

教师在杠上做翻杠动作，故意翻不过去，请求幼儿帮助翻过单杠，引导幼儿观察教师的动作，发现翻不过去的原因。

教师：小朋友们，老师想翻过这个单杠，你们看看我为什么不能翻过去？

幼儿1：手抓单杠的位置不对，双手不要离得太远。

幼儿2：头要低下，不能抬头。

幼儿3：手要撑住单杠，胳膊要伸直，不能弯曲。

幼儿4：腿要弯曲。

教师：老师的身体是怎样的？

幼儿：身体要随着胳膊转动。

教师在幼儿的"指导"下顺利翻过单杠，并鼓励幼儿尝试翻单杠。个别幼儿翻单杠时，教师与其他幼儿进行指导。

教师：结合刚才的尝试，请小朋友来说一说怎样才能翻过单杠。

教师结合幼儿的表达和表现梳理翻单杠的动作要领：双手握杠，腹部紧贴单杠，低头，团身（蜷缩身体），手随着身体向下转，屈膝，滚翻身体，下杠。

幼儿四散游戏，教师巡回观察与指导，并与幼儿共同讨论怎样解决翻杠的动作方法，帮助幼儿提升动作经验。

动作标准的幼儿展示翻单杠的动作技巧，幼儿自主进行游戏。

（3）开展"单杠超人"游戏，进一步巩固动作技能。

教师：下面我们要玩一个"单杠超人"游戏，老师在场地上摆放了四个高度不同的单杠，小朋友根据自己的能力和刚才我们一起梳理出的翻单杠技巧，选择你要翻越的单杠，欢迎你们来挑战。

幼儿根据自身的能力自由选择适合自己的单杠，运用翻单杠动作技能进行挑战活动。

教师在场地内巡回指导幼儿自主选择适宜的单杠，鼓励幼儿由易到难挑战单杠。

（4）在"智取软垫"的游戏中，加深幼儿对垫上游戏的愉悦体验，激发幼儿参与游戏的动力。

幼儿分成两队，把垫子放在场地中央，听到教师的指令后，开始抢垫子，在规定范围内，哪队抢的垫子多，哪队获胜。

教师：紧张刺激的单杠游戏结束了，老师还给小朋友们准备了一个好玩的"智取软垫"游戏，请小朋友仔细听游戏规则，不明白游戏规则的小朋友可以提出问题。

教师讲述游戏规则：分队游戏，各队有两分钟时间商量对策，游戏时间三分钟，在规定时间内活动，游戏结束后不再抢垫子，注意安全，避免发生碰撞。

活动中不设"大本营"，幼儿抢到垫子后要保护好垫子，不被别的幼儿抢走。教师在活动中提示幼儿注意安全。

3. 结束部分：活动点评，放松身心，收整材料。

教师从幼儿的动作技能、规则意识、合作能力以及问题解决能力几方面进行点评。

教师带领幼儿绕场一周，放松身心，并与幼儿一起收放教具。

活动延伸

此次活动中，我们发现有的幼儿上肢力量较弱，无法完成悬垂摆动的动作。在后续活动中，我们可以带领幼儿开展上肢悬垂、攀爬等活动，促进幼儿上肢力量的发展。

个人反思

活动材料本身具有特殊性，对于幼儿身体的控制力、协调性以及灵活性有较高的要求。设计有一定挑战性的活动符合大班幼儿的特点和发展需要。

活动充分发挥单杠的作用，设计了不同的体验方式。游戏的玩法从易到难，符合幼儿学习的特点。幼儿在探索翻单杠的动作以及方式时，都是自行做主、自己选择的。教师在游戏中能抓住个别幼儿的动作与幼儿共同梳理翻单杠的动作要领，之后让幼儿巩固翻单杠的动作技能，使活动既有开放性，又突出了学习重点，兼顾了趣味性、挑战性和发展性。

鱼贯式的游戏减少了幼儿等待的时间，强度和密度适宜，组织效率高。教师运用了启发、提问、参与等教学方法，指导有针对性和启发性，使幼儿在轻松愉悦的氛围中活动。

本次活动中幼儿不仅发展了翻单杠的动作技能，也提高了思维能力、交往能力、合作意识和坚持性。

综合评析

教师能结合园所幼儿发展评价的数据设计活动，专业性强。活动采用的材料是幼儿园教师不常用的单杠。单杠在幼儿体育动作的发展中有着独特的作用。完成杠上翻转的动作，对幼儿的上肢力量、身体翻转的灵活性有着较高的要求。教师敢于挑战，善于挖掘材料的特点，通过系列活动使幼儿在动作发展中获得成就感和自信心。

活动中，教师让幼儿通过单杠悬垂感受双手抓握、上肢用力、下肢自然悬垂的动作要领。教师以参与者、游戏者的身份，让幼儿充分体验、探索，和幼儿分享梳理动作要领。针对有难度的动作，教师通过语言指导、亲自示范的方式帮助幼儿巩固身体动作，让幼儿获得动作要领的精髓。同时教师对于幼儿的观察极其细致，关注幼儿的个体差异，给予幼儿不同程度、不同方式的协助和保护。对于不敢尝试的幼儿，教师鼓励幼儿，并在动作上提供完全保护，让幼儿有安全感地尝试；对于能力强的幼儿，教师在关键点上进行语言提示，提供协作性保护。活动在尊重体育动作发展规律和材料价值的基础上，注重幼儿个体探索的开放性，让幼儿通过一次次活动递进体验身体和心理挑战，感受体育活动带来的兴奋感。

指导教师：北京师范大学实验幼儿园　滕瑾

消防安全我知道（大班）

北京市六一幼儿院　朱金岭　翟璐瑶

活动由来及设计思路

培养大班幼儿的自我保护意识，增强大班幼儿的自我保护能力是大班幼儿安全教育的重要内容。幼儿园每年要定期进行安全演习活动，可见安全对幼儿健康成长十分重要。在总结以往演习活动经验的基础上，我们发现幼儿对于基本的自救知识都有一定的了解并能运用到实际中，但对于学习活动过程中出现的一些问题解决得不够好。例如，人多时怎么又快又安全地出去，如何避免拥挤等。于是我们开展了这次活动，通过游戏体验来引导幼儿学习解决这些问题。

活动目标

1. 遇到危险时不惊慌，学会简单的自护和求救方法。

2. 在活动中有一定的问题解决意识，能积极动脑解决遇到的问题。

活动准备

1. 经验准备：

（1）认识和了解消防日。

（2）了解遇到火灾时的简单自护方法，如用湿毛巾捂鼻、弯腰走、快速撤离现场等。

2. 物质准备：毛巾每人一块，实验材料包括饮料瓶、带绳子的串珠（串珠要比瓶口小一些）、钟表、纸、笔等。

重点、难点

重点：在游戏中体验到危险的存在，知道如何自护和求救。

难点：能积极思考合理解决问题的方法。

活动过程

1. 通过提问帮助幼儿了解并巩固消防日和消防自护知识。

教师：你们都知道哪些特殊的日子呢？

幼儿：3月8日妇女节、10月1日国庆节、9月10日教师节、9月20日全国爱牙日。

教师：你们知道11月9日是什么特殊的日子吗？

幼儿：消防日。

教师：为什么要有消防日？消防日提醒大家要注意什么？

幼儿：注意火灾、防火。

教师：在发生火灾时，有哪些自护的方法？

幼儿：用湿毛巾捂住口鼻，弯腰低头撤离。

2. 模拟防火演习。

教师：我们知道这么多的防火知识，如果真的发生了火灾，我们是不是能做到呢？现在我们就来进行一次模拟防火演习，怎么样？

幼儿：好。

配班教师敲铃发出警告，演习开始。

教师注意观察幼儿的表现，发现问题，以便在下一步讨论环节中提出。

3. 用实验的方法引导幼儿解决问题。

回顾讨论：刚才演习时我们做得好的地方在哪里？你们发现还有什么问题？

幼儿：我们刚刚在通过门口时特别挤。

通过"快速拿彩珠"实验，引导幼儿思考怎么解决出口拥挤的问题。

请五个幼儿来做实验，每人抓住一根绳子，绳子的另一头拴上彩珠，事先放在瓶子里。

一位教师发口令，另一位教师记录时间。听到"开始"后，幼儿都快速往外拉绳子，把绳子全部拉出才结束。

第一次幼儿的表现是都抢着往外拉，绳子在瓶子口挤成了一团。

教师：出现这种情况，我们应该怎么办？

幼儿讨论解决的办法。

幼儿：商量好谁先拉，一个一个地拉。

幼儿按照商量好的方法再一次进行实验。

两次实验后，教师进行时间的对比，并让幼儿说一说两次实验的感受，进一步验证商量的方法对又快又好地完成实验的作用。

教师：由实验延伸到我们刚才进行的防火演习，请大家按照这个方法再一次进行防火演习。

活动延伸

1. 可以在全幼儿园进行防火演习，让幼儿再一次熟悉并运用所学的方法。

2. 让幼儿在家庭中介绍消防知识，并做好消防工作。

3. 在环境适宜的地方出示一些提醒图示。

个人反思

本次活动能抓住幼儿出现的问题，创设的问题需要幼儿集体协商解决，充满了未知与挑战。大班教师要善于捕捉这样的机会。

在这次活动中，幼儿非常投入，充分发挥了学习的主动性和积极性，主要表现在：首先有关演习话题是他们熟悉的，所以大家都有自己的想法；其次对于分组游戏的体验方式幼儿特别喜欢；最后对于幼儿的表达，我没有简单地给予肯定与否定，而是不断鼓励他们自己体验、感受。

对大班幼儿的教学，不仅仅是让幼儿学到一些解决问题的方法，更重要的是让幼儿自己去探索解决问题的方法，同时还能明白为什么有这样的方法，运用这样的方法到底有什么好处。只有"知其然"并且"知其所以然"，幼儿的思维水平才会提高，才能根据不同的情况采取不同的方法，学会举一反三。

如果在活动过程中能通过录像记录，带领幼儿回看自己当时的行为，那么教师对幼儿的教育引导作用会更大。

综合评析

随着年龄的增长和心理各方面的发展，大班幼儿不再满足于追随、服从教师，而是有了自己的想法与主见，他们活动的自主性和主动性明显提高，这就要求教师适当放手、放权，特别是在学习方面，不仅仅在形式上，更重要的是在思想上给予他们自由思考的空间和机会。

本次活动很好地体现了这一点，在内容的选择上贴近幼儿的生活，在组织形式上通过体验、游戏、讨论等丰富的形式激发了幼儿的学习兴趣，使幼儿真正在玩中学，在学中思。在教育过程中，教师对幼儿的想法不是简单地给予肯定或否定，而是引导他们自己去想、去感受、去评价，这对于培养幼儿爱思考的习惯非常有帮助。

健康领域

对于幼儿自我保护意识和能力的培养的活动，以前教师采取的更多的是说教的方式。随着观念的更新，教师已经在组织形式上注意到让幼儿亲身体验和参与，但在思维上还是容易以教师为主。本次活动中，教师不仅在组织形式上，而且在思维和想法上注重让幼儿体验、参与，真正地把发展的主动权交给了幼儿，使得幼儿不仅提升了自我保护意识，而且提高了自我保护能力。

指导教师：北京市六一幼儿院　刘燕

语言领域

好喜欢妈妈（小班）

北京交通大学幼儿园　李珊珊

活动由来及设计思路

小班幼儿依恋情结较重，特别需要成人给予安全感，所以每天早上幼儿来园和下午离园的时候我们都会抱抱他们，并用语言表达爱意。他们需要爱的支持与鼓励。幼儿有被爱的经历，才能更好地爱别人、爱社会，友好地与人相处。爱是幼儿情感世界中的重要组成部分。《幼儿园教育指导纲要（试行）》指出："语言能力是在运用的过程中发展起来的，发展幼儿语言的关键是创设一个能使他们想说、敢说、喜欢说、有机会说并能得到积极应答的环境。"

《好喜欢妈妈》一书呈现了动物妈妈和动物宝宝的各种拥抱，书中情节与句式不断重复："妈妈，妈妈！妈妈叼着我，多威风啊！妈妈，妈妈！妈妈兜着我，太高兴啦！……"全书洋溢着温馨的情感，非常契合小班幼儿的心理需要。在此次活动中，我们希望营造良好的氛围，在与幼儿共同阅读的过程中发现动物妈妈与动物宝宝之间爱的亲密动作，感受妈妈对宝宝的爱，并学着用书中的句式说出妈妈与宝宝之间爱的动作。

活动目标

1. 能够理解画面内容，主动尝试用书中的句式表达妈妈与宝宝之间爱的动作。

2. 积极参与活动，大胆表达自己的想法，体验阅读的乐趣。

3. 在看、听、说、玩的游戏过程中，运用语言与肢体表达爱的不同方式。

活动准备

1. 经验准备：有自主阅读的经验，喜欢看图书、听故事。

2. 物质准备：森林书屋的阅读场景，《好喜欢妈妈》绘本，小书若干本，猩猩、袋鼠、企鹅、狮子头饰，鳄鱼玩偶，动物贴纸（猩猩、袋鼠、企鹅、狮子、鳄鱼），森林、海洋、冰山等游戏场景等。

重点、难点

重点：在理解画面内容的基础上大胆表达自己的想法。

难点：主动尝试用书中的句式表达爱。

活动过程

1. 观察封面，激发阅读兴趣。

师幼一起坐在"森林书屋"的草地上，观看绘本《好喜欢妈妈》。

教师：你们在封面上看到了什么？

幼儿1：大企鹅和小企鹅。

幼儿2：企鹅妈妈和企鹅宝宝。

教师：它们在做什么呢？

幼儿1：它们在做游戏。

幼儿2：它们在笑。

幼儿3：它们在说悄悄话。

幼儿4：小企鹅靠着大企鹅。

幼儿5：太冷了，企鹅宝宝躲起来了。

教师指着画面：妈妈，妈妈！妈妈靠着我，好暖和呀！今天的故事书是《好喜欢妈妈》，小朋友看看故事里都有哪些宝宝和妈妈，它们做了什么，宝宝们说了什么。

2. 幼儿自主阅读，阅读后教师与幼儿围绕故事内容互动。

幼儿自主阅读时，教师观察、了解幼儿阅读的情况。

教师：你在阅读中都看到了哪些动物宝宝和它的妈妈，宝宝会对妈妈说什么？

幼儿：狮子妈妈和它的宝宝，狮子妈妈把宝宝含在嘴里了。

教师打开该页：这是狮子，你观察得真仔细，小狮子说："妈妈，妈妈！妈妈叼着我，多威风啊！"

幼儿1：袋鼠妈妈和袋鼠宝宝。

幼儿2：袋鼠妈妈把袋鼠宝宝装到自己的口袋里了。

教师：那猜一猜袋鼠宝宝会说什么。

幼儿1：袋鼠宝宝说："妈妈的口袋可真舒服！"

幼儿2：妈妈把我装到口袋里了。

教师：妈妈，妈妈！妈妈兜着我，太高兴了！

幼儿1：我还看到了猩猩妈妈和猩猩宝宝。

幼儿2：妈妈搂着它。

幼儿3：宝宝说："妈妈搂着我真舒服。"（幼儿一边说一边用手比画）

幼儿4：宝宝说："妈妈的怀抱真温暖。"（幼儿抱住了自己）

教师：你们是不是也想到了妈妈的怀抱？（做抱抱的动作，还可以抱抱旁边的小朋友）

幼儿1：我还看到了小海豹，小海豹躺在妈妈的怀里。

幼儿2：小海豹仰面朝天呢。（幼儿都仰面朝天）

教师：在水里的可不是只有海豹，这是海獭，海獭也生活在水里。对，你们说的没错，海獭妈妈和海獭宝宝都仰面朝天。海獭宝宝说："妈妈，妈妈！妈妈抱着我，真开心呦！"

教师翻到书中有鳄鱼画面的页面。

幼儿1：还有小鳄鱼。

幼儿2：小鳄鱼看到它的妈妈了。

幼儿3：它们也要抱抱。

幼儿4：小鳄鱼跑到妈妈嘴里了。

幼儿5：鳄鱼妈妈含着小鳄鱼呢。

教师：我们也可以说鳄鱼妈妈衔着宝宝，那么，鳄鱼宝宝会说什么呢？

幼儿1：妈妈，妈妈！妈妈含着我，真开心。

幼儿2：妈妈，妈妈！妈妈衔着我，真快乐。

教师：妈妈，妈妈！妈妈衔着我，最安心了！哈哈，我们除了开心快乐，和妈妈在一起还很安全。（教师和幼儿用嘴巴比画衔的动作）

幼儿1：妈妈把小宝宝抱起来了。

幼儿2：小宝宝跑到妈妈怀里了。

教师：如果你是这个小宝宝，你会说什么呢？

幼儿1：妈妈，我爱你。

幼儿2：妈妈，你真香呀。

教师：我们听听这个小宝宝说了什么。妈妈，妈妈！我好喜欢妈妈呀！

3. 语言游戏：甜蜜抱抱。

教师：不管宝宝和妈妈做什么都很甜蜜，你喜欢故事中哪个宝宝和妈妈的抱抱呢？

幼儿1：我最喜欢企鹅妈妈的抱抱，我妈妈就是这么抱我的。

幼儿2：我喜欢猩猩妈妈的抱抱，我爸爸就喜欢这样抱我。

幼儿3：我喜欢水獭妈妈的抱抱，我也想躺在妈妈的肚子上。

幼儿4：我最喜欢小宝宝和妈妈的抱抱，妈妈的抱抱香香的。

创设游戏情节：把活动室分成三块游戏场地，即水区、森林区和冰山区，水獭、狮子、袋鼠、企鹅……被藏在活动室的不同角落。

教师：现在动物宝宝在活动室的各个地方正等着妈妈带它们回家。你想当谁的妈妈？用你喜欢的方式抱抱你的宝宝，带着宝宝回家吧。

游戏中教师也变成动物妈妈，和幼儿一起去找宝宝。教师和幼儿一起找到宝宝，带着宝宝回到水区、森林区或冰山区，变身为妈妈用各种方式抱着宝宝。

幼儿1：我把宝宝背在背上，我的宝宝肯定说，妈妈的后背真舒服。

幼儿2：我把宝宝放在我的肚子上了。

幼儿3：我轻轻地搂着我的宝宝。

教师用手臂假扮成鳄鱼嘴巴：哈哈，我把我的宝宝衔在嘴里了。

幼儿1模仿着教师：我也是鳄鱼妈妈，我也衔着我的宝宝。

幼儿2用手抓着宝宝的脖子：我是狮子，我叼着宝宝呢。

幼儿3：我刚才是狮子，现在想当企鹅妈妈了。

4. 小结。

教师：刚才小朋友和老师一起玩游戏真开心。今天我们看了《好喜欢妈妈》这本书，还变成妈妈和宝宝抱了抱。（依次出示狮子、袋鼠、企鹅、鳄鱼图片）还记得它们的妈妈和宝宝都做了什么、说了什么吗？

幼儿1：妈妈，妈妈！妈妈叼着我，多威风啊！

幼儿2：妈妈，妈妈！妈妈兜着我，太高兴了！

幼儿3：妈妈，妈妈！妈妈靠着我，好暖和呀！

幼儿4：妈妈，妈妈！妈妈衔着我，最安心了！

今天回家别忘记和你的妈妈用一种新的方式抱一抱，并像小动物一样把你觉得这个抱抱怎么样告诉妈妈。

活动延伸

1. 在语言区创设"好喜欢妈妈"的情境讲述区，投放故事中的动物与妈妈的图片，支持幼儿继续讲述故事。

2. 鼓励幼儿和家长共同收集小动物和妈妈的图片，继续创编故事。

个人反思

1. 尊重幼儿的感知和主动表达。

《好喜欢妈妈》绘本画面背景简单，动物妈妈和动物宝宝的动作明显，情节不断重复，句式结构一致，贴近生活，很适合小班幼儿。无论是画面内容还是语言文字，都有很强的预测性。

我认为小班幼儿在教师的支持下，能够主动观察并主动表达，所以在活动中，我留给了幼儿自主感知、主动表达的空间。我先提问，听听他们的想法。刚开始幼儿只是指认画面上出现的小动物，接着主动说出动物妈妈和动物宝宝做的动作。我顺势引导他们说说"动物宝宝会说什么"，在此基础上引入了故事中的新词语：靠、叼、兜、衔。

幼儿对画面中动物妈妈和动物宝宝爱的动作很感兴趣，有的幼儿不仅在我翻页时一下子说出了动物妈妈和动物宝宝的动作，还一边说一边用小手比画。于是我满足幼儿肢体表达的需要，鼓励幼儿学学绘本中妈妈和宝宝的样子，在模仿的过程中也能看到幼儿对于靠、叼、兜、衔几个动作的理解。

2. 围绕活动难点，多途径让幼儿表达、体验。

这个故事情节很简单，幼儿很容易理解。所以除了难点，其他目标都完成了。在绘本中，动物妈妈用各自特有的动作"抱着"动物宝宝：靠、叼、兜、衔。绘本中句式结构虽然一致，但具体的表达随着动作的不同略有变化。上述对于幼儿来说是难点。一方面，我在完整讲述故事之后，继续和幼儿说"你喜欢故事中哪个宝宝和妈妈的抱抱呢"，并和幼儿一起进入了"甜蜜抱抱游戏"。幼儿自主选择当任何一个动物的妈妈，借助我提供的材料，继续用动作体验故事里的句式。幼儿感受到了不同的动作都是爱，并且再次重点关注绘本中不同的爱的动作与具体的语言表达。

综合评析

1. 选材符合幼儿心理需要与语言发展需要。《好喜欢妈妈》这个绘本内容既能满足幼儿对妈妈的依恋需要，又符合小班幼儿表达的特点。故事中句式重复，略有变化的词汇搭配为幼儿提供了新的语言经验。

2. 教师首先营造了轻松的阅读氛围，不是坐在椅子上规规矩矩地阅读，而是在"森林书屋"这种情境里放松地读一本很有趣味的书，用一颗童心与幼儿互动，与幼儿一起边说边做。有的幼儿把海獭说成海豹，把衔说成了含。教师基于幼儿的经验自然回应，帮助幼儿拓展了语言经验。

3. 教师结合绘本内容创设了游戏情境，将情境体验与表达自然结合。在游戏中幼儿再现绘本中爱的动作，因融入爱的情感自然而然地表达，一边游戏一边再次应用故事中的句式与新词语，有的幼儿还会把在生活中爱妈妈的动作在游戏中表现出来。

建议可以从语言经验角度适度拓展，积极利用游戏场景，增加一些绘本上没有的动物，让幼儿的游戏再开放一些，扩展幼儿的表达空间。

指导教师：北京交通大学幼儿园　张国欣

运动穿什么（小班）

北京大学附属幼儿园　何高莉

活动由来及设计思路

穿衣服是幼儿非常熟悉的一项生活内容。绘本《今天穿什么》激发了幼儿"穿什么衣服"的兴趣。

本次教育活动是在"大书阅读"和"小书阅读"的环节之后，幼儿初步掌握相应知识经验的基础上，进行的一次拓展活动。目的是引导幼儿通过阅读绘本来认识常见的衣服，在掌握有关服装穿着的知识之后，理解不同场合需要穿不同的衣服，并尝试帮助幼儿获得运用知识经验认知真实生活问题的能力。

活动目标

1. 通过阅读《今天穿什么》理解不同场合需要穿不同衣服。

2. 通过观察图画所提供的信息进行简单判断，并愿意表达。

活动准备

1. 经验准备：

（1）有一定的穿不同衣服的生活经验。

（2）通过阅读《今天穿什么》，了解一些有关服装穿着的知识，掌握简单句式"……时候，穿上……带上微笑"。

2. 物质准备：

（1）《今天穿什么》绘本一本，画架、画板、黑板各一个，《歌声与微笑》音乐。

（2）找问题图画两幅，小公主、小王子、小青蛙、小巫婆、小白兔等装饰物品若干。

重点、难点

重点：根据经验，理解不同场合穿不同衣服。

难点：通过观察画面进行简单的线索推理和判断，得出不同场合、不同天气穿不同衣服的结论。

活动过程

1. 兴趣导入，阅读绘本。

教师出示几件常见的不同类型的衣服，引导幼儿一起看一看、说一说（个别幼儿可以穿一穿），激发幼儿参与活动的兴趣。

教师请一名幼儿引领其他幼儿一起阅读一遍《今天穿什么》。（强调"带上微笑"，把握这个线索很重要）

教师：为什么他们都带着微笑？（穿上合适的衣服感到很舒服）

2. 阅读图画部分，引导幼儿分析画面。

出示一幅图画：一位阿姨穿了一双高跟鞋打球。引导幼儿观察画面，并根据简单线索找到一处不合理的地方。

教师：小朋友在画中看见了什么？她在做什么，穿了什么，有什么表情？

幼儿1：我看见那位阿姨穿了一双高跟鞋，会摔跤，脚会被扭伤。

幼儿2：我觉得鞋跟会折。

幼儿3：我认为鞋子太尖了，会把球扎破。

教师：那你们觉得她应该穿什么鞋子呢？为什么？

幼儿：她应该穿运动鞋，把高跟鞋脱掉。

出示第二幅图画：一位叔叔穿了一件雨衣和一双拖鞋，在太阳底下跑步。引导幼儿观察画面，并根据较复杂的线索找到两处不合理的地方。

教师：小朋友在画中看见了什么奇怪的事情？这个叔叔在做什么，他穿的是什么，有什么表情？

幼儿1：我看见这位叔叔穿了一双拖鞋在跑步，这样会踢着脚趾，会流血。

幼儿2：我觉得在太阳底下穿着雨衣跑步很热。

教师：你觉得他穿成这样跑步舒服吗？为什么？他应该穿什么？你愿意给他出些主意吗？

教师：不同场合要穿不同的衣服，这样才会舒服。穿的衣服舒服，脸上才会"带上微笑"。

活动延伸

1. 通过系列服装活动培养幼儿初步的类概念。

2. 开展时装表演秀。（春装、夏装、秋装、冬装，男装、女装，小孩和成人的衣服，运动装、旅行装、就餐装、职业装……）

个人反思

1. 活动中的优点。

（1）本活动重点是语言的运用，活动的切入点很好，能够从幼儿身边寻找感兴趣的话题。开始部分展示幼儿常见的不同类型的衣服，引导幼儿认识和试穿，把幼儿的兴趣调动起来；围绕"运动穿什么"，出示图画引导幼儿结合经验进行推理、判断。

（2）本次活动是在第一次大书阅读、第二次小书阅读之后进行的一次拓展活动，设计巧妙，运用图画引起的认知冲突，引导幼儿运用经验观察、分析、判断，两幅图画由一个错误到两个错误（由浅到深），调动幼儿不断思考。幼儿对活动兴趣浓厚，在活动过程中基本上都能聚精会神地观察、阅读、描述、交流。预设或生成的问题能引发幼儿积极思考，幼儿回答时用词比较准确，语言描述完整连贯，表现出了较强的语言表达能力和想象力。在活动中幼儿通过观察细节，培养了观察、分析、表达能力以及动手能力。

（3）幼儿能在我的引导下理解不同场合要穿不同的衣服。幼儿在表述看到的图画时，我扮演了一个倾听者，认真倾听幼儿的表达，带领幼儿一起发展语言表达能力和思维能力，分享大家的知识经验。

2. 活动中的不足。

在引导幼儿表达的时候，要思考引导语怎样能更好地启发幼儿；对于绘本要进一步深入研究，挖掘绘本中的教育价值，从而使幼儿通过阅读活动在社会性、想象力等方面得到发展。

综合评析

本次语言活动的主题贴近幼儿生活，展示的图画色彩丰富，给幼儿提供了充分的想象空间。活动目标设计与幼儿的认知水平相适应，充分满足了幼儿的阅读需要。教师通过设计提问引导幼儿关注画面细节，思考画面与结果的关系，引发了幼儿积极主动的思考。

教师设计"你觉得……"式的提问，体现出对幼儿的尊重。教师肯定每个幼儿不同的想法，利用图画引导幼儿观察，同时鼓励幼儿通过线索进行分析，这一环节突破了传统的语言教学模式。教师提出的问题能激发幼儿积极思维、大胆表达，让幼儿感受图画奇特荒诞的同时，加深了幼儿对不同场合穿不同衣服的感受和理解。

建议教师从"服装材质、样式及穿着的感觉"等方面引导幼儿谈论，如幼儿常见的羽绒服、风衣等，引发幼儿对服装的探究兴趣。

指导教师：北京大学附属幼儿园　张玉萍

小鱼儿（小班）

中央军委机关事务管理总局红星幼儿园（太平路园）　李姣姣

活动由来及设计思路

幼儿刚入园，在如厕、进餐、与教师和同伴交往等方面会出现一些情况，如不适应幼儿园餐食的口味，不喜欢在园如厕，不会独立进餐，小伙伴互相不认识。小班幼儿对小动物非常感兴趣，基于幼儿的兴趣和年龄特点，我们开展了"动物朋友"主题活动。活动情节简单有趣，我们经常能看到幼儿在故事互动墙上操作，也能够比较持久地与动物朋友进行游戏。随着活动的推进，幼儿对小动物吃、住、交往产生了浓厚的兴趣，想要了解更多与动物相关的内容。在此背景下，我们设计了此次儿歌教学活动。

活动目标

1. 感受儿歌一问一答的韵律美。

2. 乐于参加问答诗歌游戏活动。

3. 结合生活经验，尝试用诗歌中的语句进行回答。

活动准备

1. 经验准备：

（1）认识诗歌中出现的动物，并对其生活环境有初步的了解。

（2）有接打电话的生活经验。

2. 物质准备：背景图、动物胸饰、动物卡片等。

重点、难点

用诗歌中的句式进行回答。

活动过程

1. 开始部分：通过谈话引出活动。

教师：小朋友们，上午有小动物给我打电话了，邀请我去它们的家里做客。我赶紧答应了，我一定去。由于太高兴了，我忘记问它们家住在哪里了，这可怎么办呢？

幼儿1：老师，是哪些动物给您打电话了？

幼儿2：老师，那您再给小动物打个电话问问吧。

教师：好的，它们是小鱼、白兔和青蛙，我这就打过去问一问它们住哪儿。

教师：丁零零，丁零零，喂。

小鱼小鱼，你的家在哪里？我的家在水里。

白兔白兔，你的家在哪里？我的家在陆地。

青蛙青蛙，你的家在哪里？水里陆地都可以。

教师：老师再问问，小动物的家都住在哪里。

教师出示背景图，朗诵儿歌的同时粘贴上小鱼、白兔和青蛙图片，以谈话的方式引出活动，再做出打电话的动作，用游戏的口吻引出儿歌。

2. 基本部分：通过游戏，幼儿与教师一起学习儿歌。

（1）以游戏的口吻向幼儿介绍诗歌。

教师：刚刚老师给谁打电话了？

幼儿：小鱼、白兔、青蛙。

教师：它们的家住在哪里？小鱼小鱼，你的家在哪里？小鱼是怎么回答的？

幼儿：我知道，在水里。

教师：小鱼是这样回答的吗？（教师用手势和口型提示幼儿说完整句）

幼儿：我的家在水里。

教师：白兔白兔，你的家在哪里？白兔是怎么回答的？

幼儿：我的家在陆地。

教师：陆地是什么意思？

幼儿1：陆地就是土地。

幼儿2：陆地就是地上，不是水里，不是大海里，也不是天上。

教师：青蛙青蛙，你的家在哪里？青蛙是怎么回答的？

幼儿：水里陆地都可以。

教师：青蛙的家在水里陆地都可以，去水里陆地都能找到它。

（2）发现并学习诗歌的问答句式。

教师：大家记住它们的家在哪里了吗？我们一起说一说它们的家在哪里。

教师通过再次提问，引导幼儿回忆诗歌内容，加深印象。

教师：仔细听一听小鱼是怎么回答的，你们发现了吗？

发现了这个小秘密的小朋友一起拍手说一说。

幼儿：老师，小动物的家我都记住了，我想带着小朋友一起说。

教师：好呀，你想带着小朋友一起怎么说？

幼儿：我想拍腿说。

教师：我们一起和这个小朋友拍腿说一说小动物的家在哪里。

教师：小鱼的"鱼"字，老师没有听得很清楚，说"鱼"字的时候要撅起小嘴巴。我们都来说一说，试一试。

教师有节奏地朗诵儿歌，辅以拍手说儿歌、拍肩说儿歌、拍腿说儿歌，多种策略让幼儿感受儿歌一问一答的韵律美；有意识地指导幼儿感受停顿的位置，同时关注个别幼儿有吐字不清的情况，进行个别指导。

（3）通过角色扮演游戏学习问答儿歌。

教师：我们给小动物打电话，一起问问："小鱼小鱼，你的家在哪里？""白兔白兔，你的家在哪里？""青蛙青蛙，你的家在哪里？"

幼儿分为三组自选角色，将胸饰挂在胸前，两组幼儿提问，一组幼儿回答。（扮演小动物表演时幼儿都假装拿着电话，大声地回答）

（4）拓展经验，运用其他动物的图片拓展经验。

教师：还有三个小动物，你们知道它们的家住在哪里吗？我们一起问问它们吧。

教师带领幼儿一起问：章鱼章鱼，你的家在哪里？

教师：我的家在水里。

教师带领幼儿一起问：老虎老虎，你的家在哪里？

教师：我的家在陆地。

教师带领幼儿一起问：乌龟乌龟，你的家在哪里？

幼儿1：我从家里带来的乌龟是养在班级里的，是住在陆地上的。

幼儿2：我觉得乌龟的家是在大海里。

教师：乌龟的家水里陆地都可以，小朋友同意吗？

教师出示章鱼、老虎、乌龟的图片，引导幼儿学习和应用问答句式，通过新的图片内容拓展幼儿的经验。

3.结束部分：迁移生活经验，结合自己实际情况来回答。

教师：小动物们的家你们都知道了，小朋友知道自己的家在哪里吗？晗晗，晗晗，你的家在哪里？

晗晗：我的家在大院。

多名幼儿：我家也住大院，我的家在大院。

教师：好几个小朋友都住大院，我再问问凡凡。凡凡凡凡，你的家在哪里？

凡凡：我的家在营房部。

教师叫×××小朋友名字：×××，×××，你的家在哪里？

幼儿结合生活经验，能用诗歌中的语句进行回答。大部分幼儿住在同一小区，这一问题让幼儿体会到虽然教师只问了一个小朋友，但仿佛也问到了自己一样，都争先恐后地回答。

教师小结：老师知道了大多数小朋友的家在大院，等老师去了大院，就去找你们一起玩。小朋友还可以告诉韩老师、王老师你的家在哪里，约老师们一起玩。我们一起去找韩老师和王老师吧。

活动延伸

1. 语言区。

教师将动物图片投放到语言区，幼儿可在集体学习后巩固复习，创编自己喜欢的问答儿歌。

2. 日常生活的游戏。

苹果，苹果，你的家哪里？我的家在树上。

这个游戏是让幼儿了解植物的生长位置。

球拍，球拍，你的朋友是谁啊？我的朋友是网球。

这是个关联游戏，做一件事情要用到两种物品。

××，××，欢迎你！老师，老师，我爱你！

××，××，你真棒！加油，加油，我最棒！

教师和幼儿用这样的形式进行问好，还可以用带有节奏的游戏进行鼓励。

例如，幼儿来园或离园的时候，教师用这样有节奏的语句与幼儿打招呼，对幼儿进行鼓励的时候也可使用。

个人反思

1. 本次教学活动脉络清晰，环节设置由易到难，循序渐进。师幼共同学习，有问有答，用儿歌的形式拓展新知识，迁移生活经验。

2. 教学过程遵循幼儿的学习特点，游戏贯穿全过程。我用节奏动作拍手、拍肩、拍腿有意识地引导幼儿共同体验儿歌的韵律，关注诗歌的节奏、停顿的地方。师幼和谐互动，幼儿参与度高。打电话的游戏方式符合小班幼儿的学习特点。学习说完整句"我的家在××"有别于口语化的语言，对幼儿来说是难点、挑战。在幼儿说儿歌的过程中，我关注到了幼儿有吐字不清的情况，及时给予帮助，表现出对个体差异的关注。

3. 注重结合知识拓展和延伸活动。后续的延伸活动可以与幼儿共同收集各种各样的动物图片并投放到语言区，供幼儿和同伴自由组合进行问答游戏。幼儿参与收集动物的图片更能引发参与热情。

4. 将活动迁移到幼儿的生活中。刚刚入园的幼儿往往会有种种不适应，如不适应集体生活，不适应没有家人陪伴等。这样的活动能够帮助幼儿学会交朋友，学会沟通和表达。

5. 活动结束后可以进行家园联动，形成有效的家园配合。幼儿可以用这样的句式与家人沟通，也可以创编新的游戏玩法。

综合评析

1. 兴趣是最好的老师，是幼儿探索世界的动力。在本次活动中，幼儿始终抱有浓厚的参与兴趣。打电话的游戏形式贴近幼儿生活，可以说就是日常生活的情境再现。教师抓住这个游戏情境生成相关的教育活动，发展幼儿的语言表达能力。

2. 尊重幼儿的年龄特点和学习方式。小班幼儿主要是具体形象思维，喜欢游戏和模仿，游戏的贯穿更能调动他们的兴趣。教学过程的设计遵循由易到难循序渐进的原则。教师采用的策略适宜，除了打电话环节，在感受诗歌一问一答的韵律美时，能让幼儿有意识地倾听和观察，再辅以拍手、拍腿、拍肩的方式巩固。例如，结合"小动物们的家你们都知道了，小朋友知道自己的家在哪里吗"的提问，使活动回归生活，回归幼儿本身。幼儿刚刚来园不久，家的归属感可以引起幼儿的共鸣。

教师能给予幼儿自主学习和发展的空间，鼓励幼儿在与环境、情境对话时积极表达自己的想法，让幼儿沉浸在游戏中；巧妙整合多种方式，让幼儿通过看、听、想、说、演（游戏）等得到感性认识，实现主动学习。

指导教师：中央军委机关事务管理总局红星幼儿园（太平路园）　郭新

我给国王开药方（中班）

北京市海淀区美和园幼儿园　汪绪娟

活动由来及设计思路

近期，班级根据幼儿的兴趣和语言发展现状，开展了"国王生病了"童话剧表演活动。这个童话剧讲述了国王生病时，医生建议多运动并开出了一张运动计划书后，不但国王身体没有好起来，反而身边的人都病倒了的有趣故事。其幽默风趣的情节深受幼儿喜爱。在开展故事讲述后，幼儿对故事的内容有了更加深刻的了解，也对故事中医生给国王开出的药方提出了不同的看法，如"还有很多其他的对身体有益的运动，也可以作为国王的运动计划""如果天气不好或者其他原因不能运动时，国王该怎么办""国王总是做这几项运动，会没有兴趣的"……

看见幼儿竟然萌发出了对故事的情节进行初步创编的想法，结合班级幼儿正处于喜欢讲故事、演故事的阶段，我决定带领幼儿进行故事创编，鼓励幼儿和同伴一起给国王开出一副新的药方，以促进幼儿在叙事性讲述方面的进步与发展。

活动目标

1. 能根据故事情节的发展线索，围绕国王新的运动计划进行故事创编。

2. 尝试运用符号、绘画的方式为国王制订多样化的运动计划，并完整讲述故事内容。

3. 乐于参与故事创编活动，体会与他人合作并取得成功的快乐。

活动准备

1. 经验准备：对故事内容较为熟悉，对常见的运动项目有所了解，有初步的与他人合作的经验。

2. 物质准备：故事PPT、自制的运动计划表、国王生病前后的图片、水彩笔等。

重点、难点

重点：能够有意识地对国王的运动计划进行改编，加入不同的运动项目。

难点：能运用符号、绘画等方式为国王制订多样化的运动计划，并用清晰连贯的语言讲述创编故事的情节。

活动过程

1. 出示运动计划表，温习"国王生病了"的故事。

师幼共同回忆故事里国王生病的主要情节。

教师：这张运动计划表你们还记得是哪本图画书里的内容吗？它是谁给谁制订的呢？

幼儿：这张计划表是《国王生病了》图画书中的内容，是医生给国王制订的。

教师：又正确又完整，看来大家对这则故事记得都很清楚。

2. 请幼儿尝试运用合作的方式，为新故事创编开始部分。

（1）出示国王发愁的图片，用情境化的语言激发幼儿讨论新故事的起因。

教师：国王用了这张运动药方后身体真得变好了，他特别开心。可是，过了一段时间，国王又不开心了，原来是他想换一副不一样的药方，你们猜猜发生了什么事情，让国王这么想换药方。

幼儿：国王的马受伤了，所以想换运动药方。

教师：原来是没有让国王骑着运动的马了，需要换药方。

幼儿：到了冬天，游泳池的水结冰了，不能游泳了，所以要换药方。

教师：看来天气的原因也导致国王需要换药方。

幼儿：国王运动时不小心摔倒了，把膝盖摔坏了，需要换药方。

教师：这个原因也很合理，由于身体不便，因此需要换药方。

教师：大家有了这么多的奇思妙想，为国王想出了很多换药方的原因，都能重新编一则不一样的故事。

（2）鼓励幼儿与同伴合作，用绘画或符号的方式将新故事的起因记录下来。

①幼儿与旁边的同伴讨论新故事的起因，教师示范记录。

教师：如果我们来给国王编一则新的运动故事，可以有哪些原因来换药方呢？大家可以和旁边的好朋友讨论一下。

幼儿：我们觉得是国王的泳衣和泳镜丢了，不能游泳了，所以需要换药方。

教师：游泳物品丢了，确实没办法再进行游泳运动了，你们组的想法非常合理，老师帮你们把这个原因记录下来。

教师将幼儿的发言用绘画或者符号的方式记录在表格中。

②幼儿与同伴合作，说出换药方的理由，并在图片旁边完成记录。

教师：哪组小朋友还有既不一样的又很合理的原因呢？

幼儿：我们觉得是因为山上有落石，不能爬山了，所以想换药方。

教师：这个想法真不错，你们可以把它记录在表格中吗？

教师：如果不会画山，我们可以怎么记录？

幼儿1：可以用笔画几个三角形，心里记着它是山就可以了。

幼儿2：我会简单画一个三角形，再画几个圆圈在山的旁边，就知道这是山上有落石了。

教师：对，记录的时候我们可以用简单的形状、符号来表示，自己能读懂，知道它代表什么意思就行了。

③引导幼儿根据记录，选择一组换药方的原因作为故事的起因。

教师：刚才大家编了这么多新故事的开头，你们最喜欢哪一种？我们一会儿把它编在我们的新故事中。

引导幼儿集体选择一种合理的新故事起因。

3. 出示大的运动计划表，鼓励幼儿集体合作为国王设计新的药方。

（1）引导幼儿和同伴讨论可以帮助国王设计一副什么样的运动药方。

教师：刚才大家一致选择了用"国王缺少游泳物品"的原因作为新故事的开头，那给国王设计哪些新的运动项目才会更合理，国王也会更喜欢呢？

鼓励幼儿与旁边的同伴相互讨论，设计合理的、具有多样性的运动药方。

教师：商量好的小组可以告诉大家你们给国王设计的是哪一天的运动，是什么运动，并将你们的运动记录在这张大的运动计划表里。

幼儿：我们想给国王设计周二的运动，周二去跳绳。

教师：这是一项对身体非常好的运动，你们记录得也很清晰，为你们组点赞。

教师：还有哪个小组想给国王设计其他时间的不一样的又很有趣的运动药方？

教师再请几个小组上台讲述并记录，重点提醒不敢大胆表达的幼儿增大说话的音量，给予不知道怎么记录的幼儿一些简单的建议。

（2）出示故事结局的图片，集体合作讲述改编后的故事"国王生病了"。

教师：合作的力量真大呀。小医生们很快就帮国王设计了新的一周运动药方。我们都能讲出一则新的故事来了，大家一起来试试吧。

幼儿：国王生病了，他吃不下饭，睡不着觉……

师幼一起根据新的运动计划表进行创编讲述。

4. 小组合作，自主进行故事创编"国王生病了"。

引导幼儿两人一组为国王开运动计划药方。

教师：刚才那则好听的故事是大家一起设计并讲述出来的。现在，国王还想请咱们班的小医生们为他开出更多的运动药方，设计更多的运动形式，讲出更多不一样的故事，咱们一起来试试吧。

（1）出示计划表，引导幼儿与同伴一起商量并记录。

教师：这里给小医生们准备了一份计划表，大家可以和你的好朋友商量一下，你们的故事中是什么原因换的药方，换了哪些好玩又合理的运动，这些运动还要和别人的不一样，商量好了可以把它们记录下来。

幼儿两两合作，教师巡视指导，鼓励水平高、有想法的幼儿创编出不一样的运动项目，及时关注并个别指导创编有困难的幼儿，鼓励其联系自己的运动经验，说出自己的想法，记录在表格当中。

（2）请已经设计好的幼儿与同伴商量，如何进行合作式的故事讲述，并尝试练习。

教师：已经设计好运动药方的小医生们，可以和同伴小声商量一下一会儿怎样和大家讲述你们的故事。

（3）讲述、分享环节。

教师：已经完成设计的小医生们，请你们把设计好的运动计划表粘贴在前面的展板上，咱们一起来听听哪一组的故事更有趣。

此环节教师引导幼儿与同伴一起讲述或者选出一位代表来讲述，鼓励台下的小听众听完后给予评价。

教师：刚才一个组的小医生讲完了故事，你觉得他们组的故事讲得怎么样？哪些地方值得你学习？你还有哪些好的建议？

幼儿：我觉得他们的运动药方设计得很合理，也很有趣。讲故事的声音很大。

教师：你觉得这些地方都是很值得你学习的，他们有没有需要改进的地方呢？

幼儿：讲故事时，他们如果能够你一句我一句，或者提前商量好自己说什么就更好了。

教师：你觉得他们如果合作得更好一些，故事就会更精彩了。你的建议真好，我也这样觉得。

教师引导幼儿从合作、故事的新颖性、药方的多样性等方面进行评价。

5. 师幼共同小结。

教师将运动计划表投放到语言区，鼓励其他幼儿继续讲述。

教师：今天小医生们能和同伴合作，为国王设计新的运动药方，不仅帮助了国王，还讲出了很多有意思的、不一样的故事。大家真是又能干又爱帮助人的小朋友，国王特别满意。

大家讲述的新故事真是太好听了，国王还想继续听听其他小朋友的运动建议，咱们回到班里将药方放在语言区，今天没有来得及讲述的小朋友明天还可以继续给国王提建议。

活动延伸

将幼儿的新故事投放到表演区，引导幼儿在区域游戏时间在表演区对故事进行创意表演。

个人反思

本次活动是在讲述完故事"国王生病了"之后，根据幼儿的兴趣点设计的一次集体教学活动。活动充分体现了幼儿的自主性，尊重幼儿的学习方式，支持幼儿在轻松愉悦的氛围中与同伴合作，围绕国王的运动计划表创编故事，既为新故事创设了开始，又能引导幼儿相互合作。

整个活动过程为新故事的创编做了充分的支持和引导。首先，通过引导幼儿讨论新故事的不同起因，调动幼儿参与的积极性；其次，用集体研讨的方式鼓励幼儿为国王设计全新的运动计划表，打开幼儿的思路，发挥幼儿合作的力量，完成了教学重点；最后，通过鼓励幼儿自主合作，设计不同的运动计划并讲述故事，支持幼儿打开创意的大门，完成了教学难点。三个环节紧密衔接，既发挥了幼儿主动学习的内在动力，又培养了幼儿的创造性。

活动中，我能够支持幼儿的想法，尊重幼儿的意见，积极引导幼儿大胆自信地完成新故事的创编和讲述，鼓励幼儿在集体面前主动参与、大胆表达。幼儿能够用较为清晰与完整的语言将自己和同伴设计的新运动计划表创编在故事中并进行讲述，合作能力、创造能力及讲述能力均有所发展。

此外，我能关注个别能力较弱的幼儿，对其进行有针对性的指导，让每名幼儿都在故事创编中获得发展。在整个活动过程中，幼儿的兴致一直很高。为了尽可能让幼儿把自己创编的故事讲述出来，我特意延长了分享的时间。与幼儿互动时的教学应变能力尚须进一步加强，在教学进度的把握、个性化指导等方面仍需要做更充分准备，以取得更好的教学效果。

综合评析

"我给国王开药方"是一次主题教育活动背景下语言领域的教学活动。从设计到实施的过程，教师紧紧抓住"主动学习"的精神内核，将支持幼儿主动学习的原则贯穿于教学的全过程，取得了良好的效果。

首先，教学活动内容非常适宜，紧密贴合幼儿在主题活动中的兴趣与经验，来源于教师对幼儿在"国王生病了"故事讲述与表演过程中的兴趣与意愿的了解。教师关注到了幼儿对故事产生的疑问与想法，抓住契机，生成了本次活动，以满足幼儿的学习意愿。

其次，教学设计符合中班幼儿的年龄特点，教具贴近中班幼儿的故事讲述经验与前书写经验。教师特意将故事中"运动计划表"这一关键元素提取出来，鼓励幼儿重新设计，再将计划内容嵌在原有故事结构中，适度降低故事创编的难度，符合本班幼儿的故事讲述水平。"运动计划表"采用表格形式，结合符号、绘画的表达形式，给予了幼儿充分合作的空间，减少了记录的时间，进而使幼儿能主动合作并自由想象、记录与表达，具有独特个人想象力的前书写经验与故事讲述经验在整个活动中得到了充分应用与展示。

最后，教学环节层层递进，教师能运用适宜的指导语言来支持幼儿的语言学习与发展。一方面，教师在各教学环节提出的关键性问题非常准确。这些提问直接对应各环节的教育目标，逐步从共同尝试改编计划，到两人合作改编，再到合作完整讲述故事。另一方面，教师能够主动在各环节巧妙应用表情渲染、语言提示、及时总结等方式，激发全体幼儿讲述的热情，帮助幼儿逐渐了解、熟悉并掌握创编故事的具体方法，同时又关注每名幼儿的语言发展，给予较适宜的个性化支持与引导，促进幼儿讲述能力的提升。

活动在主题教育活动的背景下，教师鼓励幼儿将"运动计划表"投放在语言区继续进行交流展示，或鼓励幼儿将创编的故事在表演区进行表演，促进了幼儿的深度学习。

指导教师：北京市海淀区美和园幼儿园　王晓岚
北京市海淀区教师进修学校　张瑞芳

语言领域

59

跑跑镇（中班）

北京交通大学幼儿园　陈婉雪

活动由来及设计思路

班级幼儿即将升入大班，语言表达愿望强烈，喜欢与同伴分享自己的想法，喜欢倾听故事、儿歌，能够根据故事的部分情节或绘本画面的线索简单猜想故事情节的发展，对续编故事及仿编儿歌较有兴趣，有一定的经验，但在想象力和创造力方面还有待提升。本次活动以绘本《跑跑镇》为素材进行儿歌仿编，幼儿可以根据事物的外部特点进行合理的想象、预测，并结合画面进行验证，以发展想象力和创造力。

活动目标

1. 乐于表达自己的想法，按儿歌的重复句式进行仿编。

2. 对两个物体组合后产生的奇妙变化有兴趣，并能大胆想象。

活动准备

1. 经验准备：

（1）有仿编儿歌的经验。

（2）有随音乐律动行进的游戏经验。

2. 物质准备：

（1）绘本画面的PPT。

（2）玩游戏时的背景音乐、图片。

（3）体现绘本中文字的图片。

重点、难点

重点：对儿歌中所说的颜色、物体组合产生的奇妙变化有兴趣，并能发现儿歌的特点。

难点：用儿歌中的话表达自己的想法，按儿歌的重复句式进行仿编。

活动过程

1. 奇妙的跑跑镇故事，激发幼儿的兴趣。

教师：今天我要带小朋友们去一个神奇的小镇，快来一起看看吧。（出示跑跑镇视频）

教师：他们都在干什么呢？

幼儿1：他们在跑。

幼儿2：他们在跑来跑去。

…………

教师：这个小镇的名字叫跑跑镇。在跑跑镇上，朋友们都喜欢快乐地奔跑，跑跑镇里热闹不热闹呀？

幼儿1：热闹。

幼儿2：它们都好开心呀。

教师出示儿歌开头的图片：跑跑镇里真热闹，居民都爱跑跑跑。

教师：跑着跑着，奇妙的事情就发生了。

2.“有趣的碰碰碰”游戏，引导幼儿感受儿歌的句式。

（1）游戏：对对碰，感知并理解两个物体组合后产生的奇妙变化。

①教师：快看看哪位朋友跑来了，它们发生了什么事。（出示小汽车和长梯子碰撞的动画）

幼儿1：它们变成了消防车。

幼儿2：天呐，好神奇呀。

幼儿3：汽车和梯子变成了消防车。

…………

教师用儿歌句式描述幼儿的语言：小汽车、长梯子，变呀变成消防车。

教师：原来跑跑镇的朋友，跑跑跑，碰碰碰，会变出神奇的东西，太奇妙了。

②教师提问：跑跑跑，碰碰碰，它们又会变出什么神奇的东西？（出示小黑熊和小白熊碰撞的动画）

幼儿1：小黑熊和小白熊会变成斑马。

幼儿2：它们会变成熊猫。

教师：可以用完整的话说一说吗？小黑熊、小白熊，变呀变成……

幼儿3：小黑熊、小白熊，变呀变成大熊猫。

…………

教师：原来颜色也可以碰在一起。

③教师提问：小女孩和小金鱼碰在一起会变成什么？

幼儿：小女孩、小金鱼，变呀变成美人鱼。

教师：跑跑镇里的朋友碰在一起会发生这么多有趣的事情，有的本领变大了，有的颜色发生了变化，还有的连外形都不一样了。

教师：小朋友们，其实这是一首非常好听的儿歌，你们想听听吗？

语言领域

61

幼儿：想。

教师：那我们一起来听听吧。

教师：跑跑镇里真热闹，居民总爱跑跑跑，

跑跑跑，碰碰碰，

小汽车、长梯子，变呀变成消防车。

小黑熊、小白熊，变呀变成大熊猫。

小女孩、小金鱼，变呀变成美人鱼。

跑跑镇里真热闹，跑跑镇里真奇妙。

（2）对对碰，大胆想象物体结合的变化。

教师出示物体图片：跑跑镇里还有很多朋友，我们再来看看，谁又来了。

教师：你想把哪两位朋友碰在一起，会变出什么呢？

幼儿：小轮胎和小房子变成大房车。

教师：可以用儿歌里的话来说一说吗？

幼儿1：小轮胎、小房子，变呀变成大房车。

幼儿2：小荷叶、小拐杖，变呀变成小雨伞。

幼儿3：小猫咪、大老鹰，变呀变成猫头鹰。

教师：小朋友们变出了这么多神奇的东西，我们来把它变成一首好听的儿歌吧。

教师出示完整儿歌的图片：这首儿歌真好听，我们一起来说说吧。

幼儿：跑跑镇里真热闹，居民总爱跑跑跑，

跑跑跑、碰碰碰，

小轮胎、小房子，变呀变成大房车。

小荷叶、小拐杖，变呀变成小雨伞。

小猫咪、大老鹰，变呀变成猫头鹰。

跑跑镇里真热闹，跑跑镇里真奇妙。

3. 开展"我们的跑跑镇"游戏，仿编儿歌。

（1）幼儿自由"碰撞"，感受游戏的乐趣。

教师：跑跑镇里真是太奇妙了，我们一起去跑跑镇里玩玩吧。跑跑镇里有很多奇妙的图片，当我们的火车开到那里的时候，你可以选择一张喜欢的图片贴在身上。

音乐响起，我们跑跑跑，一边跑一边观察旁边小朋友身上的图片。音乐停止，请找一个朋友碰一碰，看看会变成什么奇妙的东西。

幼儿1：我和小宝变成了紫色。

幼儿2：红颜色、蓝颜色，变呀变成紫颜色。

教师：大家和旁边的小朋友说一说，你们碰在一起变成了什么。

幼儿：我们没有碰出东西。

教师：为什么没有碰出东西呢？

幼儿1：因为我们的物品没办法变出新东西。

幼儿2：他们的物品变出的东西我都没听过。

教师：那怎么办呢？（关注游戏情况，及时引导没有碰出新物品的幼儿找其他朋友试试）

幼儿1：重新找能碰出新物品的小朋友碰一碰。

幼儿2：在跑的时候要看一看谁能和你碰出新东西，音乐结束的时候，赶快和他碰在一起。

幼儿3：我也是这样想的。我扮演的是老鼠，在跑的时候，就想好了要和小布丁扮演的袋子碰在一起，我们变成了袋鼠。

教师：那我们再来试一试，希望大家都能碰出新东西，快去试试吧。

（2）幼儿分为两组开展游戏，用完整句式表达。

教师：音乐响起，我们赶快跑一跑。音乐停止，请你找一个朋友碰一碰，看看能变成什么奇妙的东西。

幼儿自由仿编儿歌：

大炸弹、小玉米，变呀变成爆米花。

小木板、小轮胎，变呀变成滑板车。

小老鼠、小袋子，变呀变成小袋鼠。

小黑马、小白马，变呀变成小斑马。

红颜色、黄颜色，变呀变成橙颜色。

（3）自由碰撞后，带领幼儿仿编完整儿歌。

教师：音乐开始了，这次你会和朋友变成什么奇妙的东西？

幼儿自由仿编：

小飞鸟、小女孩，变呀变成小天使。

小老鼠、仙人掌，变呀变成小刺猬。

黄颜色、蓝颜色，变呀变成绿颜色。

教师：哇，小朋友们变成了这么多奇妙的东西，我们把它编成好听的儿歌吧。

教师将幼儿身上的图片取下，张贴上完整的儿歌。幼儿随着图片接龙说儿歌，分享自己仿编的儿歌。

教师：我们编出了这么好听的儿歌，来和其他小朋友分享一下好吗？

一组幼儿仿编的儿歌：

跑跑镇里真热闹，居民总爱跑跑跑，

跑跑跑、碰碰碰，

大炸弹、小玉米，变呀变成爆米花。

小木板、小轮胎，变呀变成滑板车。

红颜色、黄颜色，变呀变成橙颜色。

小黑马、小白马，变呀变成小斑马。

跑跑镇里真热闹，跑跑镇里真奇妙。

二组幼儿仿编的儿歌：

跑跑镇里真热闹，居民总爱跑跑跑，

跑跑跑、碰碰碰，

小飞鸟、小女孩，变呀变成小天使。

小老鼠、小袋子，变呀变成小袋鼠。

小老鼠、仙人掌，变呀变成小刺猬。

黄颜色、蓝颜色，变呀变成绿颜色。

跑跑镇里真热闹，跑跑镇里真奇妙。

教师小结：跑跑镇真是太好玩、太奇妙了。它也跑到了我们的生活中，就在我们班的语言区，欢迎小朋友到跑跑镇里变出更多奇妙的东西。

活动延伸

将图片投放到语言区，请幼儿收集会发生变化的图片，继续仿编，制作儿歌小书。

个人反思

1. 画面辅助幼儿想象，创设了支持性的语言环境。

《跑跑镇》是一本有趣的创意游戏绘本，选择了猫、鹰、白熊、黑熊等形象，让它们在快跑、碰撞后变出了猫头鹰、熊猫等"新"的事物，每一种变化既出人意料又合乎情理。

绘本原文字不便于幼儿表达，于是我自编了儿歌，留给幼儿语言发展的空间，通过《跑跑镇》的动画视频，加深了幼儿对物体碰撞出的"新"

物体的认识，然后引出儿歌，既集中了幼儿的注意力，又为幼儿学习儿歌做了很好的铺垫。此外，我注重以儿歌中的重复句式表达幼儿的想法，引导幼儿在学习儿歌中重复句式的同时，完成用儿歌中的重复句式仿编儿歌的目标。

我充分利用《跑跑镇》绘本中碰撞出的"新"事物的特点，引导幼儿在观察动画的过程中结合自己的生活经验，根据事物的外部特点及内在联系进行合理预测，激发了幼儿想象新事物的兴趣，达到了发展幼儿想象力的目的。

2. 提供了多种表达文学想象的机会，幼儿参与度高。

幼儿对仿编儿歌有一定的经验，但想象两个物体组合后产生新物体，仿编儿歌对幼儿是具有一定挑战性的。在活动中，我根据幼儿的年龄特点，设计了幼儿扮演居民到跑跑镇中碰出新事物的游戏情境，这符合中班幼儿好动的特点，吸引了幼儿的注意力。两个看似不相关的物体，在跑动碰撞后出现了奇妙的"合体"，有利于幼儿在碰撞游戏中边玩边想象边表达。

3. 幼儿能以重复句式表达自己的想法，但我对图片的准备不充分。

活动中幼儿愿意想象两个物体组合后产生的新事物，并用重复句式进行表达，最终形成了完整的儿歌。这让不同层次的幼儿都能够有表达的机会，激发了幼儿大胆想象和表达自己想法的欲望。但有的幼儿在碰撞"新"物体的过程中，由于对图片的分析不够充分，因此在游戏中出现了两个物体无法碰撞出新物体的问题。所以在后面的游戏环节中，我及时引导幼儿分成两组，将无法碰撞出新物体的幼儿分散开，解决了幼儿在游戏中遇到的问题。

活动中问题的出现也让我意识到在开展集体教学活动前充分分析教具与幼儿经验十分重要，对幼儿可能出现的表现要有预案、有准备、有策略，这样才能更好地突破教学难点，达到教学目标。

综合评析

对文学作品进行创造想象是儿童文学想象的重要经验。本次活动通过仿编儿歌来培养和丰富幼儿文学创造的经验。儿歌仿编的核心经验有三种发展水平。第一种水平是在教师的提问和启发下，能发挥自己的想象力，幼儿只有在充分想象的基础上才有可能替换儿歌中的单个要素。第二种水平是能够替换文学作品中的多个要素，仿编出一个在结构上符合文学作品要求的儿歌，这一水平是大部分幼儿在中班阶段的基本水平，但也存在个体差异：首先，幼儿说的往往是对话式的句子，即很难自己说出完整儿歌，往往是在一问一答的过程中呈现自己仿编的儿歌内容的；其次，幼儿仿编的儿歌内容往往比较单一，因此在这一水平上，要帮助幼儿整理自己仿编的儿歌句式，并丰富仿编的内容。第三种水平是能在仿编时更多地发挥自己的想象力，仿编出在结构、内容和主题上合理、有逻辑的句子。

从设定的教学目标来看，本次活动针对的是儿歌仿编经验中的第二种水平。教师力图通过这次活动，从儿童儿歌仿编的第一种水平出发，将儿童儿歌仿编的经验提升到第三种水平，即让幼儿在仿编的基础上，更多地发挥自己的想象力，具有独特性和新颖性。

指导教师：北京交通大学幼儿园　寇丽娟

青蛙历险记（中班）

中国人民武装警察部队总部机关幼儿园　刘鑫

活动由来及设计思路

四月初，幼儿园小鱼塘里的蝌蚪吸引了幼儿的注意。每天在户外时间他们都会围着小鱼塘观察和讨论蝌蚪。由此班级开展了主题活动"你好，小蝌蚪"。

活动中幼儿查找了蝌蚪的相关资料，尝试学习科学喂养小蝌蚪，获得了对比观察、科学记录、调查验证等科学探究能力和蝌蚪如何变成青蛙的相关经验。幼儿的讨论话题也从蝌蚪过渡到了青蛙，想象蝌蚪变成青蛙后的新生活。班级幼儿有仿编故事的经验，能够在仿编的故事中加入角色或动作等单个要素，但是故事情节比较简单，缺乏一定的合理性和逻辑性。于是我追随幼儿的兴趣点，结合本班幼儿的发展需求开展了本次活动，希望通过本次活动，引导幼儿在故事中加入多个故事要素，提高幼儿续编的故事的丰富性和合理性。

活动目标

1. 能够根据故事情境大胆想象青蛙脱险的办法，续编比较丰富的故事情节。

2. 能够较为清楚、连贯地讲述自己续编的故事。

3. 敢于表达自己的想法，积极体验动脑续编故事的乐趣。

活动准备

1. 经验准备：

（1）对青蛙的生活习性有初步了解。

（2）有仿编故事的经验。

2. 物质准备：PPT 课件（幼儿观察蝌蚪变青蛙的过程的照片）、青蛙和蛇的图片、白纸和连环记录纸、各种相关图片、画笔、白板等。

重点、难点

重点：能够围绕故事情境，结合故事发展的一些基本要素，大胆续编青蛙脱险情节并乐于讲述。

难点：续编的故事较为丰富、合理，有一定的逻辑性。

活动过程

1. 导入环节。

播放 PPT，结合小蝌蚪变成小青蛙后的话题，从班级的主题活动中引出故事的前面部分。

教师：小蝌蚪变成小青蛙后好开心呀，它有时候在水里快活地游泳，有时候跳到河边的树林中玩耍。这一天，小青蛙来到树林里寻找美味的小虫子。一条长长的大蛇发现了小青蛙，大蛇流着口水得意地说："我的肚子还饿着呢，你这只小青蛙正好能让我饱餐一顿。"说着便露出尖尖的牙齿向小青蛙快速扑了过去。

2. 基本环节。

（1）引导幼儿根据故事情境，大胆续编青蛙脱险的故事情节。

①引导幼儿充分讨论，大胆想象青蛙脱险的好办法。

教师：如果你是小青蛙，你会怎么办？怎样才能逃脱危险？

幼儿：直接跳到水里就行了。

教师：除了去水里，小青蛙还有其他躲避的地方吗？

幼儿：草丛、石头后面、水草里……（引导幼儿在故事中加入不同的地点）

教师：大蛇会继续追小青蛙吗？小青蛙还有什么方法可以摆脱危险呢？

幼儿：小青蛙可以跟大蛇说："我有毒，你吃了我你就会中毒。"

教师：哦，小青蛙想出了机智的办法，它跟大蛇之间还有对话。（引导幼儿在故事中加入对话）

幼儿：还可以叫来它另一个天敌——老鹰，和大蛇打起来，小青蛙趁着这个机会逃跑。

教师：哦，这时候来了一个新的角色，这是一只什么样的老鹰？

幼儿：可怕、凶狠……

教师：面对这样的双重危险，快帮小青蛙想个好主意吧。

幼儿：老鹰和大蛇肯定会争吵，因为它们都以为是自己先看到的。

教师：它们是怎么争吵的？你能讲得再清楚一些吗？

幼儿1：大蛇说是我先看到的食物，应该我先吃。老鹰说是我先看到的，我先吃。

幼儿2：它们说的不对呀，我有一个问题，老鹰不是会吃蛇吗？

教师：哦，他有一个疑问，老鹰也喜欢吃蛇。那故事会发生什么变化呢？（引导幼儿丰富故事情节变化）

幼儿：可以趁着老鹰抓蛇的时候逃跑呀。

教师：小青蛙还会向谁求救呢？（引导幼儿在故事中加入新的角色）

幼儿：小刺猬。

教师：小刺猬怎么帮助它呀？

幼儿：用刺扎它。

教师：那你给大家完整地讲一讲，它是用什么样的姿势去扎大蛇的。

幼儿：它缩成一团，变成一个刺球去扎大蛇。

教师：哦，你这个词用得非常好，缩成一团，变成了一个刺球。大蛇被扎到会说什么？

幼儿：会尖叫，会说好疼呀，好疼呀……

教师在提问引导中逐步加入故事要素，在与幼儿互动的同时将幼儿的想法进行简单的图画记录。

②引导幼儿发现续编故事的好方法。

教师引导幼儿发现续编故事的好方法，结合幼儿的表述把故事要素用图示梳理在四种不同颜色的纸上（见图2-1）。

教师：不知不觉，我们都编出了精彩的"青蛙历险记"的故事了。编故事的时候你们都用了什么好方法呢？

幼儿：在故事中加入了新的小动物。

教师：哦，在故事里面加入了新的角色，那怎么记录一下呢？

幼儿：可以画一个"小人"代表。

教师：还有其他编故事的好方法吗？

幼儿：故事里它们都说了什么，可以画一个说话的标志。

教师：想要编一则精彩的故事，除了加入有谁来了、说了什么，还有什么好方法？

幼儿：故事里面有很多不同的地方。

教师：哦，编故事还可以加入不同的地方，地点怎么记录呢？

幼儿：可以画一个圆形，再画一个三角形。

教师：哦，你有好想法，那你来记录一下。

活动中幼儿通过讨论，想出了用不同的符号代表故事要素。

教师小结：哇！编故事的方法都被你们找到了，太棒了！原来就像你们说的，要编好一则故事，可以加入新的角色、不同的地方、说了什么话、做了什么事情，这样故事就会更精彩。一会儿大家可以自己续编一则故事。

图 2-1　把故事要素用图示梳理
在四种不同颜色的纸上

（2）自主续编故事。

教师提供两种不同的记录纸，帮助幼儿记录自己的续编过程。一种是故事结构记录单，通过不同颜色呈现故事发展的基本要素，即开始（黄色）——经过（绿色）——高潮（红色）——结局（蓝色），帮助幼儿梳理续编思路。另一种是空间更大的白纸，满足不同能力水平幼儿的表达需求。

教师：想一想自己续编的"青蛙历险记"故事，想好了可以去座位上记录。

教师关注幼儿在活动中的表现，根据幼儿的不同水平进行不同层次的支持，尊重幼儿发展的个体差异，同时给予幼儿充分的支持，鼓励他们大胆想象并记录自己续编的内容，感受续编的乐趣。

水平 1：能够自主进行续编的幼儿。教师尽量不打扰，可关注他们续编故事的丰富性和逻辑合理性。

水平 2：迟迟没有开始续编故事的幼儿。教师提示幼儿看看白板上记录的续编故事的方法。

天天没有续编的思路，教师提出了一些开放问题进行引导。

教师：大蛇追上去会怎样？你贴的这棵水草怎么了？哦，大蛇躲到水草后面了呀。

（3）分享讲述。

①同伴分享：幼儿将续编好的内容粘贴在白板上，与其他小朋友分享。

教师鼓励幼儿大胆向同伴讲述自己续编的故事，注意幼儿续编的故事内容的清楚连贯性和词语的使用情况，根据幼儿的情况进行引导。

②集体分享：教师请幼儿大胆地、较为清楚连贯地讲述自己续编的故事（见图2-2）。

图 2-2　幼儿向同伴讲述
自己续编的故事

教师：谁愿意勇敢地、清楚地给大家讲一讲你续编的故事？

幼儿：小青蛙跑呀跑呀跑呀跑，它的速度比较快，先跑到了这里（用手指着记录单上画的河边）。它觉得还有危险，就躲到水草里了。它很开心，心想大蛇追不过来了，结果大蛇还是往这边追来了。大蛇想这只小青蛙会不会藏在水草后面呢？小青蛙很害怕，想要逃跑，然后它想出了一个好主意，就使劲往上游，游呀游，悄悄踩到大蛇的头上了，把大蛇踩得头晕眼花，然后小青蛙就安全了。

教师：你们觉得他的故事哪里吸引你？为什么？

幼儿：最后把大蛇踩得头晕眼花那里。

教师：哦，他用了一个好听的词，头晕眼花。

幼儿：小青蛙在树丛里散步的时候，突然旁边的草丛里窜出来一条大蛇。小青蛙机智地往上一跳。大蛇很生气，继续追。小青蛙看到前面有一块大石头，四周环着草，于是躲了进去，脚不小心碰到了旁边的小石头，发出声音。大蛇听到后跑过来一看，哎呀，是小青蛙。小青蛙就赶紧跑到前面的小山下面，发现一个山洞，躲进去。大蛇现在已经很饿了，因为没吃早饭，这时它看到小山顶上有蜂蜜，想拿下来，结果被蜜蜂发现了。蜜蜂追着它跑呀跑，后来离那个小山很远了，蜜蜂才放弃追它。大蛇又原路返回，发现了小青蛙，就继续追小青蛙。小青蛙看见前面有一块大石头，往旁边一跳，大蛇追过去撞到大石头上了，头晕眼花。小青蛙在旁边的小池塘喝了一点水，发现旁边有一头大象，它跟大象说："大象大哥，你能不能救救我，有一条大蛇在追我。"大象说："可以呀。"然后吸了一口水，把大蛇给滋飞了。

教师：他的故事讲得怎么样？好在哪里？

幼儿1：用了好多好听的词。

幼儿2：他说的话很清楚，声音很大。

教师：哦，他讲得非常清楚，首先怎么样，然后怎么样，最后怎么样，而且声音很响亮，能够让我们都听清楚。

3. 结合幼儿续编的故事和分享情况进行总结。

教师总结：今天我们小朋友都编出了各种各样的"青蛙历险记"的故事，里面的小青蛙又躲避到了好多地方，有那么多不同的动物来帮忙，它们之间还有精彩的对话，小朋友讲得也十分清楚完整，还会用好听的词，太棒了。还想讲的小朋友可以回到班里继续分享，我还没听够。快给大家鼓鼓掌，你们都是编故事大王。

活动延伸

1. 在生活过渡环节进一步交流续编的故事。

2. 在区域活动中制作表演道具，进行故事表演。

个人反思

1. 基于幼儿视角，贴近幼儿生活经验。

幼儿的想象不是无源之水、无本之木，而是建立在生活经验基础之上的。班级开展主题活动"你好，小蝌蚪"后，幼儿对小蝌蚪和青蛙的兴趣浓厚，相关经验丰富。基于幼儿的兴趣点以及中班幼儿故事续编的发展水平，活动为幼儿提供了故事的开头部分：小蝌蚪变成小青蛙后来到陆地觅食，遇到了大蛇这个危险的动物。幼儿围绕青蛙如何摆脱危险进行故事续编。幼儿对这个故事开头兴趣浓厚，有续编故事的愿望。前期主题活动使幼儿丰富了关于青蛙的本领和天敌等的知识和经验，从而使幼儿续编的故事更有创造性。

2. 从引导到放手，使幼儿逐步掌握续编故事的方法。

活动中我通过启发，借助小图标等，引导幼儿掌握续编故事的方法，在故事中加入多个要素，提高幼儿续编的故事的丰富性和合理性。"引"之后，我充分发挥幼儿的主体性，鼓励幼儿大胆想象创造，充分肯定幼儿的想法。

3. 提供材料支持，满足幼儿个体差异。

中班幼儿已经能够使用简单的图画和符号记录自己的想法，但前书写水平和能力不同。考虑到幼儿发展的个体差异，我提供了不同层次的材料，以满足不同幼儿的需求。有的幼儿不能用绘画的方式表达自己的一些想法，所以除了画笔，我还为幼儿提供了一些动物的相关图片，幼儿根据自己的需求进行选择和粘贴，这样可以降低幼儿记录自己续编的故事的难度，同时也可以为没有续编思路的幼儿提供灵感。例如，我发现幼儿在续编过程中遇到困难时说："你贴的这棵水草怎么了？哦，大蛇躲到水草后面了呀。"

我提供了两种不同层次的记录纸帮助幼儿记录自己的续编过程（见图2-3），一种是故事结构记录单，另一种是空白的纸，以满足不同能力水平的幼儿的需要。活动过程中有的幼儿记录得比较细致，如画出了水、大树、草地等故事场景；也有的使用符号表达情节发展顺序。

图 2-3　提供的不同层次的记录纸

4. 注重幼儿的表达，为幼儿提供多次讲述机会。

幼儿的语言表达能力是在交流和运用的过程中发展起来的。故事续编活动能够促进幼儿语言表达能力的发展。编完后清楚连贯地讲述故事，对中班幼儿来说有一定难度。有的幼儿能够记录，但讲述时可能存在问题。续编活动中我为幼儿提供了分享讲述的机会，如同伴之间的分享，在集体中的分享，与教师的分享，注意引导幼儿讲述故事时声音响亮，讲清楚先发生了什么事，然后发生了什么事，最后怎么了，鼓励幼儿使用丰富的词汇，通过同伴间的讨论促进经验共享。

活动结束后，我鼓励和引导幼儿在区域活动中继续续编故事，为幼儿创造了多次讲述的机会。

综合评析

"青蛙历险记"是一次故事续编活动，主要指向幼儿文学想象能力的发展。续编活动是一种创造性语言活动，需要幼儿大胆想象，受其生活经验、知识经验等的影响。如果幼儿缺乏相关的经验，那么续编活动就容易出现缺乏想象、内容单一或者脱离主题等情况。活动中，教师能够把握本班幼儿的经验水平和续编活动的核心经验，为幼儿的主动学习与想象创作提供了适宜的支持。

1. 教师创设了轻松的环境氛围，给予了幼儿充足的创作和表达的时间，通过多媒体课件、操作材料、记录单等多种方式，支持幼儿大胆想象。过程中教师关注不同发展水平的幼儿的需要，通过有针对性的指导帮助幼儿自主创编。

2. 不同类型的提问为幼儿的想象提供了适宜的支持。一是通过开放性问题调动幼儿的经验，幼儿编出了青蛙躲避起来、小动物来帮忙等不同脱险方法；二是通过启发性追问促进幼儿进一步思考，拓展故事情节，编出青蛙跳开之后大蛇穷追不舍，从河边追到草丛，觉得可能逃不脱，就想出其他逃脱办法等故事内容，解决了故事情节单一的问题；三是聚焦故事要素进行提问，幼儿通过这些问题思考故事续编中的一些基本要素，丰富了对故事结构要素的经验。

3. 幼儿在活动中经历了从作品理解到作品创作，从文学作品单个要素的创作到文学作品多个要素的创作，并通过绘画的方式，实现了从口语化表达到书面化、多样化表达的过程，从而促进了想象力的发展。口头创作具有即时性、口语化的特点。活动中教师支持幼儿通过绘画的方式进行书面化表达，帮助幼儿更充分地想象和创造。

幼儿在活动中积极思考，主动学习，大胆想象，在故事续编的情节丰富性、想象的合理性和表达的生动性方面都有所发展。

指导教师：中国人民武装警察部队总部机关幼儿园　马蕾

北京市海淀区教师进修学校　张瑞芳

有趣的汉字（大班）

中国人民解放军海军机关幼儿园　罗灿

活动由来及设计思路

大班幼儿即将升入小学，为使幼儿更好地了解及适应小学生活，我们开展了"我要上学啦"主题活动。大班幼儿对文字符号有浓厚的兴趣，开始关注自己认识的文字，学着辨别一些相近的字，因此我们在语言区投放了很多与主题相关的字卡。幼儿对字卡上的字充满了好奇，经常在一起交流自己认识的字。在游戏的过程中，幼儿提出这样的问题："字可真有趣，也真奇怪，为什么这个字要这样写，那个字要那样写呢？"就幼儿关注的这些问题，我们设计了这次有趣的活动，以增强幼儿对汉字的兴趣，激发幼儿的求知欲，为幼儿入小学做准备。

活动目标

1. 培养对汉字的兴趣，初步了解汉字的起源和简单的特点。

2. 初步了解汉字中的象形字、会意字及有趣的偏旁部首。

3. 培养合作、协商能力。

活动准备

1. 经验准备：在日常生活、区域游戏以及教育活动的过渡环节中，教师为幼儿提供了接触汉字的机会。幼儿已经认识一部分汉字，对汉字的认读有较强的愿望。

2. 物质准备：汉字知识 PPT、各个关节都会动的小人偶、字卡等。

重点、难点

重点：发现象形字与会意字的特点，知道文字的目的及用途。

难点：用合作的方式表现汉字，在合作过程中学会分工、协商。

活动过程

1. 观看课件，引导幼儿初步了解汉字的起源和简单特点。

（1）出示甲骨文的 PPT 图片，引导幼儿了解甲骨文的特点。

教师：小朋友中有很多人认识了许多字，今天老师准备了一些有趣的字让小朋友来看看。

教师：这是什么图案？猜一猜是什么。它是字吗？如果是字，它是一个什么字？你们看得懂它的意思吗？

教师：它是中国古代的文字，你们觉得它像什么？

幼儿：像鸡蛋，像球，像一张饼，像太阳。

教师：我们一起来看看这个古代的文字是什么。变变变，原来它是太阳的意思。那这个字演变到现在，会变成汉字里的什么字呢？变变变，噢，原来是"日"字。

教师：这个图案在古代代表太阳，到现代变成了"日"字。

教师分别出示山、石、月、木等几个字，按照上面的方法引导幼儿了解汉字的起源。

教师：我们刚才看到的那些图案是出现较早的文字，叫作甲骨文。很久以前，没有笔和纸，人们是在龟甲和兽骨上刻画图案来记录事情的，这就是当时的文字。

（2）出示象形字的 PPT 图片，引导幼儿了解象形字的特点。

教师：古代有一种文字很有趣，这种文字差不多就是照着那个东西的形状画出来的，叫作象形字。

教师：看看它像什么，猜猜是什么字。

幼儿 1：山，它上面的尖就像山峰。

幼儿 2：月，像月亮一样弯弯的。

幼儿 3：门，左右直直的就像两扇门一样。

教师："山"就像一群山的中间有一座高高的山峰，"月"就像一弯明月，"门"就像左右两扇门。

（3）出示会意字的 PPT 图片，引导幼儿了解会意字的特点。

教师：下面我们看到的字叫作会意字。它由两个或多个独体字组成，来表达此字的意思。例如，这个字念"鸣"，它是鸟叫的意思。谁能说说它是由哪两个字组成的？这两个字分开是什么意思？为什么合起来是鸟叫的意思？有什么含义？类似的还有囚犯的"囚"字，森林的"森"字等。

幼儿 1：是由"口"和"鸟"组成的。

幼儿 2："口"是嘴的意思。

幼儿 3：小鸟用嘴叫，所以是鸣，就是鸟叫的意思。

（4）出示偏旁部首的 PPT 图片，引导幼儿感受汉字中偏旁部首的特点。

教师：这些字你们认识吗？它们有一个共同的特点，你们发现是什么了吗？

幼儿 1：它们的旁边都有一个三点水。

幼儿 2：都和水有关系。

教师：在汉字里面，跟水有关的字的左边一般有三点水，如出汗的"汗"，黄河的"河"，长江的"江"，还有流水的"流"，大海的"海"。跟木头有关的字，它的旁边或者下边一般有"木"字，如椅子的"椅"，枫树的"枫"，桌子的"桌"。跟人有关的字呢，好多用人字旁，如"你""他"，等等。

2. 引导幼儿尝试用身体拼摆汉字，激发幼儿对汉字的兴趣。

（1）木偶的身体会"写字"。

教师：我们认识了这么多有趣的文字，那么我们来玩一个文字游戏吧。老师请来了一个好朋友，它是木偶"小明"，它想用身体摆成字的形状，请你们猜猜它摆的是什么字。

教师分别用木偶摆成"大""上"等汉字，引导幼儿猜猜看。

（2）我的身体会"写字"。

教师：小朋友可真聪明呀，谁愿意用自己的身体来摆些字？（出示常见字的字卡，让幼儿用自己的身体摆出来，如"中""下"等。）

分组游戏，引导幼儿合作摆出不同的汉字。

教师：我们要加大游戏难度了。自选四人一组，到老师这里挑选一张字卡，并用四个人的身体拼成字卡上的字。拼得像，让大家能看出来的，就算成功。

3. 书写小名片，引导幼儿感受汉字的实际作用。

教师：今天小朋友学了有关文字的知识，玩了文字游戏，你们觉得中国的文字有意思吗？谁知道文字最主要的用途是什么？（传递信息、记录事情）今天我们就用文字制作一张自己的名片。我们很快就要离开幼儿园升入小学了，不能像现在这样经常见面了。有了名片，你想好朋友的时候，就可以拿出名片给好朋友打个电话，多好呀。

制作方法：用签字笔在卡片上写上自己的姓名和电话号码，并做简单装饰。

幼儿互相交换名片。

活动延伸

支持幼儿在活动区继续制作名片，将自己设计的名片与小朋友交换并交流。

个人反思

1. 活动中的优点。

本次活动目标设计符合大班幼儿的年龄特点。教学过程中我能够成为幼儿学习活动的支持者、合作者、引导者，并为幼儿提供合作的机会。我利用现代多媒体技术，收集了大量有关汉字起源的图片，整理出了幼儿易于接受的汉字特点，采用幻灯片播放的方法进行活动的前期认识、讲解及交流讨论，使幼儿在观看、交流讨论的过程中对活动产生了浓厚的兴趣。

这次活动分别设置了知识介绍、木偶摆字猜字、身体摆字猜字、小组合作摆字、写名片环节。幼儿比较感兴趣，表现出很强的学习主动性。幼儿经过大班一年的学习，有了较强的合作能力，因此在组合摆字的环节，好几个组都是独立协商完成的。活动基本完成了设定的目标，符合本班幼儿的发展水平。

活动中我能够运用语言引导幼儿积极主动地动脑，自己归纳出相关知识。例如，在了解会意字的环节，我引导幼儿："这个字念'鸣'，它是鸟叫的意思。谁能说说它是由哪两个字组成的？这两个字分开是什么意思？为什么合起来是鸟叫的意思？有什么含义?"幼儿通过我的引导，很快就发现"鸣"是由"口"字和"鸟"字组成的，鸟是用嘴叫的，口就是嘴的意思，所以组合在一起就是鸣，表示鸟叫的意思。

在"我的身体会'写字'"这一环节，幼儿能够在活泼的游戏气氛中学习。幼儿以小组形式自由交流、讨论、分享，并用自己的身体合作组成相应的文字，发展了共同合作、交流讨论等能力。我还尽可能多地创造幼儿与幼儿之间个别交流和自由交谈的机会，使幼儿在学习过程中体验快乐，得到发展。我注意选择适当的时机介入，给幼儿充足的自我学习空间，使幼儿在活动中获得发自内心的胜任感。

2. 活动中的不足。

活动前期忽视引导幼儿主动收集资料，对于幼儿主动学习的积极性调动得还不够。活动中对个别幼儿的关注也有所欠缺，讨论时应给予幼儿更大的自主空间，让幼儿能充分表达自己的想法。在用木偶摆出字时，应该提供正确答案的字卡，让幼儿有对比，这样幼儿对汉字的理解会更深刻。

综合评析

1. 活动目标的制定符合大班幼儿的年龄特点，活动内容的各环节均指向目标。教学过程中教师能够通过提供适宜的学习材料、启发式提问等策略，支持幼儿的学习活动，并为幼儿创设了合作、协商的机会。活动中采用幻灯片进行讲解，引导幼儿以小组合作的方式用身体拼摆汉字，发展了幼儿合作、交流、讨论的能力。

2. 教师引导幼儿积极思考，主动参与活动，通过巧妙的提问引导幼儿梳理出答案。

3. 材料准备充分，有利于教育目标的完成。活动前期准备比较充分，图片的选择能有效支持幼儿的学习活动。

指导教师：北京市海淀区教师进修学校　周立莉

口罩辩论赛（大班）

北京市六一幼儿院（科学城园）　　李雅楠

活动由来及设计思路

我们开展过一系列健康教育活动。在"神奇的口罩"活动中，幼儿通过了解口罩的不同样式、功能，丰富了对口罩的认知经验，学会了正确戴口罩的方法，增强了自我防护意识。

一天，在区域活动中，悠悠说："戴口罩真不舒服，口罩勒得我耳朵好难受。"而兜兜则反驳说："我们应该注意戴好口罩，特别是去人多的地方，这样能减少病毒感染。"他们针对日常生活中是否需要戴口罩产生了不同的看法。其他小朋友听到后也立即加入了讨论，激烈地表达着自己的观点。

《3—6岁儿童学习与发展指南》提出：幼儿期是语言发展的重要时期，特别是口语表达能力在不断交流和运用的过程中发展起来。幼儿关于戴口罩有充分的亲身体验，所以都争着表达自己的想法。本班幼儿在语言领域发展方面愿意表达自己的想法，但在倾听别人的想法、有条理地表达自己的观点等方面仍然存在问题。因此我们组织了这次辩论赛。

活动目标

1. 能认真倾听同伴表达，敢于提出自己的疑问，并大胆说出自己的观点。

2. 初步了解辩论活动中对比、反问等常用的辩论方法。

3. 知道尊重别人的观点，体验辩论活动的趣味。

活动准备

1. 经验准备：

（1）有参加辩论赛的经验。

（2）通过视频了解了辩论活动的基本形式和规则。

（3）提前就此话题与家长进行了讨论，丰富了话题经验。

2. 物质准备：

（1）桌椅分左右两侧摆放、桌牌。

（2）每组若干张正方形记录纸、一张大的记录表格。

（3）水彩笔。

重点、难点

重点：能尊重别人的观点，并在质疑和反驳的同时坚持自己的观点。

难点：能在辩论活动中轮流发言，对不认同的观点提出疑问，并大胆说出自己的观点。

活动过程

1. 开始部分：引出辩论话题，激发幼儿参与表达的愿望。

(1) 回顾戴口罩话题，鼓励幼儿表达自己的观点，了解幼儿的想法。

幼儿1：我觉得不用经常戴口罩，老戴着口罩都不能呼吸新鲜的空气了，对身体也不好。

幼儿2：戴口罩能防止把自己的病毒传染给别人，我妈妈感冒了就戴着口罩，怕传染给妹妹。

幼儿3：老戴着口罩脸都特别难受，而且还湿湿的。

幼儿4：难受也要坚持呀，妈妈说医生都是这么坚持的。

教师：老师觉得你们说的观点都有道理，其他小朋友也一定都有自己的想法，那我们今天就针对戴口罩这个话题进行一场辩论吧。

(2) 请幼儿根据自己的想法，分为两组。

教师小结：老师听了你们的表达，发现你们的观点还是有很多不一样的地方的。比如，龙龙根据他的经验说出了戴口罩的理由，老师相信其他小朋友也一定都有自己的理由。接下来，我们进行分组讨论，把你们自己的理由充分地和同伴说一说。

2. 基本部分：通过开展辩论活动，鼓励幼儿在遵守辩论规则的同时，能对不同观点提出疑问，并大胆表达自己的想法。

(1) 分组表达，支持每名幼儿充分地表达自己的观点。

①讨论自己的队名，并利用简单的图示制作桌牌。

②开展"我说你听"的游戏，请持有相同观点的幼儿轮流发言，支持每名幼儿的表达。

分组讨论过程中，鼓励幼儿积极表达，同时要关注到不爱说话的幼儿。

③请每组选出4名幼儿作为主辩手，参加接下来的集体辩论赛。

(2) 集体辩论，引导幼儿倾听对方观点，表达自己组的观点。

辩论赛开始，两组幼儿分别依次阐述自己组的观点。教师根据幼儿的表达进行集体记录，并提示幼儿说出不同的理由以支持本组的观点（见图2-4）。

支持戴口罩的小组：

幼儿1：戴口罩不仅能预防流感病毒，还能预防其他病毒。

幼儿2：也可以预防新冠病毒。

教师：果果说的其他病毒是不是也包括新冠病毒呢？所以，你们说的理由是一样的，有没有不一样的理由来说明戴口罩的好处？

幼儿3：那还有人对花粉过敏，所以也要继续戴口罩，我小姨就是。

图 2-4　集体辩论

幼儿4：冬天戴口罩还能保暖呢。

幼儿5：我妈妈说夏天戴口罩还能防晒呢。

不支持戴口罩的小组：

幼儿1：戴口罩勒得耳朵特别难受。

幼儿2：戴口罩都看不到人的表情了，有的时候都互相不认识了。

小结：现在双方都表达了自己的观点和理由，接下来你们要根据对方的表达，想一想有没有更好的理由来说服对方，证明你们的观点是对的。

（3）小组讨论。

请辩手再次返回自己小组，根据刚才双方的表达和记录，共同讨论更丰富的理由来反驳对方的观点。

教师：看一看记录表，我们了解了对方的观点，如对方认为"戴口罩耳朵特难受"，那现在我们要想一想用什么样的理由来反驳他们。

关注幼儿充分的表达和思辨，鼓励幼儿根据自己和对方的观点，辩证地看待问题和表达自己的想法。

（4）自由辩论。

引导幼儿认真倾听对方的表达，尝试有理有据地反驳。

请辩手回到辩论赛场，根据刚才对方表达的观点进行反驳并说出自己的理由。

根据辩论情况，在过程中随时关注幼儿轮流表达和认真倾听的好习惯，并通过不断的提问，引导幼儿在辩论过程中运用对比、假设等辩论方法。

幼儿1：我觉得你们说戴口罩勒耳朵、难受是不对的，医生还要穿防护服呢，更难受，不是也得坚持吗？

幼儿2：那我小心点不就行了吗？

幼儿3：小心不了，因为病毒是看不见的，你怎么小心？

教师：你可以看看记录表中他们组有什么观点是你不认同的。

幼儿1：戴口罩很暖和我觉得不合适，口罩都是湿湿的。

幼儿2：老戴口罩还会把口红蹭到口罩上，就不漂亮了。

幼儿3：不能因为爱美就不戴口罩，而且我妈妈说网上有不会被蹭掉的口红。

幼儿4：戴口罩费钱，不戴口罩可以省钱。

幼儿5：费钱和健康哪个更重要？

教师：买口罩太费钱了，那不买口罩会怎么样？

幼儿：那就省钱了呗，省下的钱可以给我们买玩具和好吃的。

教师：同样地，戴口罩就看不到漂亮的口红，那不戴口罩呢？

幼儿：不戴口罩可以画很漂亮的口红，还能看到人的微笑。

3. 结束部分：引导幼儿通过梳理辩论方法，感受两种观点各有利弊，体验辩论活动乐趣。

（1）通过提问鼓励幼儿进行自评与他评，感受辩论活动的趣味。

教师：今天的辩论活动非常激烈和有趣，在辩论的过程中，你们觉得自己或同伴的表现怎么样？（见图 2-5）

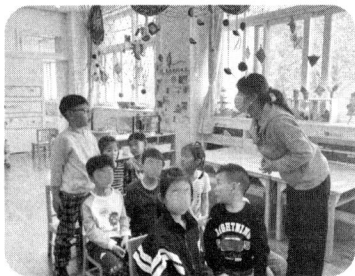

图 2-5　教师适时提问

幼儿1：我觉得自己的表现还可以吧，有一次他们反驳后我有点不知道该说什么了，但是如果下一次辩论的时候，我会比这次更好的。

幼儿2：我觉得我们组的辩手都特别好，把我们讨论的都说了，而且声音特别洪亮，能让大家都听到。

（2）梳理幼儿的辩论方法，提升幼儿的辩论经验。

教师：今天你们之所以能表现得很好，是因为你们在辩论中用到了很多好的辩论方法。琳琳说："戴口罩费钱，不戴口罩可以省钱。"这是把戴口罩和不戴口罩比一比，这种方法叫对比法，用这样的方法说出来的话非常有力量，因为不仅表达了自己的观点，还说出了自己的理由。

（3）引导幼儿通过回顾记录表，感受两种观点各有利弊，能学会从不同的角度思考问题，并学会尊重他人的想法。

教师：在今天的辩论活动中，你们分别表达了有关戴口罩的观点。看到大家表达的不同观点，你们有什么新的想法吗？

幼儿1：我觉得好像都有点道理。

幼儿2：我们想的都不一样，也没法让大家想的都一样。

教师：老师也觉得，虽然你们坚持的观点不一样，但是各自的理由也都很有道理。我们一起来看记录表（见图2-6），总结两组的观点吧。

支持戴口罩的一组认为：戴口罩可以预防别的病毒；可以避免风吹进肚子里；可以预防花粉过敏，预防对小动物过敏；还可以防晒。不支持戴口罩的一组认为：戴口罩不能呼吸到新鲜空气；特别勒耳朵；既不能看到漂亮的口红，也不能看到人的表情。这些理由都是可以的，因为每个人的想法和具体的情况都不一样。我们既要学会坚持自己的观点，也要学会尊重别人的想法，重要的是我们选择一种适合自己的方式就可以。

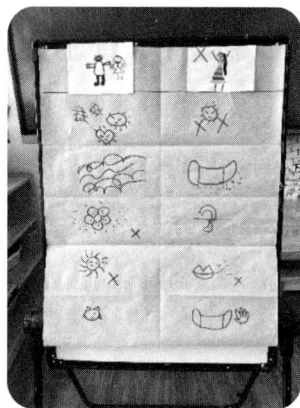

图 2-6　集体记录表

活动延伸

活动结束后，幼儿意犹未尽地讨论着辩论的话题，也对辩论活动有了更深刻的体会。一次集体活动远远不能满足所有幼儿的表达愿望，我们在语言区创设辩论角，让幼儿在生活中收集感兴趣的话题，与同伴自由地交流自己的想法。

个人反思

1. 选择适宜的辩论话题，有效调动幼儿的表达愿望，进一步发展幼儿的口语表达能力。

因为戴口罩是每名幼儿都亲身经历过的，他们有深刻体会，所以这次讨论调动了幼儿的经验和表达愿望。随着话题的逐渐深入，幼儿的思维越来越活跃，在"说"和"辩"的过程中，不仅发展了口语表达能力，还懂得了认真倾听他人讲话的重要性。因为幼儿发现，只有认真倾听了别人的观点，才能有目标、有依据地反驳，而不是随便说。幼儿的倾听能力和口语表达能力都得到了有效的发展。

2. 以丰富的策略推动辩论活动不断深入，充分发展幼儿的辩证思维能力。

活动通过分组表达—集体辩论—小组讨论—自由辩论四个环节为幼儿提供了充分的表达及思辨机会。分组表达给了幼儿阐述自己观点的机会，这在语言领域的活动中非常重要。倾听更多同伴的表达也让幼儿的思路得到了拓宽。集体辩论和集中记录让幼儿看到了两种观点的不同理由，在了解对方观点的同时，也进行了辩证的思考。小组讨论使幼儿学会了分析对方观点，并从不同的角度思考怎样有理有据地反驳对方观点。在自由辩论中，幼儿能更自如和充分地"思"和"辩"，这将幼儿的辩证思维发展推上了一个新的台阶。层层递进的环节设计，让幼儿慢慢地打开了"话匣子"。语言是思维的外显，思维能力发展就是在幼儿的表达和冲突中实现的。最后将两组观点的记录进行对比观察，更是让幼儿清晰、直观地看到了两种观点各有利弊，这也正是辩论活动无法被其他语言活动取代的关键所在。

3. 在支持幼儿辩论时，策略还需要再丰富。

在小组讨论过程中，我观察到有的幼儿说出了很多好的理由，用于支持本组的观点。但当小组讨论结束后，进入自由辩论环节时，很多幼儿忘记刚才说过的理由了。我通过分析和反思发现，发生这种情况的主要原因是在自由辩论环节，幼儿通常会随着当时正在辩论的观点进行不断的思考和表达，所以忘记表达自己的观点。针对这样的情况，如果我能为幼儿提供记录材料，他们就可以随时记录下自己表达过的观点了，这样在自由辩论环节，幼儿就会更精彩地质疑和反驳对方。

综合评析

辩论是幼儿园语言教育领域的一种学习形式，也是一种高级的对话形式，对幼儿来说非常具有挑战性。语言领域活动"口罩辩论赛"的设计及开展对幼儿的语言综合运用能力、独立思维能力与批判思维能力以及社会性发展均具有很高的价值。

1. 贴近幼儿生活，以幼儿为主体，自然生成活动。

"生活即教育"，让幼儿教育回归幼儿生活，教师能够关注幼儿感兴趣的话题。当幼儿对"日常生活中是否需要戴口罩"这个话题产生激烈的讨论与争论时，教师敏锐洞察到了幼儿的需求与发展的可能性，提炼出了辩题，把握住了辩论活动与生活的关系，设计并开展了语言活动"口罩辩论赛"，帮助幼儿在"说"和"辩"的过程中提高了对该问题的认识水平。

2. 尊重幼儿认知发展水平，用适宜的方式渗透辩论的方法。

幼儿园辩论活动作为一种竞争性语言活动，对幼儿的认知水平、理解能力具有一定的挑战。教师在活动中运用集体辩论、自由辩论的形式不断渗透有序辩论、言语指向、倾听对方等方法，支持幼儿明确观点并尝试从不同的角度阐述，保证辩论活动有质量地开展。

3. 通过示范与引导促进幼儿思维能力的发展。

在辩论活动中，教师始终扮演中立的示范者与引导者的角色。幼儿由于语言、认知、逻辑等实际发展水平的限制，不能清晰表达自己的观点时，教师能够及时帮助幼儿找到思考路径。教师在辩论之前询问幼儿的观点是什么，进而询问幼儿支持这个观点的理由是什么。当幼儿能做出完整、清晰的表达时，教师能够给予及时的强化和反馈。当辩论双方争执不下时，教师引导幼儿进行发散性思考，并提示幼儿怎样反驳。

指导教师：北京市六一幼儿院（科学城园）　　张晶

蚕宝宝旅行记（大班）

北京师范大学实验幼儿园　邓萍竹

活动由来及设计思路

班级开展了主题活动"哇！蚕宝宝"，幼儿和蚕宝宝一起相处了近两个月，对蚕宝宝产生了深厚的情感。他们常常和蚕宝宝说话，在与蚕宝宝的交流中发生了很多有趣的故事，也阅读了很多有关蚕的绘本和科普图书。

幼儿对故事的基本要素，如时间、地点、人物、事件有了初步的了解，并且能够按照基本要素创编简单的故事，但是在故事情节的生动性和语言的丰富性上还需要进一步提高。为了满足幼儿表达和讲述的兴趣，提高幼儿创编故事的能力，我设计了此次活动。

活动目标

1. 尝试通过想象创编蚕宝宝旅行的故事，在创编过程中熟悉故事的基本要素，注意情节丰富，生动有趣。

2. 能用生动流畅的语言讲述自己创编的故事，愿意在集体中进行分享。

3. 乐于参与故事创编，体会创编故事的乐趣与成就感。

活动准备

1. 经验准备：

（1）养过蚕，了解蚕的生长变化过程、外形特征及生活习性。

（2）听过和蚕有关的故事，乐于讲述蚕的故事。

（3）了解故事的基本要素，有故事创编和集体讲述的经验。

2. 物质准备：蚕的图片、PPT、一体机、A3 纸、水彩笔。

重点、难点

重点：大胆想象和创编蚕宝宝旅行中发生的故事。

难点：把握故事情节的丰富性、生动性和讲述的完整性。

活动过程

1. 出示蚕宝宝图片，激发幼儿讲述蚕宝宝旅行记的兴趣。

教师：这是和我们相处了近两个月的蚕宝宝，快和蚕宝宝打个招呼吧。

幼儿：蚕宝宝，你好！

教师：图片上的蚕宝宝要去做什么呢？

幼儿：要出去玩，要去旅行。蚕宝宝可能觉得待着没意思，想出去走走。

教师：你是怎么看出来的呢？

幼儿：因为它拉着行李箱，戴着帽子，好像要出远门。

教师：原来蚕宝宝要去旅行，你们觉得它可能会去哪里，会经过哪里，会遇见谁，会发生什么有趣的事情呢？

鼓励幼儿大胆讲述自己的想法。

幼儿：我觉得它可能会去找桑叶。

教师：那它会去哪里找桑叶呢？会遇见谁，发生什么事情呢？

幼儿：我觉得它会遇见一只蜘蛛，蜘蛛说："你这个蚕宝宝，到了我的领地，我要把你吃掉。"

教师：哇！你的故事里还有对话，非常好！这真是一个有点惊险的故事。那接下来会怎么样呢？

幼儿：我觉得蚕宝宝的朋友可能会来救它。它叫来了很多蚕宝宝，大家一起救出了被抓的蚕宝宝，然后大家一起开心地去旅行了。它们找到了一棵桑树，吃得饱饱的，每天愉快地在一起。

教师：嗯，这个故事更丰富了，还讲出了蚕宝宝们的心情。还有谁有奇妙的想法？你觉得蚕宝宝会遇见谁，发生什么事情？

幼儿：我觉得有两只蚕宝宝一起去旅行，一只蚕宝宝戴着一顶太阳帽，另一只蚕宝宝头顶着一片桑叶，它们热得满头大汗，然后到树荫下一起野餐、睡觉。

教师：你的故事把蚕宝宝的形象描述得非常清晰具体，非常好。

2. 创编故事，引导幼儿大胆将自己的所想用绘画的方式进行表达，并用生动的语言进行讲述。

（1）引导幼儿用绘画的方式记录自己创编的故事。

教师：小朋友们都有很多奇妙的想法，我给大家准备了画纸，你们可以把自己创编的蚕宝宝旅行记画下来，画好后可以把故事贴在前面和小伙伴进行分享。小朋友们还记得我们创编的故事中要有什么吗？

幼儿：时间、地点、人物、事件。

教师：那一会儿看看谁创编的故事能够清楚地表达这些，并且故事情节丰富、有趣。蚕宝宝来到了哪里，遇到了谁，发生了什么事，最后怎么样了？蚕宝宝可能发生了一件事或者好几件事，可能遇到了一个或者几个人哦。

（2）分组指导幼儿创编情节合理、丰富、有趣的故事，鼓励每个幼儿积极参与创编。

在幼儿绘画的过程中注意发现亮点，如奇妙的情节、有趣的场景等，及时分享和鼓励。在幼儿创作过程中播放轻音乐，营造温馨的氛围。

教师：有的小朋友创编的故事情节和场景很丰富，还用线条把画面分成了不同的区域，并标上了序号。还有小朋友能够表现出时间的变化，蚕宝宝的心情和对话。大家想法很独特，创编的故事非常有意思。

教师：你这个故事很有意思，能给我讲讲吗？

幼儿：我这个是蚕宝宝去太空旅行的故事，蚕宝宝想去太空旅行，然后和好朋友约好一起寻找去往太空的宇宙飞船。

教师：你的这个想法太妙了！那它们去哪里寻找宇宙飞船呢？它们在寻找宇宙飞船的路上会遇见谁，说了什么话，会不会发生更加有趣的事情呢？最后它们到达太空之后会看见什么，心情会是什么样的呢？

幼儿：我想到了，我要把它们都画下来。

关注能力较弱的幼儿，给予鼓励和适宜的支持，帮助其完成故事创编，体验创编故事的乐趣。

（3）画完的幼儿将故事贴在前面进行展示，与同伴分享，教师注意引导幼儿使用丰富生动的词语进行描述。

关注幼儿与同伴分享时语言的流畅性和完整性，鼓励语言表达能力强的幼儿结合自己的作品绘声绘色地讲述故事。

教师：你们可以和小伙伴一起轮流讲述自己的故事，小朋友们可以互相听大家讲的故事，听听谁的故事最有趣、最丰富，谁讲得最生动。

对语言表达能力较弱的幼儿，鼓励其与小伙伴进行分享，尝试在集体面前结合自己的作品进行讲述。

教师：我觉得你的故事一定特别有意思，我们特别想听一听，你能跟我们分享一下吗？（在教师的鼓励和期待下，幼儿讲出了自己的故事）

（4）鼓励幼儿大胆讲述自己创编的故事。

利用一体机将幼儿的作品展示在大屏幕上，请幼儿在集体面前进行讲述（见图2-7），过程中注意引导幼儿面向集体，自信地表达；鼓励能力强的幼儿绘声绘色地讲述故事的起因、经过和结果，能力弱的幼儿大胆尝试在集体面前讲述，体验在集体中讲述的快乐。

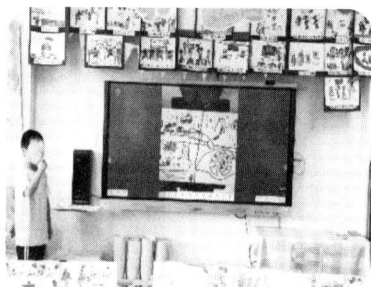

图 2-7　幼儿讲述创编故事

3. 鼓励幼儿分享自己创编的故事，互相评价，实现经验共享。

教师：我们每个人都创编了不同的蚕宝宝旅行记，刚才也分享了几个故事（见图2-8）。你最喜欢谁的故事？你觉得他的故事哪里好？

图 2-8　幼儿创编的故事

幼儿1：我喜欢第一个故事，他的故事编得特别长，细节讲得很清楚。

幼儿2：我喜欢第二个故事，因为她讲的时候很流畅，没有停顿，声音很好听。

幼儿3：我喜欢第三个故事，因为他的故事特别有趣，很好听，还讲得很详细、很完整。

教师：原来，故事编得很长、讲述流畅清晰、情节丰富有趣，能够让大家更喜欢。

教师：今天小朋友们在创编故事过程中能将时间、地点和人物合理地结合在一起，创编的故事情节很丰富，想法很有趣，而且在讲述故事的时候语言流畅，声音很清楚。老师希望每一个分享的小朋友都能够这样大胆自信地讲述。因为时间关系，现在只分享了几个小朋友的故事。愿意分享的小朋友可以在区域活动的时候讲一讲。老师很期待大家给我们讲述自己的故事哦。

活动延伸

1. 将幼儿创编的故事放在图书区，为幼儿提供继续讲述的机会，提供各种材料满足幼儿创编故事的需求。

2. 引导幼儿将已经创编的故事用合理的情境进行串联，变成更加精彩丰富的故事，尝试在班级表演区进行表演。

个人反思

本次活动是"哇！蚕宝宝"系列主题活动之一，通过有效的师幼互动、同伴互动、个体表达等方式，预设目标基本完成。在创编故事环节，幼儿积极参与，有的幼儿能一边绘画一边讲述故事情节，有的幼儿画完一个场景后就积极分享自己的故事，有的在整个故事创编完成后积极向我讲述，能够看到创编过程中幼儿都在大胆地表达自己的想法，想象力丰富，思维活跃。幼儿创编的故事情节丰富有趣，不仅能够体现时间、地点、人物、事件，还能够用丰富的词描绘蚕宝宝旅行时的故事场景、对话和心情。幼儿讲述故事时语言完整、流畅，声音动听。

在故事创编的过程中，我通过播放轻音乐营造温馨的氛围，创设轻松的环境，引导幼儿大胆想象、创编、讲述，及时用正面的语言鼓励和表扬幼儿的优点，用问题引导的方式帮助幼儿进一步提升。例如，在第一个环节，幼儿创编的语言比较简单，我能够及时捕捉关键信息，对幼儿的创意和进步给予鼓励，又进一步提出了问题，以拓展故事创编的思路。

活动中体现了个体创编与讲述、小组讲述与分享、集体讲述与评价三种形式，体现出大班幼儿语言表达能力、想象力、创造力的发展。同伴之间互相讲述，既满足了幼儿讲述的愿望，又有利于同伴之间的互相学习。

最后同伴评价有利于提高故事创编和讲述水平。在师幼互动的过程中，我既能关注集体，给予支持和提示，又能针对不同水平的幼儿，提供不同的支持策略。针对重点、难点的突破，我对能力弱的幼儿给予一对一的指导，让幼儿在故事创编的过程中都有所提高。最后大家都创编出了独特的故事，在分享中获得了成就感。

因为时间有限，不能让所有幼儿在集体前面给大家分享。为了满足幼儿讲述和表达的欲望，我鼓励幼儿活动后在区域活动中继续讲述，将幼儿创编的故事投放在图书区，为幼儿提供继续讲述的机会，提供各种材料满足幼儿对故事创编的需求；结合表演区，引导幼儿将已经创编的故事用合理的情境进行串联，变成更加精彩丰富的故事，尝试在班级进行表演。

综合评析

该活动在主题背景下进行，思路清晰。前期幼儿自发在自然角观察、谈论蚕宝宝。教师根据幼儿的需要有意识地为幼儿提供蚕的相关书籍，支持其探究，调动了幼儿积极参与主题活动的兴趣。在日常班级活动中，教师捕捉到了本班幼儿的兴趣与关注点——创编故事，为满足幼儿的愿望开展了本次活动。

在开始部分，教师带领幼儿集体观察图片，一起讨论"蚕宝宝要去做什么"，调动幼儿思考的积极性，使幼儿大胆想象并有讲述的兴趣。在同伴讲述中，幼儿相互倾听，丰富了创编故事的素材。在幼儿个体进行创编前，教师通过提问的方式帮助幼儿对创编故事的基本要素（时间、地点、人物、事件）进行梳理，让幼儿更清晰地了解创编故事要注意的事项，同时知道创编故事时要注意情节丰富，生动有趣，为之后的独立创编奠定了基础。

在创编故事的过程中，教师能够充分尊重幼儿的想法，鼓励幼儿用多种绘画形式呈现自己的故事，对创编过程中的亮点进行鼓励，及时丰富他们的创作经验，提高他们创编故事的能力。

在幼儿完成故事创编后，教师为每个幼儿提供了相互观赏展示的机会，通过同伴讲述、小组分享、集体讲述，层层递进地引导幼儿将自己创编的故事用较为复杂且完整的句子绘声绘色地进行讲述，满足了本班幼儿的表达欲望。另外，教师通过引导幼儿评价他人的作品，使幼儿明确了讲述故事要注意的事项：面向集体，说话要流畅、连贯、清楚，声音要响亮，要逐图讲述自己所画的情节。

　　整个活动过程中，教师语气语调亲切温和，悉心指导每一个幼儿大胆创编故事，气氛融洽。

指导教师：北京师范大学实验幼儿园　卫群

北京市海淀区教师进修学校　张瑞芳

社会领域

神奇的词——请您（小班）

北京市海淀区北部新区实验幼儿园　秦韵　丁建兰

活动由来及设计思路

礼仪是人们在社会交往过程中应遵守的行为规范，礼仪教育的实践性和生活化决定了它要从实践中习得、养成，所以我们小班组织礼仪活动时强调情境创设，注重幼儿参与、体验、感受，关注幼儿的生活经验。本班幼儿能够用简单的礼貌用语同别人打招呼，但在日常生活中使用"你"比较多，"您""您好"使用得相对比较少，对于一些基本的交往礼仪，如双手接送东西等，经验缺乏。我们创设了温馨的"小—我的家"的氛围，开展了"神奇的词——请您"的活动，让幼儿在生活情境中学习使用礼貌用语，体验交往的快乐。

活动目标

1. 在生活情境中，学习使用文明礼貌用语"请您"。

2. 体验有礼貌地与成人交往的快乐。

活动准备

1. 经验准备：了解邀请别人时说"请您"，送别人礼品时知道用双手送。

2. 物质准备：在教室中布置家中做客的场景，幼儿自己剥好的水果。

重点、难点

重点：学会并使用礼貌用语"请您"。

难点：理解"请您"礼貌用语的意义。

活动过程

1. 回顾环节，激发幼儿参与活动的兴趣。

教师：昨天咱们班小朋友们准备了很多水果，今天我们要请幼儿园的老师和叔叔阿姨来我们班做客，品尝你们的水果。你们想邀请谁？为什么邀请他们呢？

幼儿1：我想邀请大夫阿姨。

幼儿2：我想请门口的保安叔叔吃水果。

幼儿3：保安叔叔很辛苦。

幼儿4：我想请厨房的阿姨，她们也很辛苦。

教师：哦，你们想邀请这么多客人呀，真好。在请他们吃水果时，我们要怎么说？

幼儿1：我们要有礼貌。

幼儿2：我们要说请您来做客吧。

教师：送水果的时候我们应该怎样做呀？

幼儿1：要双手送。

幼儿2：要一边说请您吃水果一边送。

教师：小朋友们说的真好，你们都知道怎么请客人了，那我们就去邀请他们来我们班做客吧。

2. 和幼儿一起分组去邀请客人，引导幼儿在生活情境中学习主动使用文明礼貌用语。

（1）和幼儿一起分组邀请客人。

客人包括：食堂师傅、保洁阿姨、保健大夫、保安叔叔、办公室教师等。

（2）在路上与幼儿自然交流，引导幼儿回顾并学习邀请客人的知识经验。

教师：我们来到大夫阿姨的办公室时，如果她的办公室的门是关着的，我们要先做什么、说什么呢？

幼儿1：先敲敲门。

幼儿2：听到"请进"再进去。

幼儿3：要说"请您吃好吃的水果"。

（3）引导幼儿学习使用文明用语"请您"。

教师：看到你想邀请的客人时，想一想我们应该说什么、做什么。

鼓励幼儿勇敢地去邀请，大方地说出邀请做客的话。

3. 客人来家里（班级内）做客，让幼儿在待客情境中巩固使用"请您"。

在幼儿招待客人过程中随机指导。

教师：客人来家里做客，让客人坐下时怎么说、怎么做？

幼儿：请坐下。

教师：请谁坐下呀？

幼儿1：请厨师阿姨坐下。

幼儿2：您请坐！

教师：真棒！

教师：客人坐下后，我们要说什么？怎么做才是有礼貌的？

幼儿：请您吃水果。

幼儿：请您喝水。

在待客过程中，鼓励幼儿主动招待，并使用文明礼貌用语，如"请您吃水果""您请坐""您辛苦了""请您喝水"。

4. 引导幼儿与客人一起分享交流，体验有礼貌地与成人交往的快乐。

（1）引导幼儿、客人交流各自心中快乐的感受。

教师：今天小朋友邀请了很多客人来我们班里做客，真是热闹，大家也很开心。请你们说说你们心里是什么感受呀。

幼儿1：很开心。

幼儿2：特别开心。

幼儿3：我请保洁阿姨喝水、吃水果啦。

幼儿4：我也请叔叔吃水果啦，特别高兴。

教师：我想问问这些客人，你们来我们班里做客的心情怎样，为什么会有这样的心情？

厨师阿姨：我今天特别高兴，小一班的小朋友太棒啦，请我喝水，请我吃水果，我心里可温暖啦。

保安叔叔：我也特别高兴，小朋友真有礼貌，跟我说"请您喝水""请您坐下"，我太喜欢小一班的小朋友啦。

教师：谢谢叔叔阿姨们，我们小朋友也特别开心。

（2）和幼儿共同欢送大夫阿姨、保安叔叔、保洁阿姨、食堂阿姨等离开。

教师：小朋友们，你们看客人来咱们班里做客很开心，说你们特别有礼貌。你们在邀请客人吃水果时用了好听的词语"请您"，而且是双手送过去的。他们觉得咱们小朋友很懂礼貌，给你们竖了大拇指。

活动延伸

请幼儿把水果送给其他小班的小朋友和教师品尝，继续用礼貌用语"请您"与他人进行交往。

个人反思

《3—6岁儿童学习与发展指南》提出，3~4岁幼儿愿意和小朋友一起做游戏，愿意与人交往。本次活动通过创设真实的生活情境，布置温馨的家庭环境邀请客人来做客，让幼儿学习并使用礼貌用语"请您"。

1. 礼仪和分享是一种社会行为，也是中华民族的传统美德。从小培养幼儿的礼貌行为，有利于幼儿健全人格和良好人际关系的形成。《3—6岁儿童学习与发展指南》社会领域目标中明确提出："愿意与人交往。""能与同伴友好相处。"当今时代幼儿"自我中心"的现象比较多，不会用一些礼貌用语与人交往。因此我设计了这一社会领域教学活动，使幼儿在活动中学习使用礼貌用语"请您"，并感受使用礼貌用语带来的快乐。

2. 在社会领域的活动中，体验作为一种特殊的认知方式，是个体与外界事物、活动、观念、知识之间建立联系的过程。小班的社会活动更需要教师设置具体的情境，为幼儿提供体验的机会。活动巧妙地结合幼儿生活的情境，丰富了幼儿的体验，可以使幼儿将使用礼貌用语内化成一种自觉的行动。

幼儿在生活中获取的经验是杂乱、多样和零碎的，教师应该对幼儿获得的体验和经验进行梳理，帮助幼儿树立正确的意识，因此在活动最后的讨论环节，我让幼儿自由讨论和交流，自主建构，形成正确的观念。

综合评析

在幼儿的社会活动中，教师将"自然引导"和"行为示范"相结合。教师带幼儿去邀请客人来"家里"做客，给幼儿展示了一个具体的情境，以调动幼儿的经验为起点，在真实体验中提出具体问题。在体验活动中，幼儿通过观察和讨论不断强化正确的行为，形成了正确的价值判断。

小班幼儿喜欢模仿，教师在活动过程中为幼儿树立了榜样，有助于幼儿学习社会性行为。在邀请客人"回家"后，教师注重发挥幼儿的自主性、积极性，注重师幼互动，在平等的对话中让幼儿自然地练习招待客人的礼貌行为和语言。幼儿具有很强的观察、模仿能力，当看到他人的礼貌行为时会去模仿和学习怎样使用礼貌用语。这对幼儿养成良好的礼貌习惯是有很大帮助的。

活动中，幼儿沉浸在学习运用礼貌用语的氛围中，自主地作为小主人邀请客人，主动倒水，送上水果，感受不一样的情感体验。生活化的教育情境体验使学习更加自然。活动打破了仅有班级教师参与的界限，整合全幼儿园的资源进行，为幼儿在生活中主动运用礼貌用语提供了支持。

指导教师：北京市海淀区北部新区实验幼儿园　丁一

生气变高兴（小班）

北京大学附属幼儿园　孙琼

活动由来及设计思路

情绪调节主要与情绪体验相联系。小班幼儿的年龄特点是爱模仿，动作发展快，认识靠行动，情绪作用大。他们容易激动，而且激动起来就难以控制。幼儿在游戏中遇到小矛盾经常会生气，又不知道怎样应对。

为引导幼儿尝试学习面对自身的负面情绪，我们开展了本次活动。活动围绕"生气变高兴"的问题，通过故事、"特别音效话筒"对话、唱答游戏等多种形式引导幼儿从中获得调整情绪的办法，产生愿意积极调整自己情绪的愿望。

活动目标

1. 在故事情境中了解"生气"对人的影响，获得调整情绪的办法。

2. 能关注自己的情绪，产生积极调整自己情绪的愿望。

活动准备

1. 经验准备：

（1）会演唱《幸福拍手歌》。

（2）有生气、高兴的经历。

2. 物质准备：

（1）《幸福拍手歌》游戏音乐、"生气虫"音效话筒（能将教师的声音转换成卡通声音，增强情境的趣味性）。

（2）"幼儿喜欢做的事情"照片（他们在幼儿园唱歌、跳舞、搭乐高、滑滑梯、过家家等快乐的照片）若干。

（3）故事《生气虫》。

重点、难点

重点：知道生气是正常的情绪，愿意想办法缓解这一情绪。

难点：能联系自己的生活经验，用恰当的语言表达变高兴的方法。

活动过程

1. 讲述图书故事《生气虫》，通过特别音效话筒激发幼儿的兴趣。

教师使用生气虫音效话筒：想知道我是谁吗？听完故事你就知道了。

2. 以生气虫生气的情境导入，引导幼儿了解生气的原因及表现。

（1）与幼儿讨论生气虫生气的原因。

教师：生气虫为什么会飞上天？

幼儿1：因为它生气了。

幼儿2：它想让别人生气，结果别人没有生气。

教师：生气虫是怎么让小猪生气的？

幼儿1：小猪吃了生气虫的生气蛋糕。

幼儿2：小猪贪吃。

（2）与幼儿讨论生气虫生气的表现。

教师：小猪生气时表情是怎样的？

幼儿1：涨红了脸、皱眉、嘟嘴。

幼儿2：拳头攥紧了。

幼儿3：肚子气得像气球一样大。

鼓励幼儿回忆故事人物小猪生气的神态，并引导幼儿模仿。

引导幼儿感受生气时的动作、表情很吓人，会给自己、给别人带来很不好的感受（见图3-1）。

图3-1 引导幼儿体验感受

3. 帮助幼儿梳理经验，了解生气也是一种情绪表达。

（1）带领幼儿回忆生气时的情绪体验。

教师：你们平时会因为什么事情生气呢？

幼儿1：哥哥不和我分享玩具，我会生气。

幼儿2：有人不小心踩到我，很疼，我会生气。

幼儿3：爸爸妈妈不陪我玩，我会生气。

（2）引导幼儿了解生气对身体的影响。

教师：经常生气对身体有什么影响？

幼儿1：会生病发烧。

幼儿2：会变成丑八怪。

幼儿3：会脑充血。

幼儿4：看起来吓人，没有人愿意和你玩。

幼儿5：会不想吃饭，睡不着。

教师：生气不好，会伤害自己的身体。

4. 引导幼儿迁移巩固经验，获得消除生气情绪的方法。

（1）引导幼儿迁移经验，获得自我调节情绪的方法。

教师：小猪是怎么变得高兴的？

幼儿：朋友们给它唱歌、跳舞，陪它玩。

教师：你身边的人生气后是怎么变得高兴的？

幼儿1：爸爸跑步。

幼儿2：妈妈跳舞。

教师：生气时可以做自己喜欢的事情，你有让自己变高兴的方法吗？

出示"幼儿喜欢做的事情"的图片。

幼儿1：唱歌、跳舞。

幼儿2：玩乐高。

幼儿3：抱抱我的毛绒玩具。

幼儿4：吃好吃的蛋糕。

及时肯定幼儿的好办法并进行归纳。遇到不愉快的事情，知道要保持愉快的情绪。

教师小结：生气时可以做自己喜欢的事情，如运动、吃美食和听音乐等。

（2）运用游戏形式帮助幼儿巩固"生气变高兴"经验。

生气虫音效再次出现：我好生气啊，谁能帮帮我？

教师：生气虫还在生气，大家愿意将你们变高兴的方法分享出来帮助它吗？

播放音乐《幸福拍手歌》，和幼儿开展"幸福列车"的唱答游戏，帮助幼儿再次巩固经验。

游戏玩法：幼儿各自扮演一节车厢，火车头唱问："如果感到生气你会怎么做？"幼儿自由跟着节奏回答变高兴的方法，合并车厢连成一列"幸福列车"，跟着音乐跑起来。

教师小结：每个人都会有生气的时候，这很正常，重要的是你要知道生气时怎么变高兴。希望大家快乐越来越多，烦恼越来越少，每天都有好心情。

活动延伸

关注幼儿在生活中的情绪表达，支持幼儿用自己喜欢的方法调节心情。在活动区增加秘密屋及很多与情绪相关的材料，支持幼儿感受不同的情绪，分享自己的心情和调节心情的方法。

个人反思

1. 游戏贯穿整个活动过程。根据《3—6岁儿童学习与发展指南》的精神，教育活动内容符合幼儿的兴趣和经验，贴近幼儿的生活，充分考虑幼儿的学习方式和特点，注重综合性、趣味性，寓教育于生活、游戏中。活动开始通过"特别音效话筒"对话的形式导入，充分调动了小班幼儿参与活动的积极性和主动性，幼儿始终保持着较高的兴趣；利用故事发展线索，围绕"生气变高兴"的核心问题，使幼儿结合生活经验进行模仿和表现，在游戏过程中体验生气的表现以及调整情绪的方法。唱答游戏"幸福列车"环节，进一步激发了幼儿的兴趣。幼儿在同伴间的游戏互动中，丰富了经验，并获得了多种调节情绪的办法。

2. 注重幼儿经验的调动及新经验的积累。幼儿通过联系自身的经验与同伴间相互交流，回忆并讲述家人或者朋友情绪变化的原因，从而在接纳情绪的前提下，愿意了解更多使自己变高兴的方法，乐意在生活中观察、学习更多的事物，主动探索、获取知识，自然而然地构建新经验。

3. 对继续拓展活动的思考。此次活动与区域活动有机结合，引导幼儿进一步感知，想办法调节自身情绪。例如，图书区提供关于情绪管理的绘本《情绪小怪兽》《菲菲生气了》等；语言区提供多个六面体玩具骰子，每一面分别是不同情绪和变高兴方法的图片，请幼儿根据投掷的图片内容进行简单的分享交流；秘密屋提供毛绒玩具、小抱枕、情绪小怪兽情绪瓶、压力排解球等，帮助幼儿积累调节情绪的方法，做健康、快乐的自己。

综合评析

幼儿阶段是人的社会性发展的重要时期。幼儿要学习怎样与人相处、怎样看待自己、怎样对待别人，逐步认识周围的社会环境，内化社会行为规范，逐步形成对所在群体及其文化的认同感和归属感，发展适应社会生活的能力。入园后幼儿自理能力增强，逐步适应了幼儿园，并喜欢参与集体活动。小班下学期末，幼儿喜欢表达自己的想法，初步形成与生活经验相联系的概念，和同伴玩的意识逐渐增强，开始和同伴分享玩具，但行为受情绪支配作用大，容易激动。相较于小班第一学期，他们对周边同伴的情绪反应敏感性增强。教育活动设计围绕解决幼儿交往中常见的情绪问题，充分考虑幼儿的学习方式与特点，注重活动的综合性、趣味性，通过故事导入、"特别音效话筒"对话、情境表演、唱答游戏等多种形式引导幼儿获得调节情绪的办法，产生愿意调节自己情绪的愿望。

该活动依据《3—6岁儿童学习与发展指南》，密切结合幼儿的社会性发展需要，挖掘并组织有价值的社会性教育内容，分析与观察小班幼儿的社会性发展水平，有针对性地设计社会教育活动。活动重难点把握准确，抓住"怎样变高兴"的关键问题并围绕这一问题有序开展；内容层次分明，注重幼儿经验的调动及新经验的积累，各环节衔接自然紧凑，通过调动气氛—情境感知—分析讨论—情绪模仿—经验迁移—游戏体验，层层递进，充分调动幼儿自主学习的积极性。幼儿分析讨论故事中的小问题，联系自身的生活经验热情参与，从中自然而然地习得了消除生气情绪的方法。

指导教师：北京大学附属幼儿园　孟帆

小小宣传员（中班）

北京中外友好幼儿院　陈媛

活动由来及设计思路

幼儿在周末跟着爸爸妈妈一起参加公益活动，引发了幼儿对福利院儿童的关注。恰逢"六一"儿童节将要来临，幼儿萌发了和福利院的小朋友一起过"六一"的想法，于是我们开启了这次爱心之旅。活动前期，幼儿开展了"认识福利院""畅想'六一'"及"我们的'六一'准备"等相关的活动。一方面，幼儿通过制作工艺品、艺术表演、家庭录制祝福等形式为同庆"六一"做各方面的准备；另一方面，幼儿关注到福利院的小朋友需要生活物资的资助。基于生活经验，幼儿想到可以通过在园所内开展义卖活动，用爱心捐款的形式帮助福利院的小朋友，由此我们生成了本次教育活动"小小宣传员"。希望幼儿在"小小宣传员"的角色体验中，通过走出自己的班级，走向幼儿园各个岗位的教职工和其他班级的小朋友，扩展交往范围，在完成宣传任务的同时，提升交往能力，感受与他人交往的快乐。

活动目标

1. 了解义卖活动的意义，知道宣传活动的内容。

2. 敢于走出班级，大胆自信地与人交往，能用自己的宣传方式吸引他人参加义卖活动。

3. 乐于交往，体验小小宣传员完成任务的快乐和成就感。

活动准备

1. 经验准备：

（1）对义卖活动已有了较多的了解，同时也知道了宣传员这一角色的职责和任务。

（2）针对这次宣传任务，小组进行了简单分工，每名幼儿都清楚自己在这次宣传中的任务。

2. 物质准备：

（1）宣传海报。

（2）人数记录卡、笔。

（3）幼儿自制礼物、绘本。

（4）音乐播放器。

（5）随行教师拍摄录制幼儿宣传过程。

重点、难点

重点：能用自己的方式表达义卖活动的宣传内容，并自信地与教师和园所内的小朋友交往。

难点：能运用语言、表情和动作等吸引他人参加义卖活动。

活动过程

1. 明确活动目的。

（1）回顾前期活动，明确活动目的，激发参与活动的愿望。

教师：今天我们要当小小宣传员，准备宣传什么呢？

幼儿：宣传义卖活动。

教师：作为一名小小宣传员，你们准备了哪些宣传方法呢？

幼儿1：我是中一班的宣传员，我是小组长，我要为弟弟妹妹送大礼包。

幼儿2：发邀请。

幼儿3：帮助福利院的小朋友把教室打扮漂亮。

教师：你帮助福利院的小朋友布置教室，真有爱心，再想想用什么方法能够帮助我们宣传义卖活动，让更多的人能和你一样献出爱心。

幼儿1：嗯，还可以用一些小玩具吸引他们来参加。

幼儿2：需要在记录单上写上几月几日。

教师：那这个记录单是什么呢？上面都有什么？

幼儿1：是邀请函，我们自己设计的。

幼儿2：我们自己设计的，有地点，还有一些要卖的东西。

幼儿3：我的毛绒玩具、图书都画在上面，告诉别人我卖什么。

（2）提出活动要求。

教师：在这次宣传活动中，我们应该注意些什么呢？

幼儿：上下楼梯注意安全，轻声说话，要有礼貌。

教师小结：

①注意安全，上下楼不要着急，轻轻走；

②使用礼貌用语来完成今天的宣传任务。

2. 幼儿分小组完成宣传任务。

（1）幼儿拿取宣传物品，分三组出发进行宣传，教师鼓励幼儿大胆自信地宣传义卖活动。

教师：希望小朋友们都能圆满地完成这次宣传任务，让更多的人参与我们的义卖活动。有信心吗？

幼儿1：有！

幼儿2：我们一定能宣传给很多人。

教师运用强有力的语气和击掌加油的方式帮助幼儿树立信心，激发幼儿完成宣传任务的信心。

（2）观察并记录幼儿在宣传过程中完成任务的情况，给予适时鼓励、支持和引导。

幼儿自取海报、记录单、邀请函等宣传物品分组进行宣传，教师鼓励幼儿在宣传活动中遇到问题尝试自己解决，并适时指导。

第一组幼儿去行政办公室做宣传（见图3-2）。

行政组教师：义卖之后的钱怎么用呢？

幼儿：我们要捐给福利院的小朋友。

行政组教师：如果我买很多的物品没地方放，怎么办呢？

幼儿1：我们那里有卖袋子的，我们可以准备一些袋子。

幼儿2：您可以带一个袋子来，如果没带可以到我们这里买一个。

行政组教师：我当天开会，无法参加活动，可是又非常想来，怎么办呢？

幼儿1：我们会等着您。

幼儿2：您可以早点来呦。

行政组教师：可是我开完会就太晚了，我来不了怎么办呢？

此时幼儿思考了一会儿，似乎有点不太明白。

教师：在明天我们义卖的时间，田老师要去开会，可他特别想来买我们的毛绒玩具，我们快替田老师想想办法吧。

幼儿：我家里还有一些送人的，可以送给您。

行政组教师：可我要把钱给你们呀，我想献爱心呀。

幼儿1：那我们给您留一些玩具，您来了再买。

幼儿2：可以第二天再把钱给我们。（这个主意不错）

这时候，幼儿你看看我，我看看你，似乎忘记了什么。

教师：快问问老师们，知道明天几点来，在哪儿义卖吗？

行政组教师：对呀，我们还不太清楚呢。

幼儿：明天下午五点，在操场上。

教师：我们有没有法宝呀？万一他们忘记了可以提醒他们。

幼儿1：我们还有邀请函呢。

幼儿2：发邀请函。

发送邀请函的幼儿在大家的鼓励下带着同组的小朋友当起了讲解员，宣传并介绍我们的义卖场地和义卖物品，帮助大家更清晰地了解义卖活动。

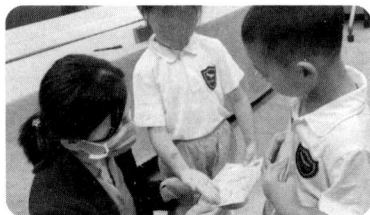

图 3-2　幼儿去行政办公室做宣传

第二组幼儿去小一班做宣传。

对话一

幼儿：弟弟妹妹们，有点事和你们说。

小班幼儿：什么事呀？

幼儿：明天下午五点在我们幼儿园操场上举办一场义卖活动，能来的小朋友在这里贴个小爱心，能来的还有小礼物呦。

小班幼儿：什么是义卖活动呀？

幼儿：义卖活动就是把不常玩的玩具和不常看的书卖掉。

小班幼儿：卖了干什么呀？

幼儿：把钱捐给福利院的小朋友，献爱心。

小班幼儿：我回家问问妈妈。

对话二

幼儿：有一件事和你们说，你们想知道吗？

小班幼儿：想呀，什么事？

幼儿：我们明天有一场义卖活动，你们想不想参加呀？

小班幼儿：想呀。

幼儿：你们看看我们的小礼品好不好看，这些都是我们做的。

小班幼儿：真好看呀。

幼儿：明天能来的话还有更多的小礼品呢。

小班幼儿：好呀，我也想要。

幼儿：那你们谁来，我给你们发小爱心，贴在我这个人数记录卡上。

小班幼儿：好，好，我要。

幼儿：明天见，不见不散哦。

小班幼儿：嗯嗯。

3. 与幼儿共同梳理总结宣传中的好方法，帮助幼儿获得经验的提升。

（1）分享幼儿宣传结果，帮助幼儿梳理总结宣传方法。

教师：你们宣传得怎么样呀？他们都愿意来参加义卖活动吗？

幼儿1：很好。

幼儿2：他们都能来。

幼儿3：小班弟弟妹妹全都来。

幼儿4：他们都贴上了小爱心。

幼儿5：园长妈妈也都能来，给我们签字了。

幼儿6：保安叔叔也来，都能来。

教师：你们宣传得这么成功呀！可我怎么知道你们完成任务了呢？

幼儿：因为人数记录卡上有26个小爱心。

教师：你们数过了？

幼儿1：是的，数了好几次，26个人全都来。

幼儿2：保安叔叔组，4个人全来。

教师：你们真棒，好像还有一组哦？

幼儿1：我们组，园长妈妈，行政老师组。

幼儿2：一共5个人，全都来。他们都签上自己的名字啦。

教师：太开心了，你们第一次大胆勇敢地走出班级，并且成功地宣传了这次义卖活动，你们真棒！

幼儿1：我们第一次自己出去，通过自己的努力获得了成果。

幼儿2：我第一次去园长妈妈办公室。

幼儿3：我是第一次去小一班。

教师：你们都用到了哪些好方法进行宣传了呀？

幼儿1：我觉得这些方法都用到了。

幼儿2：对呀，邀请函、表演节目、人数记录卡……

教师：你们认为宣传过程中要注意什么呢？

幼儿1：有感情，有表情，笑。

幼儿2：声音洪亮。

幼儿3：有礼貌，温柔。

幼儿4：要把说的话记在心里，多说说，记住。

教师：哦，看来作为一名小小宣传员，说真的很重要，不仅要勇敢地说，还要流畅、有感情、有表情、有礼貌、温柔地说。这样别人才愿意听，也才能够明白你宣传的是什么。

教师教育策略：通过追问，激发幼儿不断思考，找到宣传的好方法，利用讨论、示范等方式，帮助幼儿学会运用语言、表情和动作等吸引他人参加义卖活动，理解如何正确表达。

（2）结合录制的视频，和幼儿共同探讨并解决宣传中出现的问题。

通过回看活动视频，帮助幼儿回顾宣传中遇到的突发事件，并通过鼓励、肯定的方式激发幼儿结合生活经验大胆想办法解决问题。

教师：视频中的宣传员遇到了什么难题呢？有哪些好办法呢？

幼儿：田老师要去开会，不能来，可是特别想来。

教师：你们帮田老师解决了吗？

幼儿：我们说可以帮田老师留着他喜欢的毛绒玩具，第二天再来买。

教师：他觉得这个办法可以吗？

幼儿：他笑了，说可以帮他再想想。

教师：那我们再帮田老师想想，还有哪些好办法。

幼儿1：可以用视频连线的方式，让田老师先挑选喜爱的玩具。

幼儿2：可以看完视频选好玩具，先把玩具拿走，再给我们转钱。

幼儿3：可以上班前来拿玩具，下班后再来付钱。

教师：宣传中我们会遇到很多问题，但是我们不怕困难，积极回应并敢于尝试解决问题，这样才能成功地宣传给更多的人。

4. 引导幼儿体验任务完成后的快乐和成就感，提出新的期望。

(1) 对幼儿今天的精彩宣传给予肯定和赞赏。

(2) 提出期望和新任务。

教师：今晚要向爸爸妈妈做宣传，尝试运用这次宣传过程中的好经验。

活动延伸

1. 将义卖活动宣传给爸爸妈妈和好朋友。

2. 进行义卖活动的前期准备。

个人反思

1. 活动支持幼儿通过亲身体验获得经验。幼儿自信地走出班级，面向全院的小朋友和教师进行宣传，能够大胆沟通和交流。幼儿不仅完成了宣传任务，还提升了社会交往能力，获得了积极的情绪体验。我坚持尊重幼儿的学习特点，创设了"小小宣传员"的情境。幼儿在"小小宣传员"的角色体验中，自主地用自己的方式进行宣传，在与小朋友和教师的互动中体验交往的乐趣，学习交往的方式，理解交往的规则和要求，也在活动中更加自信。

2. 给予幼儿适宜支持并充分鼓励幼儿。在活动之始，我注重用语言、动作和情绪调动幼儿的积极性，鼓励幼儿。在小组活动时，我在幼儿与成人对话、交谈的过程中，给予幼儿适宜的支持。例如，在幼儿遇到难以回应的问题时，鼓励幼儿勇敢地说出自己的想法，提醒幼儿注意并倾听他人的想法。整个活动中，幼儿大胆表达时，我及时给予肯定和鼓励，正向强化和引导幼儿的交往行为。在评价环节，我针对幼儿在宣传过程中与人交往时容易忽略的语言、表情、情绪动作等进行了细致的总结。

3. 由于本次宣传活动是分组进行的，宣传场地较为分散，每组幼儿较多，我在分组活动中的组织策略有待进一步提升，如加强教师之间的密切配合，在评价环节之前了解每个小组幼儿的活动情况等，以提升评价的有效性。

综合评析

1. 基于幼儿的发展。

本次活动围绕社会领域的核心经验进行。在前期的区域活动和小组活动中，教师注重为幼儿提供自由交往和游戏的机会，幼儿在自主选择、自由结伴的游戏活动中能够自信地进行同伴交往。教师也注重营造温暖有爱的班级环境，建立良好的师生关系，使得幼儿在被尊重、被爱、被信任的环境中感受到与成人交往的快乐，有强烈的与人交往的愿望。

2. 基于幼儿的学习方式。

体验是幼儿重要的学习方式。社会领域的学习具有潜移默化的特点，幼儿主要是通过在实际生活和活动中积累有关的经验和体验而学习的。在本次活动中，教师提供了"小小宣传员"的游戏情境，希望幼儿在角色体验中，通过走出自己的班级，走向幼儿园各个岗位的教师和其他班级的小朋友，扩展交往范围，在完成宣传任务的同时提升交往能力，感受与小朋友和教师交往的快乐，同时在解决实际问题的过程中锻炼与人交往的能力。

3. 基于主题活动开展中幼儿的兴趣。

前期已开展了"认识福利院""我们的'六一'准备"等相关的活动。在活动中，幼儿逐步走近福利院的小朋友，在初步的认识中萌发了同情之心，激发了乐于助人的强烈愿望。幼儿一方面通过制作工艺品、艺术表演等形式，在庆祝"六一"时给福利院的小朋友带去开心和快乐，满足他们的情感需求；另一方面关注到了他们需要生活物资，如何通过自己的双手获得可以购买生活用品的钱，幼儿在心里画了一个大大的问号。前期，班里有的幼儿参加了社会义卖捐助活动，他们便想到可以通过在园所内开展义卖活动，把整个园所的教师和小朋友的爱心传递给福利院的小朋友。在幼儿"关爱福利院小朋友"的情感驱动下，向园所的教师和幼儿宣传本次义卖的教育活动生成了。

教师有正确的教育观和儿童观，基于幼儿的视角和幼儿的发展，追随幼儿的兴趣和学习方式生成了"小小宣传员"教学活动。活动建立在幼儿与福利院小朋友互动的真实情感体验的基础上，以义卖活动宣传切入，为幼儿社会性交往提供了具有支持性的体验情境。幼儿在主动宣传的过程中自然表达出对需要帮助的小朋友的同情之心，在与人交往中学会了接纳、尊重，获得了通过自己努力帮助别人的成功体验。

指导教师：北京中外友好幼儿院　李晓芸
北京市海淀区教师进修学校　周立莉

我是有爱的"大恐龙"(中班)

北京市清华洁华幼儿园　李丽

活动由来及设计思路

进入六月以来，首先，幼儿参与了仪式感较强的中班毕业照的拍摄，知道自己即将升入大班。他们非常兴奋自己又长大了，特别渴望成为幼儿园最大的哥哥姐姐。其次，幼儿投入中班阅读活动季——"书香童年"活动，在每天的阅读中，对《恐龙百科》十分感兴趣，对恐龙产生了强烈的好奇心与探究欲望。班中有一套以相互关爱为主题的恐龙系列丛书，幼儿非常喜欢。在阅读故事的过程中，幼儿从以恐龙为主角的图书中汲取积极情绪情感的营养，逐渐加深了对真、善、美的理解。

马上升入大班的幼儿把故事迁移到生活中，乐于做幼儿园的"大恐龙"（哥哥姐姐），关心、保护、照顾幼儿园里的"小恐龙"（弟弟妹妹）。因此，以关爱小班弟弟妹妹，分享自己在中班成长的快乐，帮助弟弟妹妹更好地适应中班生活为目标的以大带小系列活动应运而生。

活动目标

1. 感受自己的成长过程，愿意用自己的力量关爱弟弟妹妹。

2. 与弟弟妹妹分享自己成长的快乐，引导弟弟妹妹体验使用筷子的乐趣。

3. 能用记录表记录教弟弟妹妹学习使用筷子的过程。

活动准备

1. 经验准备：

（1）阅读绘本，懂得恐龙之间相互关爱，理解人与人之间也要相互关爱的道理。

（2）讨论与思考自己升入中班后获得的本领，愿意帮助小班弟弟妹妹适应中班生活。

（3）与小班弟弟妹妹共同游戏，激发关爱弟弟妹妹的情感。

2. 物质准备：

（1）和小班、中班小朋友一起游戏时的照片。

（2）喂恐龙游戏玩具10个。

（3）筷子、纸球、纸黏土球若干。

（4）黑水笔10支、记录纸10张。

重点、难点

重点：主动思考帮助弟弟妹妹克服困难的办法。

难点：耐心教弟弟妹妹使用筷子，并记录下来。

活动过程

1. 与幼儿共同讨论小班弟弟妹妹升入中班需要学习的本领。

出示与小班小朋友一起游戏的照片。

教师：上周我们和弟弟妹妹一起玩大型玩具，一起做游戏，你们和弟弟妹妹在一起时有什么感受？

幼儿1：他们太可爱了，我非常喜欢他们。

幼儿2：我也喜欢他们，下次还想跟他们一起玩。

幼儿3：唉！他们太小啦，还不会跳绳呢，我都会了。

教师：还有一个多月弟弟妹妹们就要上中班了，你们觉得弟弟妹妹上中班需要学习的本领有哪些？

幼儿1：做值日，他们还不会呢，要学习怎么做值日。

幼儿2：他们应该学习跳绳，就像我一样跳绳，唉，教他们可不容易啊。

幼儿3：我觉得他们应该先学习用筷子，要不然上中班不会吃饭。

教师：小朋友们发现弟弟妹妹上中班要学这么多本领，谁来帮助他们学这些本领呢？

幼儿1：老师可以教他们啊。

幼儿2：他们的爸爸妈妈可以教他们啊。

幼儿3：我想教弟弟妹妹学本领。

幼儿开始你一言我一句："我也想教他们。""弟弟妹妹太小了，教他们很累。""我喜欢当老师教他们本领。"……好多幼儿都想教弟弟妹妹学本领。

教师：做值日、跳绳，咱们今天可以教弟弟妹妹干什么呢？

幼儿：教弟弟妹妹用筷子吧，他们得先学习怎么用筷子吃饭。

继续引导，重点引导幼儿主动思考帮助弟弟妹妹克服困难的办法。

教师：太好啦，我们一起帮助弟弟妹妹学习使用筷子。但学习用筷子对弟弟妹妹来说是一个非常大的困难，咱们怎么做弟弟妹妹才愿意学习用筷子呢？

幼儿1：我先示范怎么用筷子，然后让他们学。

幼儿2：我会抓住他们的手教他们。

2. 出示记录表，并介绍。

介绍记录表的用法与小组分工。

教师：老师给大家准备了"恐龙宝宝"，你们教弟弟妹妹用筷子给恐龙宝宝喂食物。小朋友们分小组帮助弟弟妹妹学习使用筷子。一会儿弟弟妹妹来了以后，首先，三个小朋友自由组成一组，共同教一个弟弟或者一个妹妹。其次，你们要一起商量分工：谁教弟弟或妹妹学习用筷子，谁来记录，谁来分享。这是弟弟妹妹学习使用筷子的记录表，小朋友们要把教弟弟妹妹使用筷子的情况记录下来。第一栏记录弟弟妹妹夹了几个纸球、几个纸黏土球，第二栏记录你用了什么方法帮助弟弟妹妹学习使用筷子。最后，你们要给大家分享自己小组的记录表，介绍自己组的好方法。

3. 引导幼儿与小班弟弟妹妹共同游戏。

请小班的教师带小班的小朋友来到班里。

教师引发小班幼儿参与游戏的意愿：哥哥姐姐带你们玩一个"喂恐龙宝宝"的游戏，你们想一起跟哥哥姐姐玩游戏吗？

小班幼儿：想。

教师引导幼儿开始游戏：中班的哥哥姐姐们，弟弟妹妹非常愿意跟你们一起游戏，大家三人一组帮助弟弟妹妹吧。

在幼儿教弟弟妹妹的过程中，观察每组幼儿的情况，并适时提示。例如："你们分好工了吗？谁来记录？谁来教弟弟妹妹？谁来分享？""哥哥姐姐不能帮助弟弟妹妹夹哦。""提示弟弟妹妹不能用手抓球啊。""刚刚弟弟夹了几个纸球？别忘了记在记录表中。""你们是用什么方法教弟弟妹妹使用筷子的？"通过以上引导、提示等方式，指导幼儿耐心教弟弟妹妹使用筷子，并引导幼儿记录。

4. 组织幼儿分享弟弟妹妹使用筷子的记录。

教师：请小朋友们分享你们组教弟弟妹妹使用筷子的记录，说一说你们是怎么教的，弟弟妹妹分别夹了几个球，弟弟妹妹学会用筷子了吗。

幼儿1：我们教的弟弟学会用筷子了。他夹了3个黏土球、5个纸球。我们是这样教他的：先示范怎么用筷子，然后就让他自己学着我们的样子夹。

幼儿2：我们组的这个小弟弟一开始不会用筷子，他就用手拿球。后来花花教他怎么拿筷子，他还是不会，拿筷子的方法也不对。于是我和花花一起帮助小弟弟把筷子拿好。花花抓着小弟弟的手，一个一个地夹球，但老掉到地上、桌子上，后来终于给小恐龙喂了 2 个球。

教师小结：谢谢哥哥姐姐们，大家都想出了各种方法教弟弟妹妹学习使用筷子，虽然有的弟弟妹妹没有学会，但是有了你们的帮助，弟弟妹妹们一定会很快学会使用筷子的。今天小班有两个妹妹已经会用筷子了，咱们中班的哥哥姐姐充分发挥了作用，我们下次和弟弟妹妹一起游戏的时候，还可以帮助他们学习其他的本领。

活动延伸

此次教育活动后，为了满足幼儿关爱他人、乐于助人的强烈情感需求，将活动延伸至区域游戏，与幼儿共同创建"小宝贝爱心看护区"，将家长提供的幼儿婴儿时期的用品，如奶瓶、牙胶、尿布、毛毯、睡袋、抱被、小勺子、儿童筷、儿童碗、婴儿衣物等投放在"小宝贝爱心看护区"，供幼儿在其中玩照顾宝宝的游戏。

个人反思

本次活动整合了幼儿成长需要与近期兴趣，以幼儿喜欢的恐龙为切入点，激发了幼儿的自豪感以及关爱弟弟妹妹的情感。

首先，此次活动满足了幼儿关爱他人、乐于助人的情感需求。本班幼儿性格比较活泼，能主动与他人交往，尤其是与熟悉的人交往时十分热情与开朗；思维活跃，对新事物的兴趣浓厚，有较强的探究欲望。本学期，幼儿社会性情感发展的需求尤为强烈，在生活与游戏中表现出做事积极主动，关爱他人，获得了帮助他人从而收获快乐的情感体验。在日常生活游戏中，他们非常喜欢小班的弟弟妹妹，愿意关心弟弟妹妹，但不懂得关心弟弟妹妹的恰当方式。

其次，此次活动是以关爱小班弟弟妹妹，分享自己在中班的快乐，帮助弟弟妹妹更好地适应中班生活为目标开展的以大带小的系列活动之一。幼儿在以大带小的过程中，向小班弟弟妹妹分享、展示自己在中班学到的本领：做值日、跳绳……幼儿在这一系列活动中，不仅了解了弟弟妹妹，还学会了用恰当的方式与弟弟妹妹交往，帮助弟弟妹妹成长。

最后，活动过程充满挑战。虽然这是一次教弟弟妹妹学习使用筷子的活动，但整个活动既有帮助弟弟妹妹学习筷子的挑战，又有记录弟弟妹妹的表现与自己组的做法的挑战。在活动设计与开展过程中，我利用记录表的方式，帮助幼儿更细致地观察弟弟妹妹喂恐龙宝宝球的过程与数量，了解弟弟妹妹是否能够使用筷子。另外，用记录表帮助幼儿梳理自己教弟弟妹妹使用筷子的经验，最后让幼儿相互学习他人的经验，获得经验的拓展。

综合评析

1. 活动设计在真实的社会情境中，为幼儿赋能。

"教即将升入中班的弟弟妹妹学习使用筷子"这一活动让幼儿在与小班弟弟妹妹的互动中感受助人的快乐，体验助人的过程，思考助人的方法，收获自身的成长。教师通过提出关键问题等方式发挥引领作用。幼儿通过梳理关键经验，帮助弟弟妹妹学习使用筷子，这也是活动顺利开展的重要条件。

2. 活动内容既关注情感认同，又富有挑战性。

教师以"小班弟弟妹妹升入中班需要学习的本领"为话题组织幼儿讨论，过程中既注重唤起幼儿的以往记忆，又注重引导中班幼儿理解他人的需求，从需要的角度出发去帮助别人，以"共同游戏"为切入点鼓励和支持中班幼儿帮助身边的弟弟妹妹。在助人的过程中，中班幼儿要照顾弟弟妹妹的情绪，让弟弟妹妹愉快地学习使用筷子。他们通过实际行动感受到了自身能力的发展，体验到了身为大哥哥大姐姐的自豪感。

3. 注重活动后的经验交流，进一步促进幼儿社会性发展。

教师鼓励幼儿分享弟弟妹妹使用筷子的记录。幼儿作为活动的参与者和记录者，积极对帮助弟弟妹妹的过程进行梳理和交流。教师及时鼓励与肯定幼儿，帮助幼儿固化经验，体验成就感，激发他们继续关心、帮助弟弟妹妹。以大带小的经历与体验对幼儿的社会性发展起到了积极的作用。

指导教师：北京市清华洁华幼儿园　赵翠翠

老师，谢谢您（大班）

北京实验学校（海淀）幼儿园　马宇娟

活动由来及设计思路

大班第二学期末，幼儿沉浸在浓浓的毕业氛围里。在准备毕业典礼节目时，幼儿朗诵的毕业诗中有一句"再见吧老师"。每次念到这里，许多幼儿都会流下不舍的眼泪。他们纷纷说："幼儿园最难忘的人就是老师，还记得小班时候是老师轻轻接过我的小手，安慰哭泣的我走进班里。""中班的时候老师教会我使用筷子，让我学习了许多本领；大班时候老师教会我懂得更多的道理，鼓励我做更多更难的事情。"

为满足幼儿的情感需要，我们开展了本次活动，让幼儿回忆三年来在幼儿园与教师共同生活的点点滴滴，体会小、中、大班教师的辛苦付出以及对自己的无私关爱，充分抒发自己对教师的感激和不舍之情，在活动中学会感恩。

活动目标

1. 通过讨论能够懂得教师对自己的付出与关爱，学会感恩。

2. 能够在活动中与同伴协商合作，共同讨论表达对教师的感激和不舍之情的方法。

3. 在讨论中敢于大胆表达自己的想法，认真倾听他人讲话。

活动准备

1. 经验准备：临近毕业，幼儿对教师有依依不舍之情。幼儿回忆三年的幼儿园生活中令自己难忘的与教师有关的事情，一起制作"难忘的幼儿园生活"展板。

2. 物质准备："难忘的幼儿园生活"展板、毕业倒计时牌、教师毕业寄语视频、各种制作材料和工具、大屏幕、音乐、照相机、摄像机。

重点、难点

重点：能够用自己的方式表达对教师的感激和不舍之情。

难点：共同讨论表达对教师感谢的做法，并能够协商合作完成。

活动过程

1. 带领幼儿观看毕业倒计时牌，谈话引入，激发幼儿对教师的不舍之情。

教师：小朋友们，你们知道现在离毕业还有多长时间吗？

幼儿1：三天。

幼儿2：今天过去就还剩两天了。

幼儿3：我知道周五咱们就毕业了。

教师：你们是怎么知道的？

幼儿：看那个墙上的倒计时牌。

教师：看咱们的毕业倒计时牌就知道了，咱们马上就要毕业了，小朋友就要离开幼儿园了，你们最舍不得谁呀？

幼儿：老师。

教师：为什么最舍不得老师呀？

幼儿1：因为三年来老师一直照顾我们。

幼儿2：因为老师教会了我们一些本领。

2. 出示"难忘的幼儿园生活"展板，引导幼儿回忆与教师在一起的时光，激发幼儿对教师的感激之情。

教师：小朋友都说得特别好，前几天咱们制作了一个展板，叫"难忘的幼儿园生活"，小朋友们一起回忆并且画出了三年来在幼儿园的生活以及和老师一起做的一些难忘的事情，那我们一起看着展板上小朋友的画，再来回忆一下（见图3-3）。请小朋友们先来说说小班的时候令你难忘的事情。

图3-3　借助展板引发幼儿回忆

幼儿1：这是我小班的时候，妈妈抱着我，我在哭，老师把我抱进幼儿园。

幼儿2：小班的时候有一次我想妈妈哭了，老师给我擦眼泪。

教师：小班的时候老师安慰哭泣的你们，给了你们这么多的关心和爱，你们都感受到了吗？

幼儿：感受到了。

教师：你们都感受到了小班老师对你们的关爱，对你们无微不至的照顾，那到了中班呢，谁画了中班的时候你难忘的事情啊？

幼儿1：老师教我们用筷子，我们不再像小班的时候那样用小勺子了。

幼儿2：老师天天给我梳头，我感受到了老师的爱。

教师：上了中班，小朋友在老师的帮助下学会了许多新本领。那上了大班难忘的事情就更多了，谁来说一说？

幼儿1：大班老师教会我们跳绳。

幼儿2：大班老师教我们做新的早操和武术操、腰鼓操。

幼儿3：大班老师教我们排练毕业典礼的节目。

幼儿4：大班老师带我们玩滑梯，做好玩的游戏。

幼儿5：大班老师带我们参观小学。

教师：在大班的时候，老师教会你们更多的本领和道理，帮助你们慢慢变成一名小学生的样子。

3. 幼儿分组商讨如何用自己的方式感谢老师。

分组指导，重点引导幼儿想一想可以做些什么，可以说些什么，并进行相关的准备，鼓励个别幼儿大胆表达自己的想法，鼓励小组成员间协商合作。

教师：小朋友们回忆了这么多难忘的事情，你们能从这些事情中感受到三年来老师对你们的关心和爱护，你们都舍不得老师。在你们即将毕业的时候，你们有什么话想说给老师听吗，或者想为老师做些什么呢？

幼儿1：我们想表演舞蹈给老师看。

幼儿2：我想对老师说"我爱你"。

幼儿3：我做一张贺卡送给老师。

教师：现在请小朋友们分小组讨论一下你们组想为老师做些什么，想说些什么，以表达你们对老师的爱和感谢，开始准备和排练吧。（幼儿进行分组活动）

4. 播放教师毕业寄语视频，进一步引导幼儿感受教师对自己的关爱。

教师：老师刚才看到了每个小组都有自己表达爱、表达感谢的方式，有的小组是手工制作的方式，有的小组是语言表达的方式，有的小组是表演节目的方式，都很好。临别之际，小朋友们舍不得老师，其实老师也很舍不得你们。小朋友们有许多想要对老师说的话，老师们也有许多话想说给你们听，我们一起来听听吧。

教师：听了老师们的话，你们有什么感受？

幼儿1：很感动。

幼儿2：我听了很想哭。

教师：老师们的话里包含着对你们的不舍，还包含了对你们的祝福。你们要毕业了，老师们真的很舍不得小朋友们。老师们准备了一个惊喜给你们哦，你们回头看看吧。（小、中、大班教师代表出场）

教师：老师们知道你们快要毕业了，特意从班里过来看你们，来跟你们道别，让我们最后再抱一抱这些爱你们的老师们吧。（幼儿与教师互相拥抱，表达爱与不舍）

5. 引导幼儿分组用自己准备好的方式感谢教师。

引导幼儿大胆表达自己对老师的感激之情，关注个别幼儿的情绪。

教师：小朋友们好舍不得老师们啊，请小朋友们领着老师们坐到你们中间来，每组小朋友分别上前面来表达你们对老师的感谢吧。老师会把这些用摄像机记录下来，播放给今天没能来咱们班看你们的老师，让他们也能感受到你们的感谢之情。

幼儿分小组进行表达（见图 3-4）。

图 3-4　幼儿分小组进行表达

贺卡制作组：幼儿制作了爱心贺卡，上面画了很多爱心，以表达对老师的爱，还写有每名幼儿的姓名和联系方式，希望老师想小朋友的时候可以打电话联系。

相册制作组：幼儿将小班、中班、大班的照片制作成一本相册送给老师，里面还有每名幼儿的联系方式。

笔筒制作组：幼儿将共同制作的一个漂亮的笔筒送给老师。

语言表达组：幼儿对老师们说"老师您辛苦啦，老师我爱您，谢谢老师"，并向老师们鞠躬致谢。

舞蹈表演组：一名幼儿钢琴伴奏，其他幼儿跳小组自编的舞蹈，请老师们欣赏。

各组表达感谢后，与教师合影留念。

活动延伸

1. 引导幼儿为幼儿园、教师、弟弟妹妹做一些力所能及的事，表达感恩之情。

2. 引导幼儿共同设计并制作"难忘的幼儿园"毕业纪念册，留下对幼儿园、教师及小伙伴的美好回忆，将其与教师毕业寄语视频一同作为毕业礼物，于毕业当天赠送给幼儿。

个人反思

活动旨在引导幼儿懂得小、中、大班教师的辛苦付出与对自己的无私关爱，充分抒发自己对教师的感激和不舍之情，让幼儿在活动中学会感恩。

活动开展在幼儿临近毕业之时。我和幼儿一起欣赏"难忘的幼儿园生活"展板，与幼儿一起回忆在小、中、大班阶段与教师的点滴生活、自己在教师的教导下学会的本领等，引导幼儿体会教师这三年来对自己无私的爱与辛苦付出，激发幼儿对教师的爱与不舍以及感激之情。

在社会领域的学习与发展中，体验是一种非常重要的学习方式，是认识和态度形成的基础。《3—6岁儿童学习与发展指南》指出幼儿社会领域的学习与发展过程是幼儿社会性不断完善并奠定健全人格基础的过程，幼儿在与成人和同伴交往的过程中，学习如何与人友好相处，不断发展适应社会生活的能力。幼儿园应为幼儿创设温暖的集体生活氛围，让幼儿在积极健康的人际关系中建立基本的认同感和归属感。因此我根据幼儿的学习特点和发展需要以及社会领域的学习方式，主要以情感体验、表达感受为途径设计了本次活动，根据大班幼儿的年龄特点和学习方式，鼓励幼儿进行小组成员间的协商合作。在小组学习中我引导幼儿主动学习，充分尊重幼儿的意愿，引导幼儿自主选择自己喜欢的方式进行表达，兼顾全体幼儿与个别幼儿，鼓励幼儿大胆表达，并关注个别幼儿的情绪。活动中我为幼儿提供了必要的支持，引导幼儿用多种形式进行情感表达，体现了以幼儿为主体，发挥了幼儿的主动性。

活动过程中我引导幼儿通过观看提前录制好的教师寄语视频，并将三年来教过他们的教师请到现场，再一次将幼儿的情绪调动起来。幼儿与教师紧紧相拥在一起，用自己的方式主动表达着自己的不舍与感恩之情，师幼互动中的真情流露感染了我们每一个人，幼儿和教师都流下了激动的热泪，将活动推向了高潮，也使幼儿的情绪得到释放。

活动后幼儿对教师仍然依依不舍，可以留给幼儿更多时间与教师互诉情感或拍照留念。此外，由于种种因素，此次活动没能将所有教师请到现场，对于幼儿来说有些许遗憾。活动后可继续开展"感恩老师"的延伸活动，引导幼儿继续为幼儿园、为教师、为弟弟妹妹做一些其他力所能及的事情，以表达对幼儿园教师的爱与感恩之情，使幼儿的情感得到升华。

综合评析

活动目标符合大班幼儿的年龄特点和实际水平，具体明确。内容来源于幼儿，贴近幼儿的生活，幼儿感兴趣。在即将毕业之际，教师能够体察到幼儿对幼儿园和教师的不舍之情，引导幼儿抒发心中的这份情感是很有必要的。整个教育活动过程层次清楚，重点难点突出，体现了社会领域的核心价值。教师出示"难忘的幼儿园生活"展板、教师寄语视频，并将其他教师请到现场，层层递进，一步步地将活动引向高潮。活动中教师注重幼儿的情感体验，与幼儿进行有效互动，较好地使幼儿懂得小、中、大班教师对自己的付出与关爱，进一步激发了幼儿的感恩之情。

在活动中教师充分尊重幼儿，引导幼儿小组间协商合作，符合大班幼儿的学习特点。教师充分给予幼儿自主学习的空间，极大地发挥了幼儿的主动性，使幼儿能够自由地表达、展示与抒发情感。教师提供了丰富的材料和必要的支持，在短短的时间内幼儿通过小组协商合作呈现出了多种多样表达情感的形式，如有语言表达的方式，有手工制作的方式，有舞蹈表演的方式，体现了幼儿思维的活跃性，同时体现了大班幼儿合作学习的成果。教师在活动中能关注到幼儿的学习过程，并做出及时有效的应答，教态亲切自然，学法指导得当，是一次较为成熟的教育活动。

指导教师：北京实验学校（海淀）幼儿园　史艳枫

给妈妈写信（大班）

北京市海淀区红英阳光幼儿园　吴燕利

活动由来及设计思路

"三八"妇女节教育活动每年都会进行。班上开展"妈妈爱我我爱她"的主题活动前，幼儿采访了妈妈，了解了妈妈的心愿，激发了向妈妈表达内心情感的愿望。"幼儿园快乐与发展课程"大班的目标中提到："引导幼儿了解常用的通信方式并学习使用；要创设一定的情境，帮助他们在需要的时候选择适宜、便捷的通信方式。"于是我们生成了这次给妈妈写信的活动。我根据大班幼儿的学习特点，让幼儿在充分感知体验情感的基础上，学习用写信表达情感。本活动始终以情感为主线，首先观看妈妈的录像和倾听妈妈的来信，激发幼儿爱妈妈的情感与给妈妈写信的愿望，在此基础上幼儿通过写信的方式将自己对妈妈的情感转化为书面语言。幼儿在活动中不仅学会了一种新的情感表达方式，而且进一步增进了与妈妈的关系。

活动目标

1. 通过倾听妈妈诉说自己的心愿，激发更加爱妈妈的情感及想给妈妈写信的愿望。

2. 初步学会用图画、符号、文字等形式表达自己的想法和情感。

3. 在给妈妈写信的过程中复习、巩固写信的基本格式。

活动准备

1. 经验准备：

（1）回顾以前是如何为妈妈过节的。

引导幼儿回顾在小班时是怎样为妈妈过节的，如给妈妈做花、穿项链、听妈妈讲自己小时候的事、周末帮妈妈做家务等，再一次激发幼儿开展这次活动的兴趣。

（2）了解"三八"妇女节。

引导幼儿知道"三八"妇女节不仅是妈妈的节日，还是阿姨、奶奶、姥姥、姑姑、大姐姐等的节日，加深幼儿对"三八"妇女节的认识。

（3）采访妈妈。

幼儿最亲近的人往往是自己的妈妈。于是我们开展了采访妈妈的活动。内容分别是：妈妈喜欢的颜色、妈妈爱吃的食物、妈妈的生日和妈妈的心愿。幼儿进一步了解了自己的妈妈，增强了爱妈妈的情感。

（4）帮妈妈制订节日计划。

今年的"三八"妇女节是星期三，幼儿帮妈妈制订了节日计划。有的说让妈妈去爬山、去划船，有的说让妈妈去游泳、去做美容，还有的说让妈妈和爸爸去吃饭、上游乐场等。

（5）了解妈妈的心愿。

在采访了妈妈之后，幼儿都了解了自己妈妈的心愿，于是就生成了给妈妈写信的活动。在写信之前我们和幼儿了解了与亲人联系的方式，并掌握了一些写信的基本格式，为开展下面的活动做了很好的铺垫。

2. 物质准备：采访妈妈的光盘、家长来信、自备字卡、白纸、画笔。

重点、难点

重点：通过观看录像和倾听家长的来信，激发感激妈妈、爱妈妈的情感。

难点：能用多元方式大胆表达自己的想法。

活动过程

1. 回忆采访妈妈的内容。

教师：还记得我们周末留的小任务是什么吗？对，就是要采访妈妈。请小朋友说一说你的妈妈爱吃什么、喜欢的颜色、生日、心愿……

幼儿1：我妈妈喜欢吃清淡健康的食物，因为她要减肥。（说完捂嘴笑）

幼儿2：我妈妈喜欢吃鱼，喜欢绿色。

幼儿3：我妈妈的愿望是我健康快乐地长大，还希望姥姥姥爷身体一直健康。

…………

2. 播放录像，激发幼儿为妈妈写信的愿望。

（1）播放妈妈辛苦做事的录像。

教师：老师也采访了几位妈妈，听听她们都说了些什么。

幼儿1：有没有我妈妈呀？

幼儿2：我得仔细看看有没有我妈妈。

当自己的妈妈出现时，幼儿高兴地欢呼起来："瞧！是我妈妈，她是音乐老师。"看到妈妈在给大哥哥大姐姐上课，他脸上充满了自豪。

屏幕上出现妈妈在叠衣服时，幼儿刚开始还很兴奋，可看到后面却感慨地说："妈妈太辛苦了。"

当出现妈妈做饭的镜头时，幼儿大喊着："我妈妈做饭可好吃了！"

（2）引导幼儿及时讨论。

教师：妈妈说了她们的心愿，小朋友应该怎么做呢？（激发幼儿更加爱妈妈）

幼儿1：我妈妈希望我上学后好好学习，我一定要努力做到。

幼儿2：妈妈太辛苦了，我以后要帮她多干些活。

幼儿3：妈妈做饭那么好吃，我以后不再挑食了。

（3）读一封家长来信。

教师：亲爱的轩轩，再过几个月你就要上小学了。你知道吗？有时候妈妈对你很严厉，其实妈妈特别爱你，妈妈是想让你进步。希望你上学后能够成为一名优秀的小学生……

轩轩抽泣着：我以后要听妈妈的话，好好学习，不再惹她生气了。

教师：老师相信你一定能说到做到。

教师：我们都知道了妈妈的心愿是什么，也知道了自己要怎样做，那我们怎么告诉妈妈呀？

幼儿：我们可以给妈妈写一封信。

3. 引导幼儿写信。

（1）出示放大的信，复习写信的基本格式（开头、结尾签名、日期、每段前空两格）。

教师：还记得写信的格式是什么样的吗？

幼儿：有开头、签名、日期……

（2）组织幼儿讨论怎样写信。

教师：我们还不会写字，可以用什么方法来写信呢？

幼儿1：可以用自己认识的字卡。

幼儿2：还可以用图画、符号来表示。

（3）引导幼儿写信。

观察与指导幼儿书写，鼓励幼儿大胆表达自己想说的话，尝试用绘画的方式记录下来。

（4）请幼儿交流自己写好的信。

教师：小朋友们可以给老师讲一讲自己的信，也可以和小伙伴讲一讲。

幼儿1：亲爱的妈妈，我一定听您的话，好好学本领……

幼儿2：我爱您妈妈，我以后再也不让您生气了……

幼儿3：亲爱的妈妈，我要把身体练得棒棒的，不让您着急了……

4. 小结。

教师：妈妈看到我们写的信一定会非常高兴，希望小朋友们说到做到，和妈妈一起实现我们的愿望。

活动延伸

活动之后，我们还和幼儿一起制作信封，给爸爸妈妈写信，邀请家长回信，为爸爸妈妈和幼儿创造了很好的交流机会，为开展下面的"我要上学了"的主题活动做好了铺垫。

个人反思

1. 活动中的优点。

（1）新颖、适宜的活动形式有效地激发了幼儿参与活动的兴趣和积极性。我通过用多媒体的形式向幼儿直观、形象地展示了妈妈工作的繁忙与辛苦。这一形式与班内"妈妈爱我我爱她"的主题活动是相呼应、相结合的，同时充分调动了家长积极参与。我和家长委员会的成员一起拍摄了妈妈在工作、家庭中的录像。录像的真实情境打动了幼儿，使活动收到了良好的效果。

（2）关注幼儿的差异化需求。在选择读哪位家长的来信这个环节，我考虑了"采取多种方法对个别幼儿实施教育"的目标，有目的地选择了轩轩家长的来信。结果证明，轩轩对这次活动有很大的触动，在以后的一段时间内有比较明显的进步。

（3）在师幼互动中，自我情感的投入很好地强化了这次活动的教育效果。在播放采访妈妈的录像时，录像的内容和我的解说深深地感动了幼儿和在场的每一位教师。

（4）在材料的准备上，提供了一些汉字卡片，体现了《3—6岁儿童学习与发展指南》中语言领域对大班的要求，即引导幼儿对简单的标记符号感兴趣，在一定程度上满足了大班幼儿进行识字游戏的愿望。

2. 活动中的不足。

（1）为幼儿准备的写信的材料可以更丰富、更有层次性，以满足幼儿个体差异的需要。例如，对于认字的幼儿可以使用字卡，不认字的可为他们准备图片。在活动设计上，可让幼儿尝试用打电话、上网、写信、录音等多种形式表达。

（2）在引导幼儿讨论的过程中，应该注意充分调动幼儿自身的经验和想法，丰富他们的讨论内容。可以让幼儿自己选择表达方式，尝试将自己获得的经验与同伴分享，这样会使幼儿在活动过程中得到多方面的发展。

综合评析

教师计划性较强，语言简练、到位，使整个活动非常流畅和有序。活动始终围绕"情感"这一核心。在爱的教育中，抓住了情感调动便抓住了教育的关键。教师制作的视频画面清晰，妈妈的语言生动感人，课堂气氛活跃。由此看来教师的教学方法适当。"爱妈妈"其实是每个幼儿与生俱来的情感。如何了解妈妈的辛苦，怎样做才是关心妈妈？这对大班幼儿提出了更高要求，在教师与幼儿的谈话、讨论中，我们感受到幼儿的话是真诚的。妈妈每日辛苦地工作，承担洗衣做饭等家务劳动，这些看似普通的事件，在教师精心策划的镜头与信件中，变成了可以打动幼儿的教育元素，直观地看、听的方式让幼儿感受到了妈妈的爱，并激发了幼儿想表达爱妈妈的情感。正是由于教师抓住了"情感"这条主线，整个活动才显得真实、自然、感人。教师在活动组织过程中真实的情感投入，幼儿真挚的情感表露，都使我们相信，幼儿理解了爱，学会了表达爱。

在活动设计的细节上，还有待深入思考。大班幼儿对汉字有一定的认识和兴趣，对于他们今后的小学学习会有很大的帮助，但汉字的出现和学习方法只有符合大班幼儿的特点，才能起到促进作用。例如，在写信活动中，书信的格式及要求还应该再具体一些。初次尝试写信，幼儿能正确表达自己的感受就可以了。再次进行书信活动时，可以有一些更高的要求。比如，可以提醒幼儿注意每行文字应该是平行的，这样写出的信比较整齐，不会有串行、混乱的现象。另外对幼儿书写、画画的坐姿，教师也应该适时提醒，引导幼儿坐姿正确。幼儿对汉字的正确笔顺还不太了解，教师应引导幼儿多利用图画来表达情感。

指导教师：北京市海淀区北部新区实验幼儿园　肖延红

课间十分钟（大班）

北京大学医学部幼儿园　王莹

活动由来及设计思路

在"我要上学啦"主题活动中，幼儿参观了小学，对小学生活产生了好奇，尤其对课间十分钟这个环节十分感兴趣。幼儿已经认识了整点、半点，体验过一分钟的长短，但是不知道如何有效地利用时间，而充分利用好课间十分钟对他们将来升入小学十分重要。课间十分钟该做什么、不该做什么、怎么做合适，这些都成为幼儿讨论的话题。针对幼儿的兴趣和需求，我设计了"课间十分钟"的体验活动。

活动目标

1. 有初步的时间意识，感知时间与活动的关系。

2. 在活动中能够制订、执行和调整计划。

3. 在制订与调整计划的过程中增强自我解决问题的意识与能力。

活动准备

1. 经验准备：

（1）参观过小学，看过小学生的课间十分钟。

（2）体验过一分钟的长短。

2. 物质准备：

(1) 幼儿每人一张“课间十分钟该做什么记录表”（见图 3-5）、一张“我的课间十分钟计划表”（见图 3-6），课间活动图示若干，铅笔，橡皮，水彩笔。

必须做	可做可不做	
		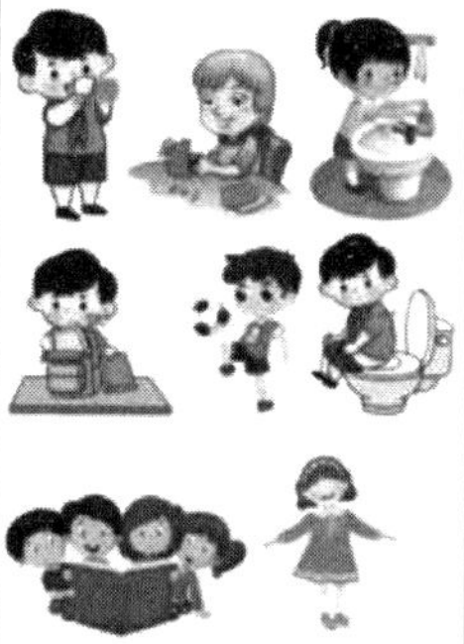

图 3-5　课间十分钟该做什么记录表

记录人：　　　　时间：

序号		
1		
2		
3		
4		
5		
6		

图 3-6　我的课间十分钟计划表

(2) 喇叭、上下课铃声。

(3) 白板、黑板。

重点、难点

重点：亲身体验十分钟的长短，并了解哪些活动适合在这段时间进行。

难点：理解活动内容和时间的关系，并能完善计划。

活动过程

1. 出示参观小学照片，引出课间十分钟，激发幼儿对课间十分钟的兴趣。

教师：前几天我们参观了小学，看到了哥哥姐姐们的课间十分钟，你们还记得他们都做了些什么吗？

幼儿：我记得，喝水、上厕所、整理书包、聊天、擦黑板。

教师：对，记得真清楚，还有吗？

幼儿：还有的哥哥姐姐在户外踢球。

教师：为什么要有课间十分钟呢？

幼儿1：因为他们需要休息。

幼儿2：因为他们需要喝水、上厕所、洗手。

幼儿3：因为上完课需要让眼睛休息一下。

教师：嗯，小朋友们说得都很棒，课间十分钟就是为了让哥哥姐姐休息一下，然后以更饱满的精神面貌迎接接下来的学习。

2. 与幼儿讨论课间十分钟可以做什么，并指导幼儿制订计划。

教师：如果你是小学生，在课间十分钟你会做什么？

幼儿：我会上厕所、喝水。

教师：还有吗？

幼儿：我会整理书包、写作业。

教师：大家说得都非常好，老师这里有一张"我的课间十分钟计划表"，现在请你们用简单的方式把你在课间十分钟计划做的事情记录下来吧。

3. 引导幼儿体验课间十分钟，感知十分钟的长短。

（1）播放下课铃声，幼儿开始按计划完成课间十分钟活动。

教师：一会我们就要体验课间十分钟了，那怎么体验呢？当小朋友听到这个声音时（播放下课铃声）代表下课了，小朋友可以进行活动；再听到这个声音时（播放上课铃声）就代表我们要上课了，大家需要迅速回到座位坐好。在上下楼梯时我们一定要注意安全，靠右行走。现在体验正式开始。

体验中，大部分幼儿能按照计划表有序地完成自己的计划，一部分幼儿只做一件事，计划表中的其他事情没时间完成。

（2）再次播放上课铃声，体验结束后幼儿检查自己的计划完成情况并做好记录。

教师：现在请大家根据自己的完成情况用自己喜欢的方式将表格补充完整吧。

4. 组织幼儿进行梳理，进一步感知活动与时间的关系。

通过提问帮助幼儿小结体验活动的情况，使其感受活动与时间的关系。

教师：请大家和好朋友讨论一下自己的计划完成了哪些，哪些没有完成，为什么。

幼儿1：我完成了喝水、上厕所、整理书包、看书。

幼儿2：我完成了4项活动：喝水、上厕所、看书、折纸。

幼儿3：我完成了5项活动：跳绳、喝水、整理书包、聊天、上厕所。

幼儿4：我完成了跳绳、喝水、看书，没完成上厕所。

幼儿5：我完成了3项活动：踢球、整理书包、折纸。上厕所没完成。

教师：你们都很棒，大部分的计划都完成啦。

教师与幼儿4的互动：

教师：你为什么没完成上厕所呢？

幼儿4：因为时间不够了。

教师：为什么时间不够了呢？

幼儿4：因为我跳绳跳了很长时间。

教师：下次体验你想怎么调整一下呢？

幼儿4：我跳绳的时间短一点。

教师与幼儿5的互动：

教师：也不错，你完成了很多项活动，但上厕所没完成是为什么呢？

幼儿5：因为时间不够了，折纸有一步折了半天。

教师：那小朋友们，请你们想一想，如果没有上厕所的话，下节课可能会发生什么事情呢？

幼儿：尿裤子。

教师：那你想怎么调整一下你的计划呢？

幼儿：可以先去上厕所。

教师：嗯，小朋友觉得这样的调整怎么样？

幼儿：好。

教师：那除了先去上厕所，还有其他的办法吗？

幼儿：还可以让前面活动的时间短一点或者少干几件事情，就有时间上厕所了。

教师：我觉得你的主意也特别棒，谁还想分享一下呢？

幼儿：我完成了上厕所、看书、整理书包、聊天、踢球，但是没有喝水。

教师：那如果不喝水会有什么影响呢？

幼儿：会生病，会渴。

教师：那你想怎么调整你的计划呢？

幼儿：我想先喝水，然后再干别的。

教师：对，很棒，调整得也不错，下次你可以试一试。

5. 组织幼儿进行总结，梳理课间十分钟必须完成与可做可不做的事情。

（1）通过"课间十分钟该做什么记录表"，帮助幼儿梳理与提升经验，获得调整计划的依据与策略。

教师：小朋友们计划了这么多活动，你们认为课间十分钟必须做的是什么？可以做也可以不做的是什么？为什么？

幼儿：我认为整理书包是必须做的，因为要拿出下节课用的东西。

教师：嗯，其他小朋友呢？

集体：同意。（将整理书包放到必须做一栏）

幼儿：我认为上厕所和喝水是应该做的，因为要不然会口渴，会尿裤子。

集体：同意。（将喝水、上厕所放到必须做一栏）

幼儿：我觉得跳绳是应该做的，因为要放松一下自己。

教师：噢，其他小朋友呢？

幼儿 1：我觉得可以做，因为放松一下，下节课会听得更好。

幼儿 2：我觉得是可做可不做的，因为去操场会耽误时间，所以可做可不做。

教师：小朋友们说的都很有道理，那我们把跳绳放到有分歧的这一栏吧，让我们在下次体验的时候再做决定。（将跳绳放到可做可不做一栏）

幼儿：我觉得擦黑板是必须做的，要不然下节课老师都没地方写东西了。

集体：同意。（将擦黑板放到必须做一栏）

幼儿：我觉得踢球、折纸这些都是可做可不做的，因为得看看有没有时间。

教师：我觉得你说的特别对，其他小朋友怎么认为呢？这些运动或者游戏是不是可做可不做的呢？是不是要看看有没有多余的时间呢？

集体：对。（将游戏放到可做可不做一栏）

教师：那让我们一起来看看小朋友们整理出来的课间十分钟必须做的是哪些，有洗手、喝水、上厕所、整理书包、擦黑板，可做可不做的有踢球、跳绳、看书、折纸等。

（2）通过图示引导幼儿说出如何调整计划。

教师：那下次在课间十分钟的时候，你会怎么调整呢？

幼儿1：我会先把必须做的做了，然后再去跳绳。

幼儿2：我会先去喝水、上厕所，然后再去干别的事情。

教师：那如果大家都先去上厕所、喝水怎么办呢？

幼儿：那我可以先干点别的，等人少了再去上厕所、喝水、洗手。

教师：大家觉得这样怎么样？

集体：好。

教师：那让我们调整完计划后再来体验一次吧。

集体：好。

幼儿再次体验"课间十分钟"，活动自然过渡到下一个环节。

活动延伸

引导幼儿回家与家长一起制订"温馨十分钟""家庭晚间小计划"等计划表，从而巩固获得的经验。

个人反思

活动中幼儿能积极参与课间十分钟活动的讨论、计划、体验。在活动中我们首先讨论为什么要有课间十分钟；其次计划自己的课间十分钟并亲自体验，感知时间与活动的关系；再次在分享、讨论自己计划的完成情况时，感知计划的合理性；最后针对计划和体验中的问题，梳理哪些是课间十分钟必须做的，哪些是可做可不做的，并对课间十分钟活动计划进行调整。整个活动紧紧围绕活动目标，层层递进，让幼儿理解了课间十分钟的目的，体会了时间长短与活动的关系，提高了幼儿制订、实施与调整计划的能力，完成了教育目标。

活动不仅能调动幼儿参与的积极主动性，而且能帮助幼儿积累有意的生活经验，真正感知到十分钟可以做哪些事情，理解时长与活动的关系。每一个环节完成后及时总结和梳理经验非常重要，能帮助幼儿在相互交流中将个体的、零散的经验进行整合，形成集体的、较为完整的经验。在幼儿进行梳理的过程中，我通过图示将幼儿的经验用直观的方式进行呈现，有助于培养幼儿思维的条理性。

综合评析

幼儿即将上小学，开展"课间十分钟"活动可以帮助幼儿感知时间与活动的关系，学习做计划、调整计划，为升入小学合理安排课间时间做好准备。目标制定合理，非常符合幼儿的发展需要，对幼儿做好升学准备具有重要的意义。

活动中教师能较好地把握幼儿的发展点，围绕活动目标，通过有效的措施支持幼儿主动学习。首先，活动整体脉络非常清晰，从理解课间十分钟的意义和价值到制订计划，到体验课间十分钟，再到讨论计划完成情况与合理性，最终调整计划，环环相扣，层层递进，帮助幼儿逐步建构自己的经验。其次，活动过程注重幼儿的体验。时间是一个非常抽象的概念，教师通过创设课间十分钟的情境，支持幼儿通过真实体验、感知来理解并建构时间与活动关系的经验。最后，教师注重每个环节的经验梳理与提炼，通过有效的提问，引发幼儿积极主动思考，在与同伴、教师的交流互动中将个体的经验进行整合，形成集体的有意义经验。同时教师注重通过图示的方式，将梳理的经验进行直观呈现，能有效支持幼儿进一步理解在课间十分钟哪些是必须做的，哪些是可做可不做的。

总之，该活动体现了幼儿学习的主动性，教师通过精心设计支持幼儿在亲身体验中、在与环境和他人的互动中积极主动地建构新的经验，对关键的问题和经验进行及时有效的梳理和小结，促进了幼儿多方面的发展。

指导教师：北京大学医学部幼儿园　宾晓亮

一分钟（大班）

空军直属机关蓝天幼儿园　王爽

活动由来及设计思路

幼儿即将升入小学，成为小学生。我们通过前期观察及一系列调查发现，大部分幼儿在幼儿园及家中均有磨蹭、浪费时间、做事拖拉、不会分配时间、做事没有计划性等情况。例如，家长反馈在家进餐时经常会持续50～60分钟，做事过程中也有拖拉现象，参与班级的线上活动时也有因为磨蹭而迟到的现象。出现这些现象后，家长非常着急，但又苦于不知如何解决，不论怎样提示或讲道理都收效甚微。于是我们针对幼儿现阶段的问题开展了"一分钟"活动，希望通过活动中的多种体验形式让幼儿感受到时间的珍贵，从而懂得珍惜时间，做一个有时间观念的人，为今后的小学生活打下坚实的基础。

活动目标

1. 在游戏中感受一分钟长短的相对性，通过游戏初步发现时间与生活的关系。

2. 懂得做事抓紧时间且有计划性，了解时间不可倒流。

3. 初步发现时间与生活的关系，懂得珍惜时间。

活动准备

1. 经验准备：已认识钟表。

2. 物质准备：

（1）PPT 课件：大钟面（配上声效发出嘀答声），小视频《城市一分钟》（关于城市的一分钟小短片）。

（2）生活场景比较（上厕所、等红灯、消防员救火）的图片。

（3）汉字（长、短），可用于统计幼儿选择情况的记录表，拼图玩具。

重点、难点

重点：知道一分钟有 60 秒，在游戏中感受一分钟长短的相对性。

难点：初步发现时间与生活的关系，懂得珍惜时间。

活动过程

1. 引导幼儿认识一分钟。

教师：钟面上有什么？

幼儿 1：有 1～12 的数字。

幼儿 2：有时针和分针。

教师：一分钟有多少秒？

幼儿：一分钟有 60 秒。

教师：小朋友对钟表都很熟悉了，那你们知道一分钟到底有多久吗？我们玩个游戏感受一下吧。

2. 引导幼儿通过体验性游戏，充分感受一分钟时间的长与短。

（1）游戏：我们都是木头人。

①交代游戏规则，组织幼儿初次体验木头人游戏。

教师：今天，我要带小朋友玩一个木头人游戏。一分钟内，小朋友全都变成木头人不能动。当时钟的秒针开始走的时候小朋友就不能动了，看谁最能坚持。最后结束时，请大家说说自己有什么感受。

幼儿1：感觉时间不是很长，一会儿就过去了。

幼儿2：时间不长也不短，在我累的时候时间就到了。

幼儿3：看着时钟我感觉时间很慢，总想让它快点过去。

②让幼儿再次体验做一分钟的木头人（选择最难的造型）。

教师：小朋友们的感觉都不一样，有的觉得时间长，有的觉得时间不长也不短，有的觉得时间短。我们这次难度升级，请小朋友选择一个自己认为最难的造型，我们再来体验一次。

幼儿1：我感觉这次时间非常长，我单脚站立都快站不住了。

幼儿2：时间太长了，我好累。

幼儿3：时间过得好慢，一秒一秒的，我都坚持好久了，但还是没到时间。

③引导幼儿对比两次游戏体验，感知时间的相对性。

教师：为什么两次游戏一样，时间也一样，你们却有不同的感受？

幼儿1：第一次我们是坐着变成木头人的，所以感觉时间很快；第二次我们的动作变难了，所以感觉时间变长了。

幼儿2：其实，时间都是一样的，但我们两次动作的难度不一样，心里感觉就不一样。

幼儿3：这个木头人的游戏真有意思。我们一会儿感觉时间长，一会儿感觉时间短。我还想再体验一次。

教师：两次木头人游戏时间长短是相同的，都是一分钟，只是因为我们做事的难度不同，感受也就不一样。所以我们做喜欢的事情时，就感觉时间很快；做不喜欢或有难度的事情时，就感觉时间很慢。但是有些事情是必须做的，我们要坚持完成。只要珍惜时间，哪怕只有一分钟，我们也能做很多有意义的事情。

（2）引导幼儿通过玩拼图体验游戏，感受一分钟的长短。

教师：请小朋友找到自己的拼图，我们用一分钟的时间试试，看你能拼上多少。最后请告诉我，这次你觉得一分钟是长还是短，又有什么样的感觉。

幼儿1：一分钟过得太快了，我刚拼上一点点时间就到了。

幼儿2：每次听王老师报时我的心都要跳出嗓子眼了，感觉非常紧张，一分钟太快了。

幼儿3：我太着急了，没拼上几块时间就到了。

教师：当感觉一分钟很长时或许应该提醒自己再坚持一下，当感觉一分钟很短时就需要抓紧时间。

3. 引导幼儿观察生活场景，进一步感受不同场景中的一分钟。

（1）出示等红灯的图片（见图3-7），请幼儿结合生活情境说出自己的感受。

教师：从图片中你发现了什么？为什么每个人对一分钟的感受会不一样？

图3-7 等红灯图片

幼儿：因为有很着急的事情，所以觉得一分钟很长。

教师：当感觉一分钟很长时该怎么办？当感觉一分钟很短时又该怎么办？

幼儿1：有时候妈妈让我学习，我就觉得时间很长，那我就坚持一下。

幼儿2：我每次在幼儿园小便、喝水时感觉时间过得很快，我有点慢，下次我要快一点，抓紧时间。

（2）播放消防员救火视频，引导幼儿感受不同场景中的一分钟，并说一说为什么每个人对一分钟的感受会不一样。

幼儿1：发生的事情不一样，所以感受不一样。

幼儿2：事情的重要程度不同。有的是着急的事情，所以觉得时间紧张；有的事不着急，所以感觉时间过得慢。

活动延伸

1. 在日常生活中有意识地以一分钟或几分钟为限交代任务，鼓励幼儿充分感受时间，分享珍惜时间的多种方法，能够大胆表达自己在体验活动中的真实感受。

2. 引导幼儿在家体验生活中的一分钟（一分钟跳绳、一分钟单脚站立、一分钟平板支撑等），说说自己的感受。

3. 鼓励家长在感受到幼儿的变化后，通过多种方式赞美幼儿。

个人反思

1. 抓住幼小衔接中的关键问题。

在日常生活中，我发现幼儿时间观念比较淡薄，做事拖拉的情况比较普遍，尤其是早晨入园时经常会有迟到的。大班幼儿正处于幼小衔接的重要时期，幼儿园有序又相对慢的生活节奏使幼儿对时间意义的理解和时间长短的体验较少。幼儿园和小学不同的学习环境和要求使幼儿面临着种种入学适应问题的考验。如何增强幼儿的时间观念，改变他们做事拖拉的习惯，提高他们做事的效率，为他们入小学奠定基础呢？我充分考虑幼小衔接阶段幼儿的学习兴趣和良好习惯培养的需要，力求在这一重要的过渡期给予幼儿一些必要的支持，以帮助幼儿熟悉小学生活，萌发对当小学生的向往之情。为此我设计了本次活动，目的是让幼儿通过体验，知道一分钟虽然短，但只要珍惜也能做很多事情，并逐步懂得参与各项活动都必须抓紧时间、珍惜时间。

2. 丰富幼儿的经验，让幼儿感知时间的相对性。

活动贴近幼儿生活，所以他们很感兴趣，参与的积极性高。在主题活动中，幼儿感知时间的长短，通过玩木头人游戏和拼图游戏体验时间的相对性，最后通过生活场景增强了时间意识。

综合评析

1. 活动内容的选择贴近幼儿的生活。

活动前期教师通过观察及调查发现幼儿当下出现的问题：做事拖拉、不会分配时间、做事没有计划性等。活动源于幼儿的问题，内容选择适合幼儿的年龄特点及能力水平。活动过程体现了生活化、游戏化的特点。教师为幼儿创设了轻松、愉快的学习氛围，有效地引导幼儿参与尝试，支持、鼓励幼儿大胆交流与讨论，发表自己的见解，主动学习和探究。

2. 多种游戏支持幼儿体验一分钟长短的相对性。

活动通过木头人游戏、拼图游戏和大量的视觉材料，层层递进、逐级深入地引导幼儿感知一分钟的长短，体验不同情境中对时间的感受，让抽象的时间与生活经验相联系，有效地支持了幼儿的学习。幼儿从生活和游戏中感知时间的存在，充分的体验能够使幼儿进行深刻的对比。

3. 家园的良好配合是幼小衔接的关键。

在延伸活动中，幼儿自己计时跳绳、单脚站立、平板支撑，再次体验时间的长短，并在体验后乐于大胆表达自己的感受，从而懂得珍惜时间，做事有时间观念。活动中教师不仅在活动现场组织幼儿体验一分钟的长短，而且将其引入幼儿的家庭，由此让幼儿获得了多元的体验，促使他们积极地实践"珍惜时间、合理安排时间"，这对于即将步入小学的幼儿显得尤为重要。家长对于幼儿园的配合和认同也必将使幼儿园教育获得事半功倍的效果。

指导教师：空军直属机关蓝天幼儿园　周悦

小树暖身计划（大班）

北京明天幼稚集团　宋玉梅

活动由来及设计思路

我们幼儿园有个美丽的花园，里面有很多树木。随着天气逐渐变冷，幼儿发现树木的枝条逐渐变得光秃秃的，不禁问："我们穿上了厚棉衣，小树需要穿棉衣吗？我们可以为它穿什么衣服保暖呢？"

幼儿由自己的感受联想到了小树的感受，希望也能给小树穿棉衣，帮助小树安全度过寒冬。随着讨论的深入，"小树暖身计划"活动开展起来了。幼儿联想到自己看到的环卫工人的做法，想利用生活中收集的废旧衣物、围巾等材料为小树保暖。于是他们进行了分组活动，并测量了小树的身高，根据小树树干的高度，讨论用什么材料比较合适。他们做了各种计划书，为活动做了各种准备。

活动目标

1. 感知植物与气候变化和周围环境的关系，尝试用自己的方式帮助植物改善生存环境。

2. 与同伴协商解决计划实施过程中遇到的实际问题，感受与同伴合作的快乐。

活动准备

1. 经验准备：

（1）幼儿有初步分工合作的经验。为让小树安全地度过寒冬，幼儿自主分组，起队名，商讨并制作组标。各小组认领小树，并挂上组标。

（2）幼儿具备一定的操作经验，如会使用胶条和打绳结。

社会领域

133

2. 物质准备：

（1）幼儿活动的计划书。

（2）可回收物，如旧棉被、旧围巾、绳子、棉布、废旧塑料布、旧羽绒服、旧裤子等。

（3）活动场地准备。

重点、难点

重点：尝试利用可回收物为小树保暖，帮助小树过冬。

难点：学习与同伴商讨方法，积累经验，合作解决计划实施过程中遇到的实际问题。

活动过程

1. 引导各小组回顾计划，为分组活动做好准备。

教师：前两天小朋友提出要为小树穿冬衣，那现在看看你们各组都找了什么材料，这些材料可以怎么利用。

幼儿 1：我们找到了一些旧的棉被和羽绒服，还有一些绸带。我们觉得用这些材料足够把小树裹起来。

幼儿 2：我们带来了塑料布和棉布。先裹一层棉布，再包上塑料布，这样下雪都不怕了。不过，我们带的塑料布很宽很长，旧棉布也是一大卷，好像不太好缠绕。我们觉得可能需要老师帮助我们缠绕一下。

幼儿 3：我们带的棉布、旧衣服，直接裹上去就可以了。

幼儿 4：我们组今天少来了一个小朋友。我们两个人只有两条围巾。如果实在不够用，下次我们再带一条围巾来。

⋯⋯⋯⋯⋯

教师：与计划上的想法相比，你们有了新的想法和解决的办法。那么接下来我们再去试一试，看看这些方法在实施的时候可不可行，我们有什么发现和问题，可以怎么解决。

2. 引导幼儿分组尝试为小树做冬衣，鼓励幼儿合作完成。

（1）闪雷组（用旧棉被、旧羽绒服包裹小树）。

幼儿 1：我们选的树又细又高，小被子窄，只能包裹住树干下半截。

幼儿 2：旧羽绒服长度和树干高度差不多，可感觉袖子是多余的，但又不能剪掉，因为如果剪掉的话，里面的羽绒会飞走，就不保暖了。

幼儿 3：我们想把袖子放在外圈，但试着绕了几次，袖子总是掉下来。我觉得很难看。

教师：你们试过把袖子放在其他位置了吗？

幼儿1：还没有试过放在里面。

幼儿2：我们可以把袖子放在里面，这样衣服就和被子一样了，我们快试试（见图3-8）。

（2）彩虹组（用废旧塑料布、棉布包裹小树）。

幼儿1：棉布既透气又暖和，但是裹的层数少的话，容易被风吹透。塑料布能保暖，不容易被风吹透，但是如果裹得太紧太多，小树透不过气来，可能会被憋死。

图3-8　幼儿用旧羽绒服包裹小树

幼儿2：我觉得可以把棉布裹在里面，都裹好后，再裹塑料布。塑料布不要裹得太紧。每条塑料布之间留一点缝隙，这样小树就能透气了，还不会太冷。

幼儿3：我们带的布太大了，需要剪短剪窄，而且我们刚才试了一下，让蔻蔻扶着棉布的开头，我和宁宁缠绕小树的时候，容易把蔻蔻缠绕在里面。我觉得固定开头是个大难题，不知道其他组是怎么做的。

教师：你们可以去看看其他组怎么固定开头部分。

幼儿观察第一组（使用旧羽绒服包裹）的操作之后，借鉴同伴的经验，尝试把材料的开头部分先用胶带粘在树上，再进行缠绕（见图3-9）。

（3）雷电组（用棉布、旧裤子包裹小树）。

幼儿1：我觉得如果想把树干和树枝都缠绕住，咱们今天带的材料恐怕不够用。

图3-9　幼儿用棉布包裹小树1

幼儿2：要不我们再量一量树干的高度和树枝的长度。如果够用，就多缠绕几根树枝。如果不够用，这次只缠绕树干，明天再弄些材料来缠绕树枝。

幼儿3：萌萌，你负责扶着。小婉和辰辰测量完后负责缠绕这些布，我负责打绳结。

教师：你们发现有什么问题和困难吗？

幼儿1：我们刚才配合得特别好，唯一不太方便的是这棵树距离花丛太近，操作的时候要注意避开枝条，而且树坑有点深，缠绕根部的时候有难度。我们需要弯得很低。

幼儿2：我们还检查了一下，发现最下面有的地方漏风，我们就又做了一次加工，现在很完美了，一点都不透风了（见图3-10）。

(4) 宇宙组（用旧围巾包裹小树）。

两名幼儿尝试用旧围巾缠绕树干，几次都因为旧围巾挂住树皮而失败。

教师：你们组少了一个伙伴，你们两个人打算怎么实施计划？会有什么改变吗？

图3-10　幼儿用棉布包裹小树2

幼儿：我们两个人先试试，要是成功了，明天彤彤来了，我们就带着彤彤一起另外找一棵小树，三个人再做一次。如果不行的话，明天彤彤来了，我们就重新给这棵小树做一次衣服。

教师：用围巾缠绕的时候有什么感觉？

幼儿：围巾很厚实，树皮和围巾很容易钩在一起，我们在琢磨怎么解决。

教师：你们拿的围巾都有什么特点？

幼儿：我的围巾是滑溜溜的，薄一些，就是钩住也能很快拽下来。

教师：那你们想想可以怎么使用这两条不一样的围巾。

幼儿：我们先试试把茗茗的这条绸子围巾缠绕在里面，缠绕好以后，再用毛绒厚围巾缠绕在外面（见图3-11）。

(5) 艾莎组（用树叶包裹小树）。

幼儿1：大树就是用落叶保暖的。把花园里落叶都捡来就可以了，方便省事。

幼儿2：想要把树干都盖上，需要好多好多的叶子，这可真是个大难题。

图3-11　幼儿用围巾包裹小树

教师：有没有什么办法能快速收集叶子？

幼儿1：明天我们带袋子来，把捡到的叶子先放到袋子里，再送到大树下。

幼儿2：一捧一捧地收，就快了。

小树下堆起了树叶堆（见图3-12）。

（6）贝贝组（用绳子包裹小树）。

幼儿1：真对不起，我忘了带东西。只有珠珠带来了一根布带。我们的计划要失败了。

幼儿2：我带了魔尺，想量量尺寸，量好了也没啥用，因为没有绳子可用。

教师：那么你们觉得需要改进的是什么呢？

幼儿：下次先分好工，准备重要的材料，准备充足之后再准备其他不是特别重要的材料。

图3-12 幼儿用树叶包裹小树

教师：那今天怎么办呢？

幼儿：我们跟别的组借用一下材料吧。

幼儿在一起开始了又一次尝试（见图3-13）。

3. 引导幼儿进行总结，共同梳理经验。

教师：你们的计划是怎么实现的？有什么好的办法和经验？遇到了什么问题？是怎么解决的？

"闪雷组"分享：我们组每个人都有自己的任务，准备的材料特别充分。小被子不好用，我们就换了羽绒服。袖子总是弄不好，老师帮助我们想到了好办法，我们很快就完成了任务，并且还帮助其他组完成了任务。我们特别开心。我们觉得要想做好事情，就

图3-13 幼儿用绳子包裹小树

要提前把所有的材料都准备好。大家一起商量，就一定能解决问题。

"彩虹组"分享：我们准备的材料很多，但是用的时候发现材料不好用。后来我们就去请老师帮忙。老师提醒看看别的小组，我们学习了"闪

雷组"的方法，真的成功了。我们也觉得特别开心。我们还余下了很多塑料布和棉布，想明天帮助花园里其他地方的小树也穿上暖和的衣服。

"雷电组"分享：我们组是按照计划做的，谁哪件事做得最好，谁就负责哪件事。大家也不吵架，都能好好商量，所以我们组做得特别快，也很完美。我们下次还想在一个组做事。

"宇宙组"分享：我们觉得围巾很好用，宽窄、长短都合适。但是今天我们发现围巾的材质会影响我们缠绕小树的结果，下次我们会带不容易挂在树皮上的围巾或者其他材料。

"艾莎组"分享：我们组用树叶给小树保暖，我们觉得是可以成功的。下次我们想带袋子过来，会比今天做得更快一些，而且我们准备再弄些土和石头把树叶压住，这样刮风树叶也不会被刮跑了，我们下次还想再试试。

"贝贝组"分享：我觉得我们组准备得不够好，但是我们一起想办法，其他组的小朋友帮助了我们，借给我们材料，我们的小树也穿上衣服了。

教师小结：在今天的活动中小朋友们能够按照计划进行，在遇到变化和困难的时候，没有轻易地放弃自己的想法，而是和小朋友互相帮助，也会求助其他组或老师，一起积极想办法解决问题。小朋友在接到求助的时候，也能积极给予帮助。最终每个组认领的小树都穿上了暖暖的衣服，可以安全温暖地过冬了。

你们还有下一次活动的想法和计划，老师真为你们高兴，小树也会感谢你们的。安安还能发现活动中需要每个人做个胸标，以后会让我们的活动更有秩序，这个想法真棒。我也希望你们能够把今天好的做法记录下来，把你们未来的计划再想一想，好帮助更多的小树顺利过冬。

活动延伸

1. 支持幼儿继续和同伴、家长一起收集废旧衣物等，为身边的小树穿上冬衣。

2. 支持幼儿持续观察小树的变化。

个人反思

幼儿在活动中善于观察，具备了一定的操作能力和合作能力，能发现生活中的问题，对活动充满热情。活动前，他们提出了用衣物、塑料布、树叶等为小树保暖的方法，我对他们的想法表示尊重和支持。活动中，我观察和了解幼儿的表现，鼓励他们按计划给小树穿冬衣，共同解决活动中出现的各种新问题，体验合作的快乐。

幼儿在解决真实问题的过程中获得了发展。幼儿的学习需要依靠真实环境和材料。活动前每组幼儿虽然都制订了较为详尽的计划，但是在活动过程中发现事实会与计划有一定的差异。材料不够、没有想的那么好用等新的问题产生以后，我引导幼儿在原有计划的基础上，将经验迁移到实际情境中去解决遇到的现实问题。幼儿从无从下手到井井有条，通过合作、商讨、尝试，梳理出了切实可行的方法，完成了知识的建构与迁移。

活动中，我和幼儿是一起进行探索活动的同行者。我坚持给予幼儿充分的尊重和支持，鼓励他们进行创造性思考和实践探索，让幼儿想做、敢做、会做，更主要的是会思考、会合作。幼儿成为活动的主人，遇到困难的时候不放弃，能够根据实际情况和新问题进行积极有效的行为调整。活动后，我引导幼儿进行总结和反思，梳理新经验，实现新旧经验的整合。

综合评析

"小树暖身计划"是在主题背景下生成的教育活动。在教师的引领下，幼儿围绕活动目标大胆尝试，不断形成新经验，并通过迁移知识来解决问题。活动后教师支持幼儿自主梳理经验，并将自己的发现分享给同伴，鼓励幼儿倾听、总结，为幼儿之间的合作学习提供了支持。

活动符合大班幼儿的年龄特点，合作学习的氛围浓厚。幼儿在活动中不仅了解到了生活中可回收再利用的材料，认识到了植物与季节、气候及周围环境的关系，而且体验到了实践活动中同伴对自己的帮助和积极影响，体验到了集体活动中与同伴合作的快乐。

指导教师：北京明天幼稚集团　姜楠　石晶　李晓芸　马欣

社会领域

科学领域

不一样的萝卜（小班）

北京市海淀区唐家岭新城幼儿园　陈晨

活动由来及设计思路

近期我发现班级中很多幼儿在进餐时，存在不喜欢吃胡萝卜的情况。为了激发幼儿的进食兴趣，班级开展了主题活动"萝卜成长记"。通过参加主题活动，幼儿对萝卜产生了浓厚兴趣，喜欢讲述和表演与萝卜有关的故事。班级在自然角开展了浸泡各种萝卜的活动，幼儿乐于观察并照顾浸泡的萝卜。经过一段时间，幼儿对萝卜有了一定的认知，但是对于不同萝卜的名称以及外形特征还不能清晰区分。我根据幼儿存在的问题，抓住教育契机，开展了本次探究活动，希望通过活动提升幼儿的观察能力，增强幼儿辨别植物基本外形特征的能力。

能够辨别植物的基本外显特征是3～4岁幼儿应建构的生命科学关键经验。基于幼儿具体形象思维的特点以及直接感知、实际操作和亲身体验的学习方式，我们开展了通过多种感官认知胡萝卜、白萝卜、心里美萝卜外形特征的探究活动，以期帮助幼儿建构对于不同萝卜明显特征的认知经验。

活动目标

1. 能够细致观察，运用多种感官对三种萝卜进行探究。

2. 知道胡萝卜、白萝卜、心里美萝卜在名称、外形、味道上的不同特征。

3. 对探究萝卜感兴趣，喜欢参与探究活动。

活动准备

1. 经验准备：体验过泡萝卜活动。

2. 物质准备：

（1）胡萝卜、白萝卜、心里美萝卜三种萝卜和用萝卜制作的真实食物若干。

（2）小兔子毛绒玩偶。

（3）记录表、笔。

重点、难点

重点：通过视觉、触觉、味觉感知胡萝卜、白萝卜、心里美萝卜的明显特征，知道萝卜是多种多样的。

难点：能够仔细观察，并大胆、清晰地表达自己的发现。

活动过程

1. 开始部分：创设情境，激发幼儿的探究兴趣。

通过创设小白兔的萝卜园地，激发幼儿对萝卜的探究兴趣。

教师：小白兔有一片萝卜园地，里面种了许多萝卜。我们一起走进小白兔的萝卜园地看看都有什么萝卜吧。

2. 基本部分：引导幼儿通过触觉、视觉、味觉感知三种萝卜的典型特征。

（1）引导幼儿分别通过触觉、视觉自由探索并发现三种萝卜的外形特征，到各组观察幼儿的探究情况并进行指导。

教师：小兔子种了几种萝卜？它们长什么样？小手摸起来有什么感觉？像什么一样？

幼儿：小兔子种了三种萝卜。

教师：它们长得一样吗？

幼儿1：不一样，颜色不一样，有白色的、绿色的、橘色的。我看到的萝卜是绿色的，圆圆的。

幼儿2：我的这个萝卜摸起来凉凉的、滑滑的，感觉像小白兔的耳朵一样。

幼儿3：我找到的是胡萝卜，它穿了一件橘色的衣服。

幼儿4：我的也是胡萝卜，胡萝卜有点瘦，感觉像小棍子一样。

教师：小朋友可真能干，在小白兔的萝卜园地里发现了三种萝卜。它们的颜色、形状、手感都不一样。

此环节引导幼儿通过触觉、视觉认识三种萝卜（见图4-1）。为激发幼儿在游戏

图 4-1 幼儿观察三种萝卜的典型特征

中主动参与操作的积极性，教师组织幼儿自由进行探究游戏，并注意了解幼儿对萝卜的观察和探究情况，启发幼儿细致观察萝卜的外形特征（形状、颜色），便于下个环节幼儿分享、表达自己的发现。

（2）引导幼儿品尝三种萝卜，感知萝卜的不同味道。

引导幼儿自主品尝三种萝卜（见图4-2），交流对萝卜的味觉感知。

教师：刚刚我们认识了三种萝卜，知道它们的颜色、形状、手感都不一样，那它们的味道一样吗？用小嘴巴尝一尝洗干净的萝卜吧。

教师：胡萝卜、白萝卜、心里美萝卜吃起来是什么味道？嚼起来有什么感觉？

图4-2　幼儿品尝三种萝卜

幼儿1：胡萝卜吃到嘴里甜甜的，像糖果一样。

幼儿2：我吃的是白萝卜，辣辣的，里面还有很多水。

幼儿3：心里美萝卜也是辣辣的。

幼儿4：胡萝卜嚼起来有些硬，白萝卜是脆脆的。

幼儿5：心里美萝卜嚼起来也有些硬。

（3）引导幼儿用表格记录三种萝卜的典型特征。

与幼儿共同总结三种萝卜的特征，并运用符号进行记录，帮助幼儿梳理经验（见图4-3）。

教师：我们一起将发现记录下来，分享给更多的小朋友吧。小白兔的萝卜园地里有几种萝卜？我们看到的萝卜是什么样子的？小手摸起来有什么感觉？吃到嘴里是什么味道的呢？

幼儿：小兔子的萝卜园地里有三种萝卜，有胡萝卜。

教师：还有什么萝卜呢？

图4-3　教师带领幼儿集体记录

幼儿：白色的萝卜和绿色的萝卜。

教师：白色的是白萝卜，绿色的是心里美萝卜。它们长得一样吗？

幼儿1：都不一样，胡萝卜是橘色的身体，摸起来滑滑的，而且是瘦瘦的，我感觉它像一根小棍子一样。

幼儿2：白萝卜是白色的，摸起来滑滑的，有点凉，像小白兔的耳朵一样。

幼儿3：心里美萝卜是绿色的，有圆圆的身体，摸起来有点糙糙的，像一个圆圆的皮球。

幼儿4：胡萝卜吃到嘴巴里是甜甜的。

幼儿5：白萝卜是辣的。

幼儿6：心里美萝卜吃到嘴里也是辣的。

教师小结：小朋友们，通过眼睛、双手和嘴巴认识了小兔子的萝卜园地里的三种萝卜，而且还说得很清楚，知道了白萝卜是白色的，有胖胖的身体，小手摸起来滑滑的，就像小白兔的耳朵一样，而且吃到嘴里辣辣的。胡萝卜穿了橘色的衣服，身体是瘦瘦的，摸起来滑滑的，样子像小棍子一样，吃到嘴里甜甜的。心里美萝卜是圆圆的身体，穿了一件绿衣服，小手摸起来是糙糙的，像一个球一样，吃到嘴里辣辣的。

在幼儿自由探究后，教师通过重点提问（如三种萝卜长得一样吗？长什么样子？摸起来有什么感觉？胡萝卜、白萝卜、心里美萝卜像什么？）鼓励幼儿表达自己对三种萝卜的观察结果。与此同时，教师运用幼儿能够理解的记录符号从颜色、形状、手感、味道等多方面来帮助幼儿梳理经验并记录，引导幼儿初步感知记录表的使用。

3. 结束部分：开展语言游戏——大萝卜，运用儿歌游戏帮助幼儿强化经验。

幼儿每人任选一种萝卜，并手持萝卜与同伴边走圆圈边进行语言游戏——大萝卜。幼儿将教师对萝卜的特征的语言描述与自己手里的萝卜进行对应，并做出应答，从而进一步强化经验认知。

语言游戏：大萝卜。

教师：大萝卜，土里藏，绿绿叶子顶头上。小兔子，地里忙。萝卜露出白白脸，吃到嘴里像辣椒，这个萝卜它是谁？

幼儿：是白萝卜。（手拿白萝卜的幼儿将其举起来）

教师：大萝卜，土里藏，绿绿叶子顶头上。小兔子，地里忙。萝卜露出橘色脸，吃到嘴里甜又甜，这个萝卜它是谁？

幼儿：是胡萝卜。（手拿胡萝卜的幼儿将其举起来）

教师：大萝卜，土里藏，绿绿叶子顶头上。小兔子，地里忙。萝卜身穿绿衣服，露出脸儿圆又圆，这个萝卜它是谁？

幼儿：是心里美萝卜。（手拿心里美萝卜的幼儿将其举起来）

基于小班幼儿的年龄特点，教师运用语言提示与实物对应相结合的方式促进幼儿进一步调动经验，进行萝卜特征的识别，为幼儿提供经验内化之后再输出的机会，以此支持幼儿对萝卜的特征的认知。

活动延伸

种植萝卜，进一步感知萝卜的生长变化，开展"好吃的萝卜"活动，让幼儿体验收获的快乐，了解适当吃萝卜对身体的好处。

幼儿在户外种植三种萝卜，通过多种感官认识三种萝卜种子的特征，体验种植、照顾、收获萝卜的过程，知道萝卜会不断生长变化，进一步发现三种萝卜的叶子也是不一样的，以增强观察能力。萝卜成熟后引导幼儿进行收获，体验收获的快乐，品尝自己种植的萝卜，感受萝卜种植的不易，了解适当吃萝卜对身体的好处，增强爱惜萝卜的意识。

个人反思

基于幼儿出现的问题，我有目的、有计划地开展了本次探究活动。《幼儿园教育指导纲要（试行）》提出：幼儿的科学教育是科学启蒙教育，重在激发幼儿的认知兴趣和探究欲望；尽量为幼儿创设条件，运用各种感官，动手动脑，探究问题，解决问题从而体验发现的乐趣。为了满足幼儿自主探究的欲望，我为幼儿准备了丰富的材料。材料在活动中占据重要地位，幼儿与材料的互动过程是自主发现、解决问题的过程。

在本次活动中，我能够以幼儿为本，给予幼儿自主探究的空间，尊重小班幼儿的年龄特点，激发幼儿的兴趣。小班幼儿以具体形象思维为主。我能够引导幼儿通过直接感知、亲身体验和实际操作进行科学学习，从而获取经验。幼儿通过多重感官感知三种萝卜的特征，我能够从易到难引导幼儿进行探究。例如，让幼儿从视觉、触觉到味觉的顺序自由探究三种萝卜，根据我有针对性的提问，结合视觉、触觉及味觉表述三种萝卜的特征。此外，我巧妙运用记录表，帮助幼儿回顾梳理关于三种萝卜的经验，从而进一步帮助幼儿认识三种萝卜的特征，为幼儿科学探究打下了基础。

根据幼儿的兴趣，后期可以继续开展"种植萝卜"的活动，让幼儿感知萝卜的成长变化；还可以开展"好吃的萝卜"活动，引导幼儿发现萝卜可以做出各种各样的食物，从而喜欢吃不同的萝卜，了解萝卜的营养价值。

本次活动还存在不足之处。幼儿的探究能力不同，在活动中应针对不同幼儿的探究能力更有针对性地进行指导。

综合评析

教师能够关注幼儿生活中的发展契机，根据对幼儿实际情况的分析，从整合发展课程观的角度将科学领域的关键经验与幼儿实际发展需要及时对接，针对幼儿发展需要巧妙地设计相应的集体探究活动，在丰富幼儿认知经验的同时促进了幼儿科学探究能力的发展。

活动目标的设置能够兼顾对幼儿知识技能、方法能力和情感态度的培养，每个环节的设计及开放性的提问都能够围绕目标。教师能根据幼儿的回答进行引申追问，目标意识体现在其中。

活动设计符合小班幼儿的年龄特点，以探究兴趣游戏化内容层层深入的形式，让幼儿在实际操作中通过视觉、触觉、味觉进行直接感知，帮助幼儿初步建构认知事物的多种方式，潜移默化地引导幼儿感知植物的多样性，提升了幼儿"辨别植物的基本、外显特征"的意识与能力，也为之后幼儿进行更为细致的对比观察做了铺垫。

集体记录的方式更适合小班幼儿的能力水平。记录表设计简练、清晰，记录符号方便小班幼儿理解，能够真正起到在探究活动中促进幼儿更直观地梳理探究经验的作用。

交流是探究过程的关键步骤之一，是幼儿对探究过程和结果的表达。教师根据小班幼儿的能力水平采用了两种方式：一是创设支持幼儿表达的机会，鼓励幼儿在教师的引导下用自己的语言进行表达，在倾听同伴表达的基础上丰富自己的感知与表达经验；二是以游戏化的方式帮助幼儿强化探究经验，使幼儿在游戏中获得成功体验，增强继续参与探究活动的兴趣。

指导教师：北京市海淀区唐家岭新城幼儿园　姚艳

泡泡是什么形状的（小班）

北京市海淀区北部新区实验幼儿园　张磊

活动由来及设计思路

随着气温不断升高，幼儿渐渐脱下了春装，穿上了夏装。户外游戏时，幼儿的额头上逐渐挂满了汗珠，他们发现夏天来了。幼儿也产生了很多疑问：天气这么热，我们玩什么游戏可以不热呀？夏天有什么好吃的呀？夏天有的小虫子会咬人，我们怎么办呀？

我尊重小班幼儿的学习特点，从幼儿的兴趣出发，在游戏化的一日生活中注重幼儿的亲身体验，支持幼儿在生活中、游戏中充分感受夏日的快乐，探究夏季的特点。

阳光明媚的夏天，吹泡泡是幼儿非常喜欢的一项游戏。幼儿看着阳光下一个个五颜六色的泡泡，特别开心。在前期的吹泡泡游戏中，幼儿用吸管吹出了大小不同的泡泡。泡泡是什么形状的呢？用不同形状的工具吹出的泡泡形状一样吗？带着问题去游戏，会让幼儿在游戏中有更多的收获。

活动目标

1. 在探究中发现不同形状的工具吹出的泡泡都是圆形的。

2. 愿意尝试改变工具的形状并反复实验。

3. 在游戏中感受探究和发现的快乐。

活动准备

1. 经验准备：带幼儿到户外吹泡泡，引导幼儿观察泡泡的形状。

2. 物质准备：泡泡水、塑料杯、泡泡枪、用毛根拧成的圆形吹泡泡工具、猜想记录表（见图 4-4）、幼儿照片（用于在猜想记录表中记录自己的猜想）。

图 4-4　猜想记录表

重点、难点

重点：在游戏体验中发现任何形状的工具吹出的泡泡都是圆形的。

难点：改变工具的形状并反复尝试实验，从而获得相关经验。

活动过程

1. 出示泡泡水及圆形吹泡泡工具，引发幼儿的兴趣。

教师：小朋友们，你们都吹过泡泡吗？都是用什么吹的呢？

幼儿 1：吹过，我用过泡泡枪。

幼儿2：我也吹过，我用的长长的吹泡泡棒。

教师：今天我给大家带来一个新的工具，大家看看这是什么呀？

幼儿：这是毛根，这个不可能吹出泡泡吧，我们都用它做手工。

教师：请两位小朋友试一试我自制的泡泡器，看看能不能吹出泡泡。

请两名幼儿尝试用毛根制作的圆形吹泡泡工具吹泡泡，其他幼儿观察。

幼儿：吹出来了。

教师：大家看一看我的泡泡器是什么形状的。

幼儿：是圆形的。

教师：吹出来的泡泡是什么形状的？

幼儿：也是圆形的。

游戏中，幼儿用吸管、泡泡枪等材料吹出了大小不同的泡泡，在讨论中充分调动经验，积极表达。

2. 出示不同形状的吹泡泡工具，引导幼儿大胆猜想，并进行记录。

教师：我的吹泡泡工具特别神奇，它是个会变形的工具，我要让它开始变形啦。它可以变成心形，也能变成小三角形，还可以变成不同的形状。

（1）引导幼儿观察，发现形状的变化。

教师：大家看一看（见图4-5），我的泡泡器都变成了什么形状呀？

幼儿1：三角形。

幼儿2：还有小星星。

幼儿3：老师，你能变出小桃心吗？

教师：可以呀，不只我可以变，一会儿小朋友也可以自己试着变一变。

图4-5　幼儿观察泡泡器

（2）引导幼儿猜想不同形状的工具能否吹出泡泡，以及吹出泡泡的形状。

教师：你们猜猜用这些不同形状的工具能吹出泡泡吗，吹出的泡泡会是什么形状的，为什么？

（3）引导幼儿根据自己的猜想，将自己的照片粘贴在记录单上相应的位置。

教师：不同形状的泡泡器会吹出不同形状的泡泡吗？

幼儿1：我觉得心形的泡泡器会吹出心形的泡泡。

幼儿2：三角形的泡泡器能吹出三角形的泡泡。

幼儿3：我觉得它们吹出来的都是圆的，因为我只见过圆形的泡泡。

教师：大家的猜想是不一样的，那么我们就把自己的猜想记录在猜想记录表上（见图4-6），一会儿我们一起来验证一下，看看我们的实验结果和我们猜想的一样吗。

图4-6　幼儿将自己的猜想记录在猜想记录表上

在猜想的过程中，幼儿大胆猜想，积极表达，通过讨论充分调动探究愿望。多数幼儿认为不同形状的泡泡器会吹出相应形状的泡泡，但是盼盼坚持自己的意见，即无论什么形状的泡泡器吹出的泡泡都是圆形的。当幼儿在记录单上粘贴自己的猜想选项时，他依然在和他的好朋友表达自己的主张。此时有部分幼儿受到影响，调整了选项，但大多数幼儿还是坚持了自己的选择。

3. 鼓励幼儿自由探索，感知不同形状的工具吹出的泡泡都是圆形的。

教师：接下来就请我们的小魔术师用不同形状的吹泡泡工具试一试吧。

鼓励幼儿自由探索，尝试用不同形状的工具吹泡泡。

教师：小朋友们可以试着变换不同形状的泡泡器（见图4-7），你们的小手都特别灵巧。

图4-7　幼儿变换泡泡器进行尝试

引导幼儿根据自己的实验结果，将自己的照片粘贴在猜想记录表上相应的位置。

呈现猜想记录表，引导幼儿共同发现不同形状的工具吹出的泡泡都是圆形的。

游戏中每个幼儿都在积极尝试着。他们从最初选择探究一种工具的形状，到两种工具的形状，再到自己想办法变换手中原有工具的形状来实验，进行了充分的感知。

4. 组织幼儿交流分享。

教师：各种形状的工具能吹出泡泡吗？

幼儿：我们用毛根做的泡泡器都能吹出来。

教师：你们吹出的泡泡是什么形状的？

幼儿1：我的小星星泡泡器吹出的泡泡是圆形的。

幼儿2：我的三角形泡泡器吹出的也是圆形的。

教师：和你们原来想的一样吗？你发现了什么？

幼儿1：我发现不管用什么形状的泡泡器吹出来的泡泡都是圆形的。

幼儿2：大泡泡和小泡泡都是圆形的。

游戏中，幼儿能主动参与实验，积极思考。他们反复尝试把毛根变成不同的形状去吹泡泡，不断验证自己的猜想，最终惊喜地发现不管毛根变成什么形状，用它吹出来的泡泡都是圆形的。他们觉得这件事好神奇，于是纷纷在分享与小结环节中主动将自己的发现分享给同伴，与同伴一同感受探究的快乐。

活动延伸

在日常游戏中继续为幼儿提供丰富的材料，供幼儿反复探究操作。

个人反思

活动的设计源于幼儿在吹泡泡游戏中发现的问题。一次简单的吹泡泡游戏既是幼儿的兴趣所在，又是幼儿的问题来源。作为教师，我及时捕捉到了幼儿对话中的信息，并且选择将探究问题答案的过程留给幼儿，让幼儿带着真问题亲自探究；通过创设新的游戏，提供低结构材料，支持幼儿在自主探究中反复验证，通过亲自实验来发现科学现象，解答自己提出的问题，进而收获新的经验，真正实现自主探究、主动学习。

我始终坚持以幼儿为主体，支持幼儿主动探究。幼儿在游戏中能够积极表达自己的想法与猜测，主动探究，兴趣浓厚。当幼儿提出问题或遇到困难时，我鼓励幼儿大胆尝试，同伴间互相帮助，通过在户外为幼儿创设自由宽松的探索空间，让幼儿充分自主感知，在游戏中获得知识经验。

接下来，我将追随幼儿在游戏中提出的问题，继续支持幼儿在游戏中探究，在实践中成长，在科学实验中感受自主探究的快乐。

综合评析

1. 活动主题的生成与设计源于教师对幼儿的观察。

教育活动源于幼儿在游戏中的发现。他们天马行空的问题正是探索世界、认识世界的窗口。教师经过观察和分析，了解幼儿的兴趣，并敏锐地捕捉到了其所提出的问题，筛选"教育发展点"，从而生成了此次活动。

2. 活动材料毛根的选择与应用巧妙，有助于幼儿自主创造与探究。

毛根材料贴近幼儿生活，是他们每天在活动区进行游戏时常能接触和使用到的，所以幼儿对材料的柔软性和可变性非常了解，这为活动中幼儿变换吹泡泡工具提供了有力的支持，便于幼儿在活动中实现实验设计意图和自主探究，从而感受到科学活动带来的快乐，培养乐学好问、积极探究的科学活动素养。

3. 教育活动重视幼儿自主探究和交流分享，活动过程层次性强。

在整个活动中，教师给予幼儿尽可能多的操作探究机会，并通过精准的关键提问和可变性工具，不断引发幼儿深入思考，激发了幼儿的主动性、积极性和创造性，满足了幼儿探究的愿望。幼儿参与活动的兴趣浓厚，探究时间充分，通过亲身体验不断思考与验证自己的猜想，并愿意与同伴交流自己的发现。

指导教师：北京市海淀区北部新区实验幼儿园　陈洁

小树叶的家（小班）

北京市海淀区恩济里幼儿园　李平

活动由来及设计思路

秋风起，落叶飘，美丽的秋天来到了，这让幼儿很兴奋。有的幼儿发现小树叶上有小洞洞，有的幼儿发现小树叶的形状不一样，还有的幼儿发现小树叶的颜色不一样……来园的时候，他们总会在操场、门口捡到很多漂亮的小树叶带回班；户外游戏的时候，他们也会四处捡拾小树叶，攥在手心里开心地带回教室放在自然角……幼儿收集的小树叶越来越多，自然角的桌子上已经放不下了，总会有小树叶掉到地上。细心的元宝发现了，捡起地上的叶子，对我说："老师老师，小树叶老是掉地上怎么办啊？我都捡了好多次啦。"元宝还发现了小树叶太多，没有地方放的问题。

小班幼儿刚入园不久，经历了一个多月的分离焦虑过渡期，大部分幼儿由初来乍到时的情绪波动逐步转变为基本能适应幼儿园生活，开始对幼儿园、班级和周围的事物感兴趣，充满了好奇心，每天都会有问不完的问题。

恰逢美丽的秋天，幼儿开始用看一看、捡一捡等自己喜欢的方式无目的性地探索。他们有很多探究兴趣，但小班幼儿和同伴之间较陌生，不会交流意见，运用语言表达自己观察到的内容存在一定困难。

为了更好地支持幼儿感受秋天、探秘秋天，基于幼儿的发现和问题，我结合本班幼儿的年龄特点、学习特点和现有发展水平，开展了本次科学教育活动。

活动目标

1. 喜欢大自然，感知秋天树叶的变化。

2. 喜欢思考、提问，体验探索的乐趣。

3. 认识小树叶的外形特征，尝试简单分类。

活动准备

1. 经验准备：

（1）对秋天有简单的了解。

（2）前期收集过各种不同的树叶。

2. 物质准备：

（1）杨树叶、银杏叶、梧桐叶、纸箱、玩具筐、斗篷、魔法棒。

（2）欢快的音乐。

重点、难点

重点：能够用多种感官感知三种树叶的外形特征。

难点：尝试将三种树叶进行简单的比较和分类。

活动过程

1. 以"小树叶的舞会"导入，引发幼儿的兴趣。

（1）小树叶的舞会。

创设情境，用神奇的"魔法"把幼儿变成漂亮的小树叶，为幼儿参加舞会做准备。播放欢快的音乐，带着幼儿跟随音乐快乐地跳舞，鼓励幼儿用自己喜欢的方式和动作大胆地表现自己。

欢快的音乐响起，教师身披斗篷，手拿魔法棒在幼儿周围画圈，然后随音乐起舞……

教师：小树叶们来参加舞会开心吗？小树叶是怎样跳舞的？用你们的身体试一试吧。

幼儿1：开心，飘着跳舞的。（一边说一边把小手打开，身体旋转了好几圈）

幼儿2把胳膊举到头顶抖了几下。

教师：小树叶的舞姿都不一样，一定特别开心。

（2）小树叶的礼物。

播放音乐，把前期收集的小树叶撒落在空地上，保证人手一片小树叶，引导幼儿每人去捡一片树叶。

教师：舞会结束了，小树叶宝宝送给每个小朋友一份小礼物（小树叶），快来挑选吧，看看它们是什么颜色的，像什么。

2. 组织幼儿开展"帮小树叶找家"的游戏。

（1）引导幼儿认识小树叶的形态和特征。

引导幼儿观察小树叶，鼓励他们发挥想象力，大胆表达自己的想法。

教师：你手里拿的小树叶是什么颜色的？它像什么呢？

幼儿1：我的是黄色的，像漂亮的小裙子。

幼儿2：我的小树叶是银杏叶，像扫地的扫帚。

幼儿3：我的也是银杏叶，像黄色的小扇子。

教师：原来你们说的黄色的，像小裙子、像扫帚、像小扇子的小树叶叫银杏叶呀。

教师：还有没有不一样的小树叶呢？

幼儿1：我的小树叶是红色的，像……像小金鱼的尾巴。

幼儿2：我的也是红色的，我觉得像小手。

教师：颜色是红色的，形状像小金鱼尾巴、像小手的小树叶叫梧桐叶，它是梧桐树妈妈的宝宝。

教师：原来每种小树叶不仅颜色不同，而且形状也不同。

根据幼儿的回答进行总结，不断加深幼儿对树叶颜色、外形特征的认识。

（2）引导幼儿思考"小树叶为什么哭了"。

创设情境，引导幼儿自主思考和探索，鼓励发现问题的幼儿大胆在同伴面前说出自己的想法，并给予表扬和肯定。

教师：这么多漂亮的树叶宝宝都来我们班做客了，我们应该把它们放在哪里呢？

幼儿：自然角。

教师：是个好地方，可是那天元宝听见小树叶们在伤心地哭呢，快来听听为什么。

幼儿：我发现小树叶总是掉到地上，我都捡起来好多次啦。

教师：为什么小树叶总是掉到地上呢？

幼儿1：因为小树叶太多啦。

幼儿2：因为……因为都堆在一起，太多啦。

幼儿3：太乱了……

教师：原来如此，因为小树叶太多太乱了，都堆在一起，所以总是掉到地上，找不到家才伤心地哭了。

（3）引导幼儿帮小树叶找"家"。

通过游戏，帮助幼儿加深对三种树叶外形特征的认识。

教师：小树叶找不到自己的家了，怎么办？

幼儿1：把小树叶捡起来放回自然角呀。

幼儿2：可是，放回去树叶太多了还会掉下来啊。

幼儿3：那我们可以多给小树叶准备几个家呀。

教师：说得太好了，我们刚才都认识了几种不同的小树叶呀？可以准备几个家呢？银杏叶、梧桐叶、杨树叶……

幼儿：三个家。（一边用手比画着，一边兴奋地说）

教师：我们可以用什么做小树叶的家呢？

幼儿1：玩具筐。（边指着身旁的玩具筐，边高兴地说）

幼儿2：纸。

教师：你们太聪明啦，我们一起来给不同的树叶宝宝准备家吧。

3. 引导幼儿送小树叶"回家"。

教师：小朋友们都帮小树叶找到了它们的家，我们一起把手中的小树叶送回它们自己的家吧（见图4-8）。

幼儿1：小银杏叶，我来送你回家吧。（两只小手捧着银杏叶，对着它说了句话，轻轻地把它放进了小玩具筐）

幼儿2：这是你的家，以后你就有这么多好朋友陪你啦。（一边把拾到的梧桐叶放进纸箱，一边整理其他叶子）

教师小结：今天我们一起和小树叶做了好玩的游戏，认识了三种不同的小树叶：银杏叶、杨树叶和梧桐叶。它们的形状和颜色都不相同。

图4-8 幼儿送小树叶回家

我们还一起开动脑筋想办法，帮小树叶们找到了自己的"家"，真是收获满满。

活动延伸

户外活动时间，幼儿自发捡拾小树叶，一边说着它们的名字，一边把它们送回自然角的"家"里。

个人反思

1. 游戏化的活动支持幼儿主动探究。结合小班幼儿的年龄特点以及本班幼儿的现有发展水平，基于幼儿的观察和发现的问题，活动通过创设"小树叶的舞会"的情境，让幼儿在与小树叶做游戏的过程中通过捡一捡、看一看、认一认、说一说的方式对三种树叶有更丰富的感知。幼儿通过颜色、形态、名字等来认识树叶，感受秋天树叶发生的变化，更加亲近大自然，愿意用多种感官感知周围的事物和现象。幼儿在游戏过程中积极主动地尝试提问和表达自己的所见所闻，遇到问题想办法解决，专注且持续地为小树叶找"家"，潜移默化中培养了良好学习品质。

2. 能够以幼儿的视角，把握教育契机。在幼儿教育中，一日生活皆教育，即教育来源于生活，生活中也贯穿着教育。我站在幼儿的角度看问题、想问题，抓住生活中幼儿的兴趣点——幼儿对小树叶的喜爱，把握教育契机——幼儿自己发现问题（小树叶太多了掉到地上怎么办），适时介入——和幼儿一起讨论，进一步给予支持——帮助幼儿想办法解决问题（送小树叶回家）。我还为幼儿提供了丰富多元的材料，引导幼儿大胆动手、专注做事，真正成为游戏的小主人。

3. 创设游戏化的情境和轻松的语言环境，鼓励幼儿表达与交流。小班幼儿的主要活动方式为游戏化的一日生活，即一日生活的各个环节、各种活动都需要有游戏贯穿，这体现了对小班幼儿年龄特点的尊重。科学教育活动中尤为重要的是创设游戏化的情境（如小树叶的舞会、魔法师角色），提供具体形象、可操作的材料（如颜色、形状、大小不同的小树叶），引导幼儿在轻松、愉快的氛围中想说、敢说、喜欢说、有机会说，大胆表达自己的想法。

4. 把握关键提问，启发幼儿思考。本次科学活动在问题的设计上，我从幼儿观察和发现的问题出发，向幼儿抛出具体的关键性提问，引导幼儿发现问题，自主思考，自主探索，寻找解决问题的方法，启发幼儿思考并及时给予回应。

综合评析

本次活动贴近幼儿的生活，符合小班幼儿的年龄特点，追随幼儿的兴趣，抓住教育契机，引导和支持幼儿主动学习和探究。教学重难点把握准确，教学内容主次清晰。教师能抓住关键提问，采用有效的教学方法，引导幼儿在游戏的过程中发现问题、探究问题、解决问题，支持幼儿主动学习，成为游戏的小主人。

1. 活动中幼儿获得了多方面发展。幼儿能够通过自己观察和教师引导，感知到秋天小树叶发生的变化，更加亲近大自然，发现周围环境中有趣的事物；乐意用多种感官感知周围的事物和现象，了解小树叶的颜色、大小、形状、数量等的明显特征，尝试简单比较和分类，主动思考并表达自己的想法；愿意主动帮助别人，体验助人为乐的快乐。

2. 活动培养了幼儿积极的学习品质。对小树叶进行简单的分类和整理，激发了幼儿浓厚的学习兴趣。幼儿发现小树叶没有地方放，积极主动地想办法为小树叶找"家"。游戏中幼儿遇到问题能够想办法解决，培养了专注力和坚持性。

指导教师：北京市海淀区恩济里幼儿园　刘春霞

好玩的礼物袋（小班）

中国科学院第一幼儿园（北斗园）　肖世英

活动由来及设计思路

在"小手真能干"主题活动中，幼儿知道小手可以帮我们做很多事情，如穿脱衣服、吃饭、做游戏等，由此也更加愿意动手做事情了。在一日生活中，我常常看到幼儿喜欢用手触摸墙饰与材料，之后还会与小伙伴一起交流嬉戏。

用手触摸和感知物体是幼儿探索世界的重要途径。触摸袋游戏具有强烈的神秘感，深受小班幼儿的喜欢。

《3—6岁儿童学习与发展指南》指出：三四岁儿童能感知和发现物体和材料的软硬、光滑和粗糙等特性。在观察分析本班幼儿身心发展水平、学习特点和兴趣需求的基础上，结合小班游戏化的一日生活教育方式，我设计和组织了本次教学活动，让幼儿通过触摸袋游戏感知物体的明显特征，发展幼儿触觉的敏感性。

活动目标

1. 喜欢用手触摸物体，能够感知物体的明显特性。

2. 锻炼触觉的敏感性，体验参与触摸游戏的快乐。

活动准备

1. 经验准备：喜欢用手触摸墙饰、墙面玩具等材料，对触摸游戏感兴趣。

2. 物质准备：

（1）触摸袋，袋子里放梧桐树果实、积木块、松果、毛绒球、奥尔夫乐器、丝绸、棉花、沙包等多种给人不同触感的材料。

（2）大树、小草、石头等森林中的东西。

重点、难点

重点：通过用手触摸感知物体的明显特征。

难点：准确说出物体的特性。

活动过程

1. 出示触摸袋，激发幼儿参与游戏的兴趣。

教师：今天，兔妈妈给你们带回来一个神秘的礼物，想不想知道是什么呀？

全体幼儿：想。

幼儿1：我猜是蛋糕。

幼儿2：我觉得是巧克力。

幼儿3：肯定是乐器，我听到声音了。

…………

教师：你们看这是什么呀？（出示礼物袋）

幼儿：袋子。

教师：嗯，它是一个神奇的礼物袋，里面有好多好玩的东西。

2. 和幼儿进行游戏，使幼儿感受物体软硬的不同。

教师拿着礼物袋走到幼儿跟前：请你来摸一摸袋子里的东西，然后跟大家说一说摸的时候是什么感觉。

幼儿：我摸到的是一个硬硬的东西。

教师：哦，是硬硬的。那再请这个兔宝宝摸一摸是什么感觉。

幼儿：我摸到的是一个软软的东西，好像是沙包。

幼儿对神秘的礼物袋很感兴趣。教师顺应幼儿的兴趣，为幼儿创造与材料自主互动的机会，支持幼儿在操作中感知物体的特性。

3. 引导幼儿自主游戏，并巡回指导。

教师：刚才很多兔宝宝都说很想摸一摸。兔妈妈给每个兔宝宝都准备了一个礼物袋，挂在了你们的椅背上。请你们拿出自己的礼物袋，悄悄地摸一摸里面的东西，说一说摸完有什么感觉。千万不要把礼物拿出来哟，也不要让别人看到（见图4-9）。

图 4-9　幼儿触摸礼物袋

幼儿1：我觉得这个东西软软的，不知道是什么。

幼儿2：我摸到一个软软的东西，好像是棉花。

幼儿3：我摸到一根硬硬的东西，好像棍子，又好像是积木，我也不知道是什么。

…………

教师：哇，有的兔宝宝摸完了觉得硬硬的，有的兔宝宝觉得软软的，那袋子里到底装了什么呢？我们一起来看一看吧。

一边从袋子里取出物体，一边引导幼儿回忆自己触摸时的感受。

教师：这是软的还是硬的呢？原来沙包、棉花、海绵、衣服、布这些都是软软的，积木、石头、木棍这些都是硬硬的。

4. 组织游戏"摸一摸、说一说"，支持幼儿感知物体的明显特征（软、硬、滑、扎）。

（1）让幼儿寻找礼物袋，指导幼儿分享自己触摸之后的感受。

教师：兔妈妈还给兔宝宝们准备了礼物袋，这些礼物袋被藏在了那边的森林里，快去找一找吧。

教师：咦！我看到兔宝宝都找到了自己的礼物袋，请把你的小手伸进去摸一摸，感受一下是什么感觉，快来跟兔妈妈或者小伙伴说一说。

幼儿1：我找到啦，你看，我这里有一个松果，摸起来扎扎的。

幼儿2（举起手里拿的布条）：布条摸起来软软的，滑滑的。

幼儿3（手里捏着一块海绵，一直在揉捏，十分激动）：这块海绵都被我捏扁了，软软的，好舒服。

幼儿4（拿着一块石头，握在手心里）：我的这块石头硬硬的，都捏不动。

（2）组织幼儿进行集体分享。

教师：刚才兔宝宝们都找到了自己的礼物，那谁可以跟我们说一说你们摸到后有什么样的感觉呢？

幼儿用大拇指和食指轻轻捏起一颗松果，小心翼翼地托在掌心上说：松果扎扎的，疼死我了，我都不敢摸。

教师：哎呀，原来这颗松果是扎扎的呀，难怪我刚才也被扎了一下，确实有点疼。还有哪个兔宝宝也摸到扎扎的礼物了？

幼儿1：我的这个小球也是扎扎的，像是有刺扎我一样。

幼儿2：这块布滑滑的，我都拿不住，老是掉下去。

教师：哦，原来你刚才一直在弯腰捡东西，就是在捡这个滑滑的丝绸呀，摸起来可真舒服。你们呢？有没有摸到滑滑的呀？

幼儿：我摸到了，这个丝巾就是滑滑的。

游戏结束后请幼儿将自己的礼物袋挂到椅背上。

教师小结：哇，你们的小手好厉害呀，摸到了这么多不一样的东西，不仅有软软的沙包、海绵、棉花、衣服，硬硬的石头、积木、金属棍、木棍，有像刺一样会扎手的松果、小球，还有摸起来滑滑的、总是往下掉的丝绸，老师要送给你们一个大大的赞。

活动中重点指导幼儿感知滑滑的和扎扎的，并且鼓励幼儿用语言将自己的感受表达出来。

5.继续开展游戏，支持幼儿感知物体的明显特征（软、硬、滑、扎、凉、黏等）。

（1）开展"寻宝"游戏。

教师：小兔子们，现在我们要在家里"寻宝"了。你们可以在咱们家里（班级内）找一找东西，找到后摸一摸有什么感觉，把你的感觉告诉兔妈妈和小伙伴。

幼儿自由分散到教室四处"寻宝"，进行触摸游戏。

教师：咦，你找到啦？赶快摸一摸，是什么感觉呢？

幼儿1（摸着墙上的瓷砖）：咦，这里是凉凉的。

幼儿2：你看，这个小球球，好黏呀，是黏黏的。

幼儿3（拿着一个蜘蛛玩具不停地摸）：这个怎么外面摸起来滑滑的，还有点凉，可是我捏一捏，又觉得硬硬的。

教师：是吗？让我也摸摸，真的呀，快找找看，还有没有这样的东西，可真神奇。

…………

（2）组织幼儿集体分享自己的感受。

教师：兔妈妈看到兔宝宝们都去摸家里的东西了，那谁可以说一说你们摸到东西后是什么样的感觉呢？

幼儿抱着一个娃娃家的小宝宝，大声地说道：你看，这个娃娃的小手是硬硬的，身体也是，但是它的衣服是软软的，还有头发也是软软的。

教师：你好厉害，发现了一个我们没有发现的秘密，一个东西，不同的地方摸起来还有不同的感觉，看看你们刚才摸到的东西有没有这样的？

幼儿：我的有，你看我的这个海绵刷，下面就是软软的，棍子的地方就是硬硬的。

重点指导幼儿发现同一个物品，不同地方摸起来有不同的感觉。

教师：刚才我看到多多和思思也有新发现，让我们一起听听他们都是什么样的感觉吧。

多多拿着一个小球说道：哎呀，这个小球都黏在我手上了，黏糊糊的。

思思：我刚才摸到了墙上的瓷砖，凉凉的。

教师：哇，你们可真厉害呀，又有了这么多新发现。还有谁愿意分享你们的感受呀？

幼儿：我摸到了这个放大镜，是滑滑的。

…………

（3）教师小结。

给幼儿提供更加自主的空间进行探索，让幼儿能自由地在班级内进行触摸、探索，如植物角、娃娃家、玩具柜等，在巡回指导时关注幼儿的感受，引导幼儿将自己的感受用语言表达出来，尤其是凉、黏等对于幼儿来说是新经验，可以根据需要帮助幼儿表达。也有一些幼儿发现同一个物体不同部位使用的材质不同，摸起来感觉是不一样的。

教师：哇，兔宝宝们有这么多不一样的感觉呀，有软软的、硬硬的、扎扎的、滑滑的、凉凉的、黏黏的……对了，还有的兔宝宝发现了一个秘密，他们找到了摸来有不一样感觉的东西。就像这个娃娃一样，它的头发尖尖的地方是扎扎的，它的身体和胳膊是硬硬的，穿的衣服、戴的帽子是软软的。

兔宝宝们可真厉害呀，发现了这么多小秘密，兔妈妈给你们点赞哟。

活动延伸

1. 在户外继续开展"摸一摸、说一说"的游戏，鼓励幼儿说一说自己的发现。

2. 在班级中创设触摸墙，投放触摸书，让幼儿在日常生活中也可以进行触摸游戏。

个人反思

1. 活动中的优点。

（1）从活动目标的制定来说，我依据《3—6岁儿童学习与发展指南》中科学领域的目标和本班幼儿的实际发展水平，制定了符合本班幼儿近期发展的目标，目标定位符合幼儿的发展能力。

（2）从物质准备来说，我为幼儿提供了较为丰富的物品，并且为幼儿的探索提供了充足的时间支持，鼓励幼儿与材料进行互动，使幼儿通过亲身体验、实际操作和动手尝试获得相关的经验。

（3）从游戏设计方面来说，我关注到了各环节之间的逐步递进。在第一个游戏环节让幼儿感受物体的软硬；第二个游戏环节增加了滑滑的和扎扎的感受；第三个游戏环节是让幼儿在开放的环境中自由寻找物品进行触摸，环境更开放，材料更丰富，能够使幼儿有更多的新发现。幼儿越来越自主，同时也有更多操作和选择的机会。环节设计与材料投放方面都是层层递进的，逐步丰富了幼儿的经验。

（4）采用情境化的游戏形式。我在活动中设计了大森林的游戏场景，采用幼儿喜欢的小兔子角色开展活动，充分调动了幼儿对活动的积极性，使幼儿更加主动地参与活动，所以幼儿在活动中能很开心地寻找礼物，用摸一摸的方式进行体验，并能说一说自己的感受。此外，我为幼儿提供了安全、宽松、自主的学习氛围，给幼儿自主的机会和空间。幼儿在"家里"自由选择物品进行触摸，这些环节为幼儿提供了自主探索的机会。幼儿通过触摸与环境材料互动，激发了参与活动的主动性，在活动中获得了愉悦的体验。

2. 活动中的不足。

（1）在活动过程中，虽然运用了游戏情境和语言引导，但是游戏化的语言不太有感染性，语气与表情不够生动和夸张，对幼儿情绪的调动作用较小。

（2）在与幼儿互动的过程中，虽然能对预设中的内容与幼儿进行很好的互动回应，但是对于预设之外的问题，不能做出及时的、适宜的回应，随机教育能力需要继续提升。

综合评析

活动中教师利用多种方式，促进了幼儿主动学习，主要体现在以下几个方面。

1. 尊重幼儿的年龄特点，促进幼儿主动学习。小班幼儿直觉思维占主导，喜欢游戏，爱模仿。游戏能调动他们的兴趣。在活动中，教师设计了"小兔子寻宝"的游戏情境，从头至尾以情境贯通，使幼儿一直沉浸在游戏情境中，激发了幼儿参与活动的兴趣与积极性。

2. 尊重幼儿的学习特点，促进幼儿主动学习。《3—6岁儿童学习与发展指南》中指出：幼儿的学习以直接经验为基础，在游戏和生活中进行。教师要珍视游戏和生活的独特价值，创设丰富的教育环境，最大限度支持和满足幼儿通过直接感知、实际操作和亲身体验获取经验的需要。教师在活动中也充分考虑到了这一点，在每一个环节都设计了感知、操作、体验的内容，让幼儿在自主探究中主动学习，主动建构新的经验。

3. 提供丰富、有趣、适宜的材料，促进幼儿主动学习。提供各种类型的游戏材料，能吸引幼儿参与活动的兴趣，增强其主动性。活动中教师为幼儿提供了丰富的操作材料（如梧桐树果实、积木块、松果、毛绒球、奥尔夫乐器、丝绸、棉花等），这些材料都具有一定的特性（如扎扎的、凉凉的）。这些特性是适宜的，符合幼儿现阶段的经验和发展水平。幼儿在与这些材料互动的过程中，获得了有益的经验。

4. 给予幼儿更多自主学习的空间，促进幼儿主动学习。教师相信幼儿是有能力的主动学习者，在"寻宝"环节为幼儿提供自主探索的空间，使幼儿在开放性的环境中充分与环境和材料互动，并鼓励幼儿积极表达自己的想法，促进了幼儿主动学习。

指导教师：中国科学院第一幼儿园（北斗园）　任雅俊

小瓢虫找妈妈（小班）

北京市海淀区美和园幼儿园　熊秋爽

活动由来及设计思路

在小班下学期的生活中，我发现幼儿对点数产生了浓厚的兴趣。他们会在早晨来园的时候学着老师的样子自发点数有几个小朋友挂上了小毛巾，

科学领域

161

植物角有几条小鱼，益智区的墙上面有几只小鸟，等等。

我班幼儿在点数的过程中，对于数量少（1、2）的物体能够运用目测的方法得出正确的结论，但是当数到数量较多（3、4、5）的物体时，由于没有掌握点数的正确方法，因此经常会出现漏数、多数等现象，也不能够准确说出总数。

《3—6岁儿童学习与发展指南》提出：小班幼儿要能够手口一致地点数5以内的物体，并说出总数。这也要求幼儿在点数的过程中掌握正确的点数方法，做到不漏数、多数。为此，我预设了本次教学活动，希望幼儿通过与教具互动，学习点数的正确方法，避免漏数、多数和错数，以发展幼儿的观察能力。

活动目标

1. 初步感知、理解5个以内的物体的量。

2. 学会手口一致地点数5个以内的物体的量，并说出总数。

3. 积极参与游戏，愿意运用数数的方法解决游戏中的问题。

活动准备

1. 经验准备：

（1）听过"小蝌蚪找妈妈"的故事。

（2）能够按照数字本来的顺序唱数数字1~5。

2. 物质准备：

（1）含有3、4、5个点的小瓢虫衣服各一件（教师穿）。

（2）5个点的小瓢虫胸卡每人一个。

（3）身上有不同点数（3、4、5）的小瓢虫教具若干。

（4）户外场地布置有3、4、5个点的大瓢虫教具各一个。

（5）水果箱子两个，内放若干水果。

重点、难点

重点：在游戏中能够用正确的方法准确地点数出小瓢虫身上的点。

难点：在正确点数出小瓢虫身上有多少个点后，能够说出小瓢虫身上的点的总数。

活动过程

1. 情境引入，引发幼儿参与活动的兴趣。

（1）提问引出活动主题。

教师：小朋友们，大家都听过"小蝌蚪找妈妈"的故事。今天我们班来了一只小瓢虫，它也找不到自己的妈妈了，我们一起帮它找妈妈吧。

（2）创设小瓢虫找妈妈的游戏情境，引发幼儿的学习兴趣。

教师：小瓢虫和妈妈长得一样，小瓢虫身上有 5 个点，所以它们的妈妈身上也有 5 个点。小瓢虫宝宝们，我们一起去找妈妈吧。

2. 开展集体游戏"小瓢虫找妈妈"，引导幼儿学习点数的正确方法。

（1）带领幼儿学习点数时确定"1"的位置。

和幼儿共同"飞"到助教老师的身边（助教老师扮演"小瓢虫妈妈"）分散站开，并提问（见图 4-10）。

教师、幼儿：你好，你是我们的妈妈吗？

助教老师：你们数一数我的身上有几个点，如果和你们身上的点一样多就是你们的妈妈，如果不一样多就不是你们的妈妈。

教师：那我们一起来数一数吧，我们从哪个点开始数？

幼儿：我们从这个地方开始。

教师：好的，那这里就是 1 的位置，我们从这里开始数。

（2）引导幼儿确定点数的方向。

教师：那你们再看看，从哪边往哪边数？

幼儿：从上面开始数。

教师：从上往下数对吗？好的，那我们一起数一数吧。

（3）带领幼儿手口一致地点数。

教师：把你们的小手拿出来，我们一起指着小瓢虫身上的点点，点一下，数一下，点一下，数一下。

教师带领幼儿点数：1、2、3（见图 4-11）。

图 4-10　小瓢虫找妈妈的游戏

图 4-11　教师带领幼儿学习点数

（4）指导幼儿说出总数。

教师：这只小瓢虫一共有几个点？

幼儿：有 3 个点。

教师：你是怎么知道这只小瓢虫一共有3个点的呀？

教师：因为数到的最后一个数字就是总数了，我们总共数到了3，所以这只小瓢虫一共有3个点对不对？

幼儿：对。

（5）带领幼儿再次运用同样的方法寻找小瓢虫妈妈。

再次重复游戏两次，小瓢虫身上的点数量分别为4、5。重点关注幼儿能否和教师一起手口一致地点数，并正确说出总数。

3.出示有5个点的瓢虫，请幼儿帮助小瓢虫找妈妈。

教师：小朋友们，你们听一听，我好像听到了哭声，让我仔细听听。

教师：哦，原来这些小瓢虫也想找到自己的妈妈。你们愿意帮助它们找妈妈吗？

幼儿：愿意。

教师：我们一起来看看它们的妈妈有几个点。

教师：这位妈妈的身上有这么多的点，让我们一起数一数。

师幼共同点数：1、2、3、4、5。

教师：这么多的点点，我们一定要点一下，数一下，点一下，数一下，才能够把它数清楚哦。

引导幼儿帮助小瓢虫找妈妈，指导个别幼儿点数。

教师：瓢虫妈妈说，它还有好多宝宝没有回家，你们快去帮助小瓢虫宝宝们找到自己的妈妈吧（见图4-12）。

图4-12 幼儿帮助小瓢虫找妈妈

师幼共同验证，幼儿手中的小瓢虫宝宝是否有5个点。

4.结束部分。

教师：小瓢虫宝宝和妈妈非常感谢你们，它们给你们送来了很多礼物。小朋友们快来取礼物吧。

活动延伸

在数学区投放相关操作材料，进一步巩固幼儿点数 5 以内数字的能力。

个人反思

本次活动"小瓢虫找妈妈"的内容源于幼儿的兴趣和需求，开展形式深受幼儿喜爱，是基于幼儿在点数过程中存在的问题而预设的教学活动。

集体教学活动非常巧妙地采用"游戏化"教学方式，符合小班幼儿学习的特点。活动以"帮助小瓢虫找妈妈"的游戏贯穿始终。幼儿在游戏的过程中动手动脑，亲身体验，全面调动了对于活动的热情，也充分感受到了活动带来的快乐。

教学活动的每一个环节都能够做到层层递进。首先通过集体活动支持幼儿掌握点数的正确方法：点一下，数一下。之后通过分散游戏，为幼儿创设情境，使幼儿能够在游戏的过程中练习与强化点数的正确方式。

教师的提问紧扣教学活动的目标。在活动中我通过提问，帮助幼儿将无意识的点数行为转化为有意识的点数过程，从而强化了幼儿对点数方法的掌握。幼儿在活动过程中也能够始终保持积极思考的学习状态。

在师幼互动过程中，助教老师能够有意识地以游戏情境中"小瓢虫妈妈"的角色带领幼儿开展游戏，始终将游戏中的语言与数学学习中的语言结合在一起，指导幼儿学习点数的正确方法，关注幼儿数学核心经验的获得。这种教学方式符合小班幼儿的学习特点，满足了小班幼儿爱想象、爱游戏的心理需求。

综合评析

首先，教师在组织形式上巧妙地创设了"小瓢虫找妈妈"的游戏情境，借小瓢虫身上的"点"来作为点数对象。每个幼儿化身为一只小瓢虫，跟随教师在动静结合的节奏中参与对话、点数、寻找，在游戏中自然而然地习得了手口一致点数的能力。活动氛围轻松、和谐，能够引发小班幼儿参与的兴趣，使幼儿从始至终保持注意力高度集中。

其次，教师在教具的提供与使用上既面向集体，又注重个体差异。教具的数量能够满足每个幼儿的互动和操作需要，使每个幼儿都能在亲自操作中学习点数的方法并进行练习。5 个点的小瓢虫是最后投放的，目的是满足能力较强的幼儿进行第二次游戏操作，可见教师的用心之处。

最后，环节设计上体现了层层递进。从教师引领幼儿集体点数 3、4、5 个点，到幼儿独立自主地点数 3、4、5 个点，并进行配对，体现了难度的递增，且可以满足不同水平的幼儿进行练习的需要。前面的环节重点渗透明确点数的起点、手口同步点数等关键经验，之后重点运用所学方法巩固点数经验，同时教师进行个别指导，很好地完成了建构经验、巩固练习的过程。

指导教师：北京市海淀区美和园幼儿园　齐春婷

整理收纳盒（中班）

北京市海淀区立新幼儿园　黄倩

活动由来及设计思路

在"知民俗，食青团"清明主题活动中，幼儿一边吃着青团，一边对手中漂亮的青团包装盒产生了兴趣。有的幼儿说："真漂亮呀，上面有好多小花。"有的幼儿说："我家也有这样的盒子。"还有的幼儿说："这个盒子怎么打开呀？"此后，幼儿经常从家里带来各种各样的盒子放到美工区的材料筐中，喜欢用各种盒子组合制作手工作品，也经常问："老师，盒子还有什么用？"

盒子是幼儿生活中常见的物品。为了满足幼儿探索盒子的兴趣和需要，我们开展了主题活动"好玩的盒子"。通过主题活动的开展，幼儿对不同大小、形状的盒子有了充分的感知，对盒子的摆放方式与空间利用有了初步的体验。"整理收纳盒"是主题活动中的一次活动。

由于学期末需要整理班级的物品，资料室的教师要把小班的积木收放起来，因此，我结合实际生活需要设计了本次活动，引导幼儿在反复观察、操作中探索收纳积木的方法，进一步感受收纳盒的重要性。

活动目标

1. 感知积木与盒子之间的空间关系，探索收纳积木的方法。

2. 能根据自己的生活经验进行大胆猜想，并用图画或符号等方式进行记录。

3. 体验科学探究活动的乐趣。

活动准备

1. 经验准备：在日常生活中有收纳整理材料的经验，有感受合理摆放与空间利用之间关系的初步经验。

2. 物质准备：

（1）小、中、大三个层次的积木和盒子。

（2）记录单。

重点、难点

重点：探索收纳积木的方法。

难点：能将自己的方法用图画或符号等方式进行记录。

活动过程

1. 创设问题情境，引发幼儿的探究兴趣。

资料室教师提出问题，引发幼儿探索。

教师：小朋友们，资料室的宫老师有一件事情需要咱们帮忙，我们来听一听是什么事情。

资料室教师：小班的小朋友们马上要升班了，需要把这些积木一份一份地收纳到盒子里。想一想，有什么办法把尽量多的积木放到盒子里，并且积木不能超过盒子。你们能帮帮我吗？

2. 组织第一次活动，引导幼儿探索收纳积木的方法。

（1）引导幼儿猜想装积木的方法并进行记录。

——介绍记录单的使用方法。

教师：看一看我手中的记录单，问号是什么意思？小手是什么意思？

幼儿：问号是想一想，小手是试一试。

——幼儿猜想收纳积木的方法。

教师：想一想有什么办法能把尽量多的积木放到盒子里，还不能超过盒子。把你想到的方法记录下来。

教师：谁来说一说你的猜想？为什么要这么猜？

幼儿1：我要把积木一个个地挨着摆放。

幼儿2：把积木放整齐，不能有空隙。

（2）引导幼儿探索用盒子收纳积木的方法。

——幼儿动手进行实验。

教师：请小朋友上前选择一份积木，试一试怎样能把尽量多的积木放到盒子里，还不超过盒子。如果积木实在放不进去就放到桌子上。

幼儿动手操作，教师观察幼儿收纳积木的方法（见图4-13）。

——幼儿记录自己的实验结果。

教师：请回到座位，把你实际用到的方法

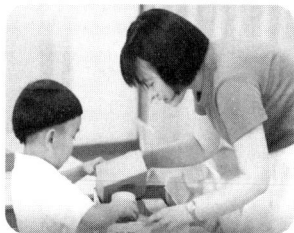

图4-13　幼儿探索用盒子收纳积木

记录到记录单上。记录好之后把记录单贴到黑板上。

——交流总结收纳积木的方法并记录。

教师：你们把积木都放进去了吗？还有几块没放进去？

幼儿1：没有，我有3块没放进去。

幼儿2：我的都放进去了。

教师：你用的是什么办法？请你把你的好方法记录下来。

幼儿1：我是先放大积木，再放小积木，一层一层地摆放整齐。

幼儿2：我也是先放大积木，旁边有地方放小积木，不能有空隙。

与幼儿总结方法。

方法一：按层摆放——从下到上一层一层摆放。

方法二：按积木大小摆放——先放大积木，后放小积木。

方法三：积木之间不留空隙——积木紧贴在一起放置。

3. 引导幼儿再次探索收纳积木的方法。

（1）提出新挑战，进一步激发幼儿探究关于收纳积木的方法。

教师：资料室老师跟我说昨天大班小朋友在帮助整理时，能把所有的积木放到一个盒子里，但是盒子盖子盖不上。黄老师给小朋友提出一个新的挑战，看谁能把所有的积木放到盒子里，还能盖上盖子。

（2）鼓励幼儿调整收纳积木的方法并动手实验。

——幼儿动手实验。

教师：小朋友们可以用我们刚才想到的方法试一试。

幼儿动手操作，教师观察幼儿收纳积木的方法。

——记录自己的实验结果。

教师：整理好之后请小朋友取回记录单回到座位，把你实际用的方法记录到记录单上。然后，把记录单贴在黑板上（见图4-14）。

4. 与幼儿交流总结收纳积木的方法并记录。

教师：小朋友们，今天你们试了几次才把积木收放好？你们放弃了吗？

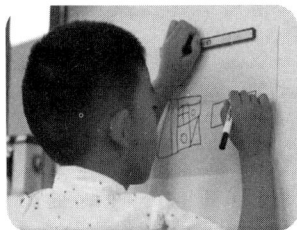

图 4-14　幼儿记录自己的方法

幼儿：我试了2次，每次总是调整好几次积木。但我没有放弃，一直在尝试。

教师：你们真棒，不管遇到多大的问题和挑战，只要不断尝试，坚持不放弃，一定能想出办法。

教师：这次你们把积木都摆放到盒子里了吗？

幼儿：摆放进去了。

教师：你们还发现了什么新的方法吗？

幼儿：我发现两个三角形可以拼成一个长方形。

幼儿：我发现有的图形可以拼在一起，圆柱可以和两个方形带洞的积木拼在一起。

教师：我们一起去给宫老师送积木吧。

幼儿：好的。

活动延伸

1. 根据班里的空间大小，鼓励幼儿占用更少的地方把各种盒子收放整齐。

2. 结合幼儿将要升入大班，需要换教室并运送自己的物品的契机，引导幼儿结合经验合理收纳自己的物品。

个人反思

1. 在生活情境中激发幼儿自主探索。

在本次活动中，我结合帮助弟弟妹妹整理积木的生活情境，通过两次探索活动，引导幼儿感受积木与盒子之间的空间关系，探索收纳积木的方法。

在第一次探索活动后，幼儿能够根据探索经验，总结出先放大积木后放小积木、图形组合以及一层一层摆放的收纳办法。在第二次探索活动中，通过调整收纳方法和同伴互助的方式，幼儿能将全部积木放入盒子，获得了大块积木和小块积木组合收纳及其他收纳方法的探索经验。

整个活动中，幼儿参与度高，兴趣强烈，能够积极思考探索收纳方法并能用图画或符号进行记录。此外，幼儿能主动与同伴交流，在集体面前大胆表述自己的收纳方法，完成了本次活动的目标。

2. 在探索活动中关注幼儿需求。

（1）在活动中，针对幼儿能把积木放到盒子里，但是盖子盖不上的情况，我通过提问"看谁能把所有的积木放到盒子里，还能盖上盖子"来引导幼儿自主发现问题并解决问题。

（2）在活动中，幼儿不断调整积木的位置，遇到困难敢于尝试，坚持不懈。在活动小结时，我抓住这个教育契机，鼓励并肯定幼儿良好的学习品质。

综合评析

1. 通过科学探究活动，引导幼儿解决生活中的问题。

本次活动是主题活动下的一节教育活动课，来源于学期末小班需要整理收纳积木的真实情境。教师引导幼儿结合经验来解决生活中的实际问题，在反复观察、操作中感受合理摆放与空间利用的关系，探索收纳积木的方法。幼儿能够积极参与活动，大胆探索尝试。同伴之间能够主动相互交流自己的收纳方法。

2. 能够给予幼儿积极、有效的活动引导。

在活动中，教师尊重幼儿的主体地位，善于观察幼儿在活动中的表现，通过观察幼儿的操作、提问支持幼儿的探索活动，能够根据幼儿活动情况给予积极、有效的引导。

3. 注重对幼儿学习品质的培养。

《3—6岁儿童学习与发展指南》指出：幼儿在活动过程中表现出的积极态度和良好行为倾向是终身学习与发展所必需的宝贵品质。教师关注到了幼儿在探索活动中能否坚持到底，遇到困难是退缩放弃收纳积木还是不断地调整积木摆放的位置。对于活动中幼儿遇到的问题，教师通过适宜的提问不断支持幼儿进行解决。

指导教师：北京市海淀区立新幼儿园　　王雪珩

北京市海淀区教师进修学校　　田彭彭

清洗小能手（中班）

中国科学院第三幼儿园　　魏迎迎

活动由来与设计思路

本学期我们开展了"宝宝的秘密"综合主题活动。在活动开展过程中，幼儿通过体验游戏、采访孕妈妈、到社区医院进行考察等方式了解了宝宝出生、成长的秘密。活动中，幼儿感受到每个小朋友都是在身边人的陪伴下长大的。幼儿发现爱、感受爱，那用什么方式表达对父母的爱呢？经过讨论，幼儿尝试用制作礼物的方式表达对父母的爱。笑笑提出："妈妈喜欢花，我们可以把制作的花插到花瓶里悄悄摆在桌子上，给她一个惊喜。"幼儿都对这一惊喜赞不绝口。于是我和幼儿一起制作手工花，收集插花用的各种各样的瓶子，为制作"惊喜礼物"准备着。

但是收集来的瓶子不干净。幼儿发现有的瓶子脏，有的瓶子还粘着东西。于是我和幼儿一起找了一些清洗瓶子的工具，共同开始了这次"清洗小能手"活动。

活动目标

1. 喜欢探究，感受劳动的乐趣。

2. 在清洗瓶子的过程中探索并感知不同工具的特点。

3. 在探索中发现清洗瓶子不同部位的方法，学习使用工具。

活动准备

1. 经验准备：

(1) 在家和幼儿园收集各种透明瓶子。

(2) 在幼儿园寻找清洗瓶子的工具。

2. 物质准备：

(1) 收集的各种各样的透明瓶子（教师需要进行安全检查并初步消毒）。

(2) 收集的清洗工具：吸管、长勺、毛笔、排刷、牙刷、毛巾、筷子等。

(3) 每组一份材料：大水盆、钢丝球、长筷子、海绵、儿童手工剪刀、扭扭棒。

重点、难点

重点：在清洗瓶子的过程中探索并感知不同材料的特点。

难点：结合瓶子的特点，组合或调整清洗材料，发现清洗瓶子不同部位的方法。

活动过程

1. 提出清洗瓶子的任务，调动幼儿的经验，激发幼儿的兴趣。

教师：大家看这是什么？

幼儿：瓶子，这是我们用来给妈妈制作惊喜礼物的。

教师：昨天我们发现了什么？

幼儿：昨天我们发现有的瓶子脏，有的瓶子还粘着东西，不能做礼物。我们找了一些把瓶子清洗干净的工具。

教师：是的。在大家的努力下，我们不仅收集到了制作礼物的神秘礼物瓶，还找到了大家想用的清洗瓶子的工具。今天我们就要一起清洗神秘礼物瓶啦。

教师：谁和大家分享一下你想用什么工具、什么方法清洗瓶子呢？

幼儿1：可以用毛巾擦。

幼儿2：我在家里用过一个好方法，把水灌到瓶子里使劲摇。

教师：已经想到家里洗瓶子的方法了，今天你也试一试，看能不能成功。

幼儿：我想用牙刷。先用牙刷刷瓶子外面，再刷里面，然后再用水冲干净。

教师：说得特别清楚。不仅想到了清洗瓶子外面，还想到了清洗瓶子里面。

幼儿：我用手就能把瓶子洗干净，什么工具都不用。

教师：也可以试试这个方法能不能成功。

教师：相信每个小朋友都想到清洗瓶子的方法了。昨天大家收集的工具我已经放在工具筐里了，还增加一些工具，如果大家有需要可以使用。现在我们一起来试一试，看谁能把神秘礼物瓶洗得干干净净。

2. 引导幼儿第一次清洗瓶子。

（1）引导幼儿自由探索清洗瓶子的工具与方法。

幼儿拿到瓶子，两人共用一个水盆开始清洗。乐乐往瓶中注水后，把海绵布放到瓶子里，用筷子使劲搅拌几下，眼睛盯着瓶子里的悬浮物，笑着说："快看，我刷出了这么多脏东西。"小宝将瓶子轻轻放在水盆中，把牙刷伸到瓶子里刷，接着摇晃瓶子，大声说："看，水都脏了。"幼儿尝试着自己的方法（见图4-15）。教师观察并记录幼儿的表现。

图 4-15　幼儿探索清洗瓶子的工具与方法

当观察到一名幼儿将水注到瓶子里轻轻摇晃，反复操作了五分钟左右后，教师走过去和幼儿交流了起来。

教师：用摇晃的方法有什么发现？

幼儿：有些脏东西洗掉了，有些没洗掉。

教师：哪个地方没洗掉呢？为什么？

幼儿拿起瓶子指着说：颜料粘得太多太牢。

教师：那要怎么办呢？

幼儿：可以摇晃的力气大一些。可是力气一大，水都洒出来了。

教师调动幼儿的生活经验来解决问题：为什么有的瓶子不会洒呢？

幼儿：有瓶盖盖着。有了，我可以用手堵住瓶口。

教师：想法不错，试试看。也可以试试有什么工具可以帮到你。

幼儿：老师，我的瓶底刷不干净了。

教师：我看看，你用的什么方法？

幼儿边说边演示：我用的牙刷，就这样。

教师：为什么牙刷能把瓶身刷干净，瓶底就刷不干净了呢？我来试试，你看。

幼儿认真看着，旁边的幼儿也走过来一起观察。这时一名幼儿大声说：我知道了，牙刷刷毛能刷干净，（牙刷）下面没有毛了，只有牙刷（柄）就刷不干净了。

教师：那怎样才能把瓶底也洗干净呢？

幼儿在工具筐里找了找：我试试海绵。

幼儿：还可以用排刷，排刷的毛就能刷到瓶底。

第一次操作中，幼儿出现三类不同的探究行为。有的幼儿从用手清洗，发现手伸不到瓶子里，到使用工具。有的幼儿从逐个试用工具，到有目的地选择工具，如用毛巾洗瓶口，用牙刷洗瓶身。还有的幼儿一直使用筷子，从搅拌到戳、擦到用筷子与钢丝球搅拌到将二者组合在一起。教师提供充分的时间供幼儿自主探究，和幼儿一起分析清洗过程中遇到的不同情况。

图 4-16　教师带领幼儿
进行集体分享

（2）第一次清洗后集体分享（见图 4-16），用符号记录帮助幼儿梳理经验。

教师：小朋友们太厉害了，发现了很多清洗瓶子的方法。现在谁想和大家分享？

幼儿：我用了海绵。我往瓶子里装上水，然后用海绵堵住瓶口，使劲摇。

教师：为什么要把瓶口堵住后再使劲摇呢？

幼儿1：不使劲的话，脏东西洗不掉。使劲的话，水就洒出来了。就得堵着瓶口使劲摇。

幼儿2：我也试了这个方法，不过我是用毛巾（堵着瓶口）的。

幼儿3：我也用了海绵。我先用海绵擦一遍，再用牙刷刷一遍，瓶子（外面）就干净了。

教师：用海绵怎样洗瓶子里面呢？

幼儿1：可以往瓶子里放一块海绵，然后用筷子搅一搅。

幼儿2：牙刷也能把瓶子刷干净。

幼儿3：不能，牙刷能把瓶身刷干净，瓶底就刷不到了。瓶底得用海绵擦。我用的是钢丝球和筷子。把筷子插到钢丝球里，就能刷到瓶底了。

幼儿4：我也用海绵和筷子了，不过海绵总是掉。

幼儿5：你可以把筷子插到海绵里。

幼儿6：插不进去。一插海绵就缩了。

幼儿7：有儿童手工剪刀，你可以（在海绵上）剪个洞，再（把筷子）插进去。

幼儿8：你还可以用扭扭棒把海绵捆在筷子上，海绵就不掉了。

教师小结：刚刚大家分享了这么多好方法：第一，清洗瓶子不仅要洗里面，还要洗外面，这一点是把瓶子清洗干净很重要的一步；第二，清洗不同的瓶子需要不同的工具，低瓶子可以用短一些的工具，高瓶子就要用长一些的工具；第三，我们还可以根据自己的需要对工具进行改造，如把筷子和钢丝球组合在一起，把短工具变成长工具。

教师：大家说了这么多清洗过程中的发现，也分享了很多好方法。现在我们再来试一试，你可以继续研究自己的方法，也可以试试别的小朋友的方法。

3. 引导幼儿第二次清洗瓶子。

幼儿带着第一次操作的经验和大家分享的方法再次进行实践。

幼儿1：我要试试乐乐的方法，把筷子和钢丝球组合起来。

幼儿2：赫赫你帮我拿着毛笔。排刷不够长，我要把排刷和毛笔捆在一起。

幼儿1对同伴说：你试试，把毛巾放进去，然后用筷子夹住毛巾就能洗到瓶底了，要夹住毛巾啊。

在第二次操作时，很多幼儿开始尝试组合工具。有的幼儿把牙刷柄插到粗吸管中，使牙刷加长；有的幼儿将筷子和钢丝球组合到一起；有的幼儿将毛巾绕到牙刷上清洗瓶子底部；有的幼儿到其他小组观察别人的操作，然后进行尝试；也有幼儿直接到其他组给小朋友做示范（见图4-17）。

图4-17　幼儿第二次尝试

把瓶子清洗干净的幼儿开始与同伴分享自己的发现。幼儿不仅分享清洗方法，还分享了自己的心得。

幼儿1：我将排刷和毛笔（用扭扭棒）捆到一起，一头是毛笔，一头是排刷，这样就可以刷到瓶子底部了。

幼儿2：我也试了这个新工具。我发现毛笔软，排刷硬。好刷的地方用毛笔就可以，不好刷的地方可以用排刷。

与幼儿3的互动：

幼儿3：我洗了两个瓶子，第一个瓶子是小的，用牙刷就能刷到。后来的（第二个）瓶子就高了，我用手指尖抓着牙刷头都够不到，然后就用了赫赫的方法，把牙刷插到吸管里，（牙刷）就能够到瓶底了。

教师：你好厉害，这么短的时间就刷干净两个瓶子了。

幼儿3：我想送妈妈一个（神秘礼物瓶），还想送奶奶一个（神秘礼物瓶），所以就洗了两个。

教师：这么短的时间刷了两个瓶子，还有什么好方法要和大家分享吗？

幼儿3：其实没有那么难。洗的时候不能着急，得有耐心。瓶子里面和外面都要洗，洗完之后要检查一次。（洗瓶子）不容易，不过很开心，我都迫不及待地想把花插好送给妈妈和奶奶了。

教师小结：这次我发现大家根据自己的需要选择了合适的工具，而且很多小朋友根据需要组合或者改造了工具，把瓶子清洗得十分干净。大家专注、认真、不怕困难、想办法解决问题的品质特别重要。相信家人收到大家这么用心准备的礼物后一定会很开心、很幸福。

活动延伸

1. 将没有清洗干净的瓶子放在生活区，鼓励幼儿继续参与清洗活动。

2. 继续引导幼儿将清洗干净的瓶子制作成礼物送给家人。

个人反思

简单的清洗活动蕴含着很多价值，如通过清洗活动掌握一些生活工具的使用方法，通过多感官进行探索与学习，尝试使用不同的方法解决问题。此活动还蕴含劳动教育的价值，幼儿在劳动中通过努力与坚持感受到了快乐，从而学会了热爱劳动，尊重劳动。我抓住这一教育契机，挖掘其中的探究点，生成了科学活动"清洗小能手"。

1. 活动源于生活又回归生活，幼儿用自己的辛苦付出表达对亲人的爱。

幼儿发现父母很辛苦，带着对父母满满的爱参与活动，主动性与积极性很高。活动中，幼儿通过自己的努力将瓶子清洗干净。活动重在引导幼儿认真践行爱的行为，用心表达爱。

2. 从自由选择工具到有计划地使用工具，再到组合改造工具的过程，逐步培养了幼儿的问题解决能力。

幼儿在第一次探索过程中，通过摇、搅、刷、擦等动作自由操作，感受不同工具与材料的特性，探索工具和清洗之间的关系。第二次探索过程中，幼儿通过组合、改造工具探索适合清洗瓶子底部的方法。游戏层层递进，幼儿经历了工具的组合使用和改造过程，解决问题的能力也不断增强。

活动围绕目标按照猜想—实践—总结—再实践的探究路径进行。活动中幼儿充分与材料互动，与同伴互动，与环境互动。我通过参与、有效提问等方式激发幼儿思考与交流，注重对幼儿学习品质的培养，鼓励幼儿不怕困难，积极尝试，敢于创造。

3. 延伸活动丰富，支持幼儿将爱付诸行动。

活动后，幼儿利用自己清洗干净的瓶子为家人制作插花、许愿瓶等礼物。同时，我鼓励幼儿用发现的清洗工具与清洗方法回家帮爸爸妈妈做力所能及的事情，并将自己做事时的发现与大家分享。此活动是幼儿表达对父母的爱的一种形式。

活动中也存在一些需要进一步改进的地方。本次活动的清洗工具仅是在班级内寻找的。在接下来的探究活动中可以创设更开放的环境，如请幼儿在家和幼儿园共同收集清洗工具，尝试清洗规格不同、形状不同的瓶子，在丰富幼儿经验的同时促进其思维的发展。

综合评析

马克思主义哲学告诉我们，制造和使用生产工具是人区别于其他动物的标志，是人类劳动过程独有的特征。工具的制造与使用是一项复杂的工程，涉及识别任务情境、熟悉材料或工具的结构等特点、设计制作或者选择具有不同功能的工具、使用工具解决问题等诸多环节。从某种意义上讲，人类文明史就是一部工具的进化史。那么，让幼儿体验制作和使用工具的活动，有什么意义和价值呢？

《3—6岁儿童学习与发展指南》指出幼儿的科学学习是在探究具体事物和解决实际问题的过程中，尝试发现事物间的异同和联系的过程。可以说，幼儿制作简单的工具或者选择工具，解决实际问题的过程，也是一个发现异同和联系的过程。这一过程大概分为三个方面：一是材料不同、结构不同、功能不同，二是结构和功能之间有关系，三是适宜的工具和任务的解决有联系。

基于以上分析，本次活动有以下突出的特点。

一是幼儿在实际操作中感受到了材料、工具的特点和功能的异同及联系。自由探索清洗瓶子的工具与方法为幼儿了解不同的工具和材料的特点提供了可能。幼儿基于经验和实际操作，会对结构特征不同的工具有不同的功能有一定的认知。基于此，幼儿对"哪个工具更适合"有了初步的认识，甚至有了组合不同的材料或工具制作一个"新"工具的想法。

二是幼儿在进一步的操作中感受到了不同工具的功能与完成清洗瓶子任务之间的联系。幼儿在自由操作的基础上选择或制作工具后，在再次操作的过程中，或是调整方法让工具的功能最大程度地发挥出来，或是改造工具从而有效地解决问题，或是更有耐心地操作，或是向同伴学习模仿，等等。种种行为表现其实都是在体验工具的功能和操作方法、工作态度等与任务完成之间的联系。

教师善于从生活中找到问题情境，利用低成本、低结构的材料引发幼儿的科学学习，给幼儿直接感知、亲身体验和实际操作的机会，引导幼儿从发现问题开始不断解决问题、总结反思，给予了幼儿自由探索、自由表达的空间。

指导教师：中国科学院第三幼儿园　刘乐琼

北京市海淀区教师进修学校　田彭彭

神奇的弯管（中班）

中国航发北京航空材料研究院幼儿园　王小玲

活动由来及设计思路

早饭后，幼儿陆续进入活动区开始了区域游戏。这时建构区传来激烈的讨论声："我来试试。""哦，小珠子穿过去了，哈哈哈……"我悄悄靠近一看，原来幼儿在玩弯管材料。

"用这个试一试。"浩浩拿来一块小积木，"不行，积木过不去。"东东连忙摆手说。"这么小怎么过不去呢？""那不信你试试看。"浩浩拿起积木块塞到了弯管里，结果真得卡住了。"老师，帮帮我们吧！"浩浩向我发来了求救信号。

"积木为什么卡在弯管里了呢？"我问浩浩。

"因为我们想玩'穿越'的游戏，可是积木太大了，穿不过去。"合合说。"哦，那什么材料能完成穿越呢？""小珠子，刚才我们试过了。""那扭扭棒应该也能穿过去吧？""我家里的玻璃珠应该也能穿过去，明天我要带来试一试。""要是弯管再粗一些，积木也许就能穿过去了。"浩浩还在考虑积木的问题。没想到幼儿对物品穿过弯管的游戏这么感兴趣。

《3—6岁儿童学习与发展指南》指出："幼儿的科学学习是在探究具体事物和解决实际问题中，尝试发现事物间的异同和联系的过程。"幼儿的学习是以直接经验为基础，在游戏和日常生活中进行的。任何学习活动都离不开兴趣的支持。鉴于幼儿对弯管游戏的浓厚兴趣以及在游戏中遇到的"难题"，我们开展了"神奇的弯管"活动。

活动目标

1. 活动中能够大胆猜测，并通过实验验证猜想。

2. 能够准确记录实验过程，表达自己的探索发现。

3. 在小组探索实验的过程中感受成功的乐趣，激发探究兴趣。

活动准备

1. 经验准备：

(1) 有用线穿珠子的经验。

(2) 发现物体可以通过弯管的特征。

2. 物质准备：

(1) 记录表，笑脸、哭脸图片。

(2) 幼儿收集的弯管及穿越材料、建构区游戏短片。

重点、难点

重点：通过实验操作验证自己的猜想，探索穿越材料的大小与弯管粗细的关系。

难点：通过提问和讨论尝试把牙签和绳子穿过弯管的方法。

活动过程

1. 引导幼儿观察材料并提问，找一找弯管的特征。

教师：这是小朋友们收集的弯管游戏材料，看一看这些弯管里的洞洞有什么特别的呀？

幼儿1：是弯弯的。

幼儿2：里边是空的。

幼儿3：洞洞有大一点的，还有小一点的。

幼儿4：和幼儿园里的滚筒滑梯一样。

··········

教师小结：弯管外形都是弯弯的，里面是空空的，洞洞有大有小。

2. 运用问题情境引发幼儿大胆猜测，并记录猜测结果。

播放建构区游戏短片，吸引幼儿对穿越弯管游戏的探究兴趣。

教师：视频中的小朋友在玩什么游戏呢？当时遇到了什么困难？

教师：猜一猜小朋友们带来的材料哪些能完成穿越。

幼儿1：我觉得珠子能穿过去，因为珠子会滚。

幼儿2：积木也能穿过去。

幼儿3：我猜绳子能穿过去，因为它是软的。

幼儿4：牙签应该也能穿过去，它很细。

幼儿5：我觉得牙签穿不过去，因为它是直直的。

3. 引导幼儿通过实验验证自己的猜想。

教师：小朋友都有自己的想法，到底哪些材料能完成穿越呢？就让我们一起来试一试吧。（请幼儿进行验证并记录结果）

幼儿1将盘子里的珠子倒向了弯管的一端，这时珠子顺着另一端滚了出来，十分开心：老师，我猜对了，珠子可以穿过弯管。

幼儿2拿起积木放到了较粗的弯管里，积木也穿过弯管了。

幼儿3拿着绳子试着穿过弯管，可是穿到一半绳子怎么也出不来了。

幼儿4拿起一根牙签放到弯管里，摇晃了半天也没有成功。

幼儿5也选择了牙签，发现整根的牙签不能穿过弯管后就将牙签折了一下，用手指推了推牙签就穿过了。

4. 引导幼儿对实验结果进行集体讨论。

（1）引导幼儿总结能穿过弯管的材料。

教师：大家认为什么材料能穿过弯管呢？

幼儿一致认为珠子能穿过。

教师：珠子为什么可以穿过弯管？

幼儿：珠子是圆的，很小。

教师：积木之前不是被卡住了吗？今天穿过弯管了吗？

幼儿：穿过了，因为我选了一个粗粗的弯管，这样积木就不会被卡住了。

（2）引导幼儿总结不能穿过弯管的材料。

教师：让我们来看一下有争议的材料"牙签和绳子"的统计情况，有的小朋友认为牙签不能穿过，也有的小朋友认为可以穿过，请小朋友分别来试一试吧。

幼儿1：牙签不能穿过弯管，因为它是直的。

幼儿2：对，弯管是弯的，牙签不能拐弯。

幼儿3：我把牙签折成弯的就能穿过弯管了。

教师小结：牙签很细小，是直直的，不能拐弯。但是把它折弯就能穿过弯管了（见图4-18）。

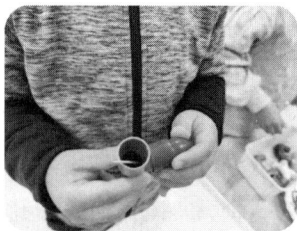

图4-18　幼儿探索牙签
怎样穿过弯管

教师：最后我们来看一下绳子的实验情况，请持不同看法的小朋友来演示一下，好吗？

幼儿1：绳子不能穿过弯管，因为太软了。

幼儿2：我试了好几次，都没穿过去。

幼儿3：不对，线绳能穿过去，就是穿的时候要先从一边进去，再用手从另一边拉出来，有点难，不能着急。（一边说一边演示）

幼儿4：如果用绳子穿过粗一点的弯管就容易多了，因为它的洞洞比较大。

教师：你们的办法都很好，想一想还有什么好方法或者借助什么材料可以让绳子更容易穿过弯管呢？

幼儿：我见过奶奶把曲别针系在绳子上能穿过裤腰。

教师：这个方法不错，那我们来试一试吧。

幼儿1：真得能穿过去呀。

幼儿2：我觉得用这个小螺帽帮忙也可以。

支持幼儿继续尝试验证（见图4-19）。

与幼儿一起梳理总结：比较大的材料要选择粗一点的弯管，可以借助其他材料，如曲别针、小螺帽帮助绳子顺利穿过弯管。

图4-19　幼儿探索线绳如何穿过弯管

活动延伸

1. 提出做一个弯管迷宫通道的建议，吸引幼儿继续探究。

2. 在户外活动墙面和幼儿一起设计管道迷宫游戏，满足幼儿持续探究的需求。

个人反思

好奇心是幼儿认识世界的动力，需要我们去保护和支持。作为教师，我们应该尽可能地发现契机，创造机会，在游戏活动中培养幼儿的探索精神和探究能力。

1. 活动源于幼儿的兴趣，轻松的环境支持幼儿持续探究。

《3—6岁儿童学习发展与指南》指出：幼儿对周围的事物、现象感兴趣，有好奇心和求知欲。"神奇的弯管"活动源于幼儿在区域活动中的一个小插曲。活动中幼儿有自己奇特的想法，好奇什么样的材料能穿过弯管。顺应幼儿的想法，我和幼儿一起动手试了试。从猜想到验证，从有争议到达成共识的系列探究活动给予了幼儿充足的参与机会，更多的时候我充当着观察者和支持者的角色。

我通过细致观察，捕捉到了探究中的发展点，发现幼儿的兴趣后，为幼儿提供了支持幼儿探索的环境、材料和工具，鼓励幼儿大胆猜测问题的答案，与幼儿共同发现并分享有趣的现象，通过实验找到了问题的答案，使幼儿感受到了探索成功后的快乐。

在探究绳子是否可以穿过弯管时，部分幼儿在尝试了几次都没有成功后失去了兴趣和耐心，但是经过不断探索最终获得了成功。之后，幼儿又将探索活动延伸到了户外墙面活动中的管道迷宫游戏。整个过程中幼儿的热情和兴趣不断被激发。

2. 活动中发现幼儿的不同表现，鼓励幼儿大胆表达自己的想法。

活动中我注意调动幼儿的积极性和参与性，关注幼儿在探索中的不同表现。从实验前的大胆猜想到第一次实验，我发现幼儿有不同的实验结果。有的幼儿认为牙签可以穿过弯管，有的幼儿却说不能。绳子能否穿过弯管也引起了争议。于是我请有分歧的幼儿再次实验，最后发现原来牙签是直直的，不容易穿过弯管，但是如果把它折弯就能穿过弯管了。幼儿知道了如果想顺利穿过弯管就需要满足一定的条件。验证绳子能否穿过弯管时，幼儿通过同伴间的经验交流知道了坚持、耐心很重要，同时学会了借助其他材料找到更快更好的方法。

活动中幼儿大胆表达自己的猜测和想法，认真倾听他人的讲话，与同伴分享、讨论自己的发现，积极主动参与，不怕失败。当看到幼儿针对牙签和绳子能否穿越弯管而激烈地谈论、争辩时，我没有打断，也没有给出答案，因为有分歧说明他们有自己的思考和想法。我要给予幼儿讨论和争执的空间，营造轻松的环境，给幼儿创造表现的机会，鼓励幼儿不怕失败，坚持尝试，最终获得成功的体验。

综合评析

在活动中，教师抓住了幼儿的兴趣点，从幼儿常见、熟悉的材料入手，让幼儿自发讨论，大胆探究，在争辩中验证问题，培养了幼儿的科学精神。

1. 材料选择适宜。

科学活动中的材料投放与幼儿的兴趣有着密切关系。教师巧妙投放材料，是激发幼儿的兴趣和探索欲望的基础。幼儿感兴趣的材料能引发幼儿思考。教师和幼儿一起收集材料，根据幼儿的能力水平和发展需求有针对性地提供适宜的材料，是支持幼儿主动学习的重要因素。

2. 操作过程自主开放。

教师创设轻松的探究氛围，始终让幼儿以自由探究的形式在互动操作中验证猜想，体验发现的乐趣，激发了幼儿探究的欲望。教师引发幼儿讨论，根据经验说说让物体穿过弯管的方法，并鼓励幼儿大胆猜想。这一过程中教师运用了启发性、开放式和递进式的提问，一次次的操作使幼儿获得了一次次的惊喜，在活动中充分感受到了探索的乐趣。

3. 延伸活动引发持续思考。

中班幼儿好奇心和求知欲比较强，喜欢探索新的事物。在延伸活动中，教师引发幼儿继续探究设计户外弯管游戏，鼓励幼儿继续尝试，从而获得更丰富的经验。

指导教师：中国航发北京航空材料研究院幼儿园　石亦光

一网不捞鱼（中班）

北京市海淀区富力桃园幼儿园　刘天天

活动由来及设计思路

我们班大多数幼儿能够手口一致点数数量在 10 以内的物体，但是有时候依然会出现漏数、错数、数数方法单一的现象，并且在平时的生活中遇到"今天来了多少人""牛奶够分吗"等问题时，运用计数和数量比较等经验解决问题的能力较弱。基于幼儿的这些现状，我借助幼儿喜欢的游戏"一网不捞鱼"设计了本次数学活动，希望通过游戏活动，丰富幼儿10以内的计数和数量比较的经验，发展幼儿的思维能力。

活动目标

1. 学习数 10 以内的数并进行数量比较。

2. 在游戏中感知集合数量的变大变小。

3. 理解并遵守游戏的玩法和规则，体验数学游戏的快乐。

活动准备

1. 经验准备：

（1）有数 10 以内的数的经验。

（2）会进行简单的记录。

（3）玩过"一网不捞鱼"的游戏。

2. 物质准备：

（1）大呼啦圈 1 个、金钥匙若干、人物记录卡若干。

（2）礼物袋 2 个（内含的礼物大小不同）。

（3）"鱼池"场地（包含蓝、黄两块长方形布）。

重点、难点

重点：学习数 10 以内的数，进行数量比较。

难点：感知集合数量的变大变小。

活动过程

1. 开展游戏"一网不捞鱼"，引发幼儿回顾经验。

教师：还记得咱们玩过的"一网不捞鱼"的游戏吗？咱们一起来玩一玩。

2. 在原有基础上变换游戏，激发幼儿的兴趣。

教师：今天小鱼们又来出来玩了，它们在海底看见了两个金光闪闪的宝盒，看，这就是那两个宝盒，猜猜里面装的是什么。大家想不想把宝盒打开看看里面的宝贝？那要认真听游戏规则哦。今天的玩法要变一变，怎么玩呢？请仔细听。

玩法：我们还是站在"渔网"下念儿歌：一网不捞鱼，二网下小雨，三网网条小绿鱼。当听到3、2、1，捞，念到"捞"时，渔网开始捕捞。这时候，我们鱼儿赶快逃回"鱼池"（黄蓝两家），原地坐下不能走动。哪个鱼池的鱼多，哪个鱼池就能得到 1 把金钥匙。游戏最后比比哪个鱼池的金钥匙数量多，多的就能打开相对应的宝盒，得到里面的宝贝。

教师：听清楚游戏怎么玩了吗？你想打开哪个宝盒？

幼儿1：我想打开黄色宝盒。

幼儿2：我想打开蓝色宝盒。

教师：那咱们一起想办法，看看能不能把两个宝盒都打开。

3. 引导幼儿玩游戏，学习数10以内的数并进行数量比较。

（1）第一次7名幼儿进行游戏，幼儿巩固游戏规则。

游戏后教师提问：蓝家有几条鱼？黄家有几条鱼？哪一家能得到金钥匙？为什么？

幼儿1：是蓝家，因为蓝家有4条鱼，黄家有3条鱼。

幼儿2：蓝家比黄家多，所以蓝家得到1把金钥匙。

教师小结：小鱼们遵守规则，游戏很顺利，蓝家数量多，还得到了一把金钥匙（见图4-20）。

图4-20 第一次游戏

（2）第二次8名幼儿进行游戏，同伴学习数数方法和策略。

游戏后教师提问：蓝家有几条鱼？黄家有几条鱼？这一次该把金钥匙给谁？为什么？

幼儿：应该给蓝家，因为蓝家有5把，黄家有3把，5比3多。

教师：你刚才是怎么数的？把你的好方法分享给大家好吗？

请一名幼儿做记录，其他幼儿分享。

教师小结：数量少的时候，用眼睛一看就知道有几条鱼；数量多的时候，可以先数前排再数后排，有顺序一个个地数。其他小鱼也可以试试。恭喜蓝色家又得到一把金钥匙。

（3）第三次9名幼儿游戏，感知集合的变大变小。

游戏后教师提问：蓝家有几条鱼？黄家有几条鱼？这一次该把金钥匙给谁？为什么？

幼儿：蓝家6条鱼，黄家3条鱼，蓝家继续得一把金钥匙。

教师：蓝家有2把金钥匙了，如果黄家也想得到金钥匙，有什么好方法？谁想帮一帮黄家？

幼儿1：我的好方法是有的鱼儿可以去黄家。

幼儿2：蓝家去几条，黄家就可以了。

教师追问：蓝家再过去几条就可以了呢？

幼儿：2条。

教师：2条行不行呢？咱们试一试吧。

教师小结：蓝家原来有6条鱼，去黄家2条鱼，数量变少了。黄家来了2条鱼，数量变多了。在我们的帮助下，黄家得到了一把金钥匙（见图4-21）。

图4-21 游戏后集体讨论

（4）第四次10名幼儿游戏，用数数和比较多少的经验解决问题。

教师：如果现在打开宝盒，可以打开哪一个？有什么办法可以同时打开2个宝盒？

幼儿：再来一局。

教师：再来一局就可以了吗？

幼儿1：再来一局，让黄家赢一次。

幼儿2：这样蓝家赢2次，黄家也赢2次。

出示数字10，师幼按讨论的方法尝试进行游戏。

教师：我们的方法成功了吗？黄家能得到一把金钥匙吗？

幼儿：不能。

教师：为什么？

幼儿：蓝家有9条鱼，黄家有2条鱼，9比2多，所以蓝家得一把金钥匙。

教师：蓝家是9条鱼吗？过来离近点数数，验证一下。

幼儿：1、2、3、4、5、6、7、8，是8条鱼，蓝家得到金钥匙。

提问：刚才我们的方法是谁赢？

幼儿：黄家赢。

教师：那怎么办呢？

幼儿：蓝家过去几条。

教师：过去几条呀？

幼儿：4条。

教师：4条可以吗？

幼儿1：可以。

幼儿 2：不可以。

教师：究竟怎样？咱们试一试。

请幼儿进行调整，并且重新讨论金钥匙的归属。

教师小结：蓝家原来有 8 条鱼，去了黄家 4 条鱼，蓝家变少了，黄家变多了。现在黄家有 6 条，蓝家有 4 条，黄家比蓝家多，所以黄家得到 1 把金钥匙。

4. 组织幼儿分享礼物，运用计数和数量比较的经验解决问题。

教师：现在比分是几比几？

幼儿：2 比 2 了。

教师：我们可以打开哪个宝盒？

幼儿：两个都可以打开。

教师：如果每个小朋友都要得到礼物，你觉得够分吗？请说说理由。

幼儿进行点数（见图 4-22）。

教师小结：礼物是否够分，只要数一数就知道了。恭喜你们获得小鱼美食礼包。里面是小鱼爱吃的两种食物，小朋友们可以用它喂养咱们班的小鱼苗，也可以拿回家喂家里的小鱼哦。

图 4-22　幼儿对礼物进行点数

活动延伸

完善操作材料，将其投放在区域活动中，满足幼儿个别化操作的需要。

个人反思

1. 满足了幼儿挑战的需求。

本班幼儿在数数和集合比较方面有一定经验，但是在运用数数的方法解决问题、比较多少等方面不够灵活。本次活动在数数和集合比较的基础上提出了更具挑战的目标：在游戏中感知集合数量的变大变小。这一目标既立足本班幼儿的实际水平，又聚焦幼儿的最近发展区。

2. 游戏情境贯穿始终。

本次活动以游戏情境"一网不捞鱼"为载体，层层递进，在熟悉传统游戏新玩法的基础上，完成让幼儿学习数数、进行数量比较和感知集合数量变化的发展目标。幼儿在游戏中感受事物的数量关系，体验到了数学的有趣。真实的游戏情境也为幼儿提供了将数学知识与其他知识相整合的机会。

3. 运用多元表征手段表达思维过程。

本次活动使幼儿实现了从具体到逐步抽象的渐进发展，过程中运用了多元的表征手段，如实物情境、口语等来帮助幼儿进行表达，梳理思维过程，解决数学问题。

本次活动还有一些不足，如缺少幼儿个别化操作的环节，不利于了解幼儿的个体差异和发展水平。我将在延伸活动中为幼儿提供进行数量比较的个别化操作的游戏材料，进一步支持幼儿计数和数量比较能力的发展。

综合评析

该教学活动是一次以游戏贯穿始终、符合幼儿年龄特点和学习特点的数学活动。

1. 选材适合幼儿，玩法改编巧妙。"一网不捞鱼"是幼儿喜欢的、平时经常玩的游戏。游戏儿歌朗朗上口，简短有趣，能够在短时间内调动幼儿参与的积极性，而且教师对儿歌进行了巧妙改编。"一网不捞鱼"结合夺宝游戏，引导幼儿学习计数和比较集合数量的方法，并感知集合数量的变大变小。

2. 教师注重幼儿数学语言的表达，表达的形式有幼儿间的讨论、集体分享，还有对游戏结果的记录。在用多种形式引导幼儿进行充分表达的同时，注重引导幼儿使用规范的数学语言，促进幼儿数的概念的发展。

3. 教师注重对活动每个环节的总结和梳理，包括对幼儿游戏规则的梳理、对各种计数方法的梳理等。在规则梳理的基础上，游戏层层递进地开展，进而完成了本次活动的目标。

4. 教师注重引导幼儿自主解决问题，能够及时捕捉到游戏中出现的问题，将问题抛给幼儿，引导幼儿积极思考，尝试解决的方法，在思考和尝试中多次感知集合大小，帮助幼儿建立用数学经验解决问题的意识，在积极愉快的情绪体验中建构数学经验。

指导教师：北京市海淀区富力桃园幼儿园　赵福葵　张冰钰

丛林列车去旅行（中班）

北京语言大学幼儿园　郭文新

活动由来及设计思路

国庆假期过后，我时常听到幼儿分享爸爸妈妈带着他们去哪玩了，途中看到了什么、发生了什么事情……鹏鹏小朋友带来的一张车票引发了幼儿的讨论。

鹏鹏：这是我和妈妈去看望爸爸时坐车的车票，我是坐在窗户旁边的。

棉棉：我也见过这样的车票，我爸爸出差的车票就是这样的，我爸爸也坐在靠窗户的座位上，说风景可漂亮了。

思思：车票上面还有数字呢。

随着幼儿对车票的兴趣越来越浓，他们将话题聚焦在"车票上有什么""座位可以随便坐吗"等问题上。《3—6岁儿童学习与发展指南》指出：引导幼儿感知和体会生活中很多地方用到数，关注周围与自己生活密切相关的数的信息。因此我抓住这一契机，结合我班近期开展的"环游世界"的主题教育活动，根据中班幼儿的年龄特点和学习方式组织了本次"丛林列车去旅行"的活动。

本次活动从幼儿的生活中来，在幼儿对车票感兴趣的基础上对幼儿加以引导，使幼儿对车票有更深入的了解，培养学习数学的兴趣，并在生活中运用相关数学经验。

活动目标

1. 能够通过观察发现车票上的数字，了解车票上数字的含义。

2. 在游戏活动中，认识车票上的数字并找到对应的座位。

3. 初步产生对生活中数字的含义的探究兴趣。

活动准备

1. 经验准备：

（1）有使用车票的经历。在前期活动中，幼儿对于同伴带来的车票有初步的观察，了解了车票上的基本信息。个别幼儿虽然没见过车票，但对于车票上的数字有了解的兴趣。

（2）在家与爸爸妈妈一同查询、观看了有关车票的资料。

2. 物质准备：

（1）幼儿和家人旅行的照片、幼儿收集的车票、动画视频。

（2）列车长头饰、印章、火车座位场景（小椅子）、火车头画板、自制车票、绘画纸张、笔、《小动物去旅行》动画片。

重点、难点

重点：通过观察车票上的数字，了解车票上数字的含义。

难点：根据车票上的数字找到相应位置，体会数可以代表不同的意义。

活动过程

1. 播放幼儿和家人出游的照片，带领幼儿回顾国庆假期的游玩经历。

教师：最近郭老师经常听到你们说和爸爸妈妈去哪玩的事情，我也收到了你们游玩的照片，让我们一起来看看，并请照片上的小朋友介绍自己游玩的经历（见图4-23）。

图 4-23　幼儿介绍自己的游玩经历

教师：这张照片是谁的？小朋友们和谁一起外出游玩了？去了什么地方？乘坐了什么交通工具？发生了什么好玩的事情？来为我们介绍一下照片中的故事吧。

幼儿1：这是我爸爸出差的车票，他坐在靠窗的座位上，可以看到车窗外面的风景。

幼儿2：我也坐过高铁，我和哥哥还在车上吃了盒饭。

幼儿3：这是妈妈带我回老家的车票，爸爸和我们分开坐了。

教师追问幼儿3：为什么会分开坐呢？（引导幼儿初步关注座位号）

幼儿3：因为爸爸的座位和我们不在一个车厢，爸爸的座位在3车厢，我和妈妈的在5车厢。

2. 引导幼儿帮助小老虎找座位，理解车票上座位号的意义。

教师：今天森林里的小动物们也要去旅行了，咱们一起来看看吧。

（1）播放动画视频。

教师：你们看到有哪些小动物要去旅行啊？它们是怎么去的？

幼儿1：我看见小松鼠和妈妈一起坐车去旅行了。

幼儿2：我看见小狮子背着小书包坐在1车厢里。

通过观看视频，引导幼儿发现小老虎坐错了位置，引出车票。

教师：那接下来会发生什么事情呢？

幼儿1：小老虎坐了小猴子的位置。

幼儿2：小老虎坐错位置了。

（2）引导幼儿发现车票上有许多数字，重点关注座位号。

教师：小老虎为什么会坐错位置？

幼儿：因为小老虎没看清楚车票上的座位号。

教师：那我们怎么才能知道座位号呢？

邀请有使用车票经验的小朋友介绍。

幼儿：车票上有数字，认真看数字就知道座位号了。

（3）出示收集到的车票，引导幼儿观察车票上的座位号。

教师：你发现车票上的座位号了吗？在哪个位置？

幼儿：在边上写着"车"和"号"的数字就是座位号。

教师：小老虎的座位到底在哪儿呢？请你指一指。

幼儿：我知道小老虎坐在哪儿，就坐在小猴子的后面。

教师小结：车票是我们坐车用的，对乘车人来说很重要。车票上有很多数字，我们要通过看座位号才能准确地找到我们的座位。对照列车上的号码，首先要看车厢号，然后看座位号。上车前要仔细看、认真找，不能像小老虎那样坐错了位置。

3. 组织幼儿开展"丛林列车去旅行"游戏。

（1）出示自制的"丛林列车"车票，请幼儿仔细观察。

教师：你们看一看，这张车票是几车厢的？座位在第几排？

大部分幼儿能够根据车票上的数字准确地认识座位号，并清楚地表述出几车厢第几排。

（2）带领幼儿走进"丛林列车"情境场地。

教师：谁能帮我找到这张车票的座位？你是怎么知道的？你是用什么方法找到座位的？

幼儿1：我先找到"车"字，认真看数字就知道是1车厢，后面的2A是座位号。

幼儿2：我和朵朵的车厢数字一样，我和她在一个车厢。

在这一过程幼儿运用自己的方法主动学习。我鼓励每个幼儿表述自己找座位号的方法，引发幼儿主动学习。

（3）给每个幼儿一张"丛林车票"，引导幼儿参与情境游戏"丛林列车去旅行"。

教师：请各位小乘客根据自己车票上的座位号上车啦。

幼儿拿到车票后先看座位号。石头高兴地说："我一眼就找到我的座位了。"有的幼儿边念边找，有的幼儿找到车厢后按顺序数着找。他们尝试运用自己的方法找到座位，我及时给予幼儿鼓励。

教师：我是本次列车的列车长，请小乘客们找到座位后坐好，我们马上就要出发了。

我以列车长的身份巡回指导。幼儿与幼儿互动，我询问个别幼儿是怎样找到位置的，以巩固幼儿的经验。对于坐错位置的幼儿，我给予支持引导，鼓励同伴间相互学习。

教师：开始检票了，我会给坐对位置的小乘客的车票盖上小印章。还有没有上车的小朋友，谁愿意帮助他们找到座位呢？

教师小结：感谢小朋友们的帮助，小乘客们都根据车票上的座位号找到了自己的座位，我们的列车即将开往丛林动物园。

活动延伸

1. 引导幼儿设计车票，邀请更多的好朋友一起去旅行。

2. 家园共育，引导家长充分借助生活中乘坐列车的机会，使幼儿将对车票的认知经验应用到生活中，引导幼儿关注周围与自己生活密切相关的数字，激发幼儿对数字的探究兴趣。

个人反思

活动内容选材源于幼儿的生活，我追随幼儿的兴趣，使游戏情境贯穿整个活动。幼儿对游戏有一定的生活经验，我从幼儿的兴趣点出发，引导幼儿认识车票上数字的含义，组织幼儿在游戏中观察，支持幼儿主动学习。活动引发了幼儿对生活中的数字的关注，提高了幼儿对数字的敏感度。幼儿在游戏中体验到了用数学解决问题的乐趣，激发了学习数学的兴趣。

活动中我为幼儿提供了充足的体验时间和游戏空间，鼓励幼儿大胆探究、独立思考和自主表达。例如，在播放视频时幼儿发现小老虎坐错位置了，纷纷提出要帮助小老虎，很多幼儿说出了自己的方法。幼儿在真实的游戏情境中互帮互助，相互交流，主动学习。

综合评析

教师能够发现真实的、蕴含在生活中的数学问题，借助教育教学活动，引导和启发幼儿应用数学。

《3—6岁儿童学习与发展指南》指出："幼儿的学习是以直接经验为基础，在游戏和日常生活中进行的。"活动过程中教师以幼儿关心的话题为切入点，结合主题教育活动，将幼儿的生活经验和数学学习结合在一起。《幼儿园入学准备教育指导要点》提出："引导幼儿尝试用数学的方法解决日常生活中的问题。"中班幼儿对数字感兴趣，对于生活中出现的数字较为敏感，因此幼儿关注到了车票上的数字。教师能够较好地把握中班幼儿数学

科学领域

191

学习的目标，以有效的方式支持幼儿学习数学。

教师能够在日常工作中发现和数学有关的问题，帮助幼儿体验运用数学的方法解决问题的乐趣。教师在设计教学活动时，注重中班幼儿的年龄特点，以游戏的方式使幼儿发现数学的趣味，感受数学学习的多样性，满足了幼儿的学习。

幼儿在整个活动中表现出积极的学习态度和强烈的表达愿望，教师通过提问、个别指导、与幼儿互动的方式，帮助幼儿获得了数学学习的新经验。在活动结束部分，教师重视家园共育，引导幼儿回归生活，将数学学习经验迁移到生活中，鼓励幼儿尝试解决生活中的数学问题。

指导教师：北京语言大学幼儿园　张新婷

超级泡泡"神器"（大班）

中国人民解放军 63919 部队幼儿园　刘彩霞

活动由来及设计思路

小宇带来了一个吹泡泡的玩具，于是我们玩起了吹泡泡游戏。看着幼儿兴奋地叫着、跑着，追逐着五颜六色的泡泡，我的心情也随之愉快起来。"这个东西好神奇呀，能吹出泡泡来，刘老师，你知道为什么吗？""我家的泡泡器和这个不一样，但是也能吹出泡泡来。"孩子们七嘴八舌的问题让我萌生了开展一场关于研究泡泡"神器"的活动的想法。

兴趣能激发幼儿探索的欲望，大班幼儿思维活跃，动手能力强，也有一定的问题意识，不但会刨根问底，而且能够通过探索寻找答案。从开始寻找问题到努力寻找问题的答案，就是幼儿"像科学家一样思考"的过程。

在开展研究制作泡泡"神器"活动前，我引导幼儿探究什么样的"神器"能吹出泡泡来，让他们带着问题去寻找生活中的泡泡"神器"。幼儿拿来了玩具、儿童美工剪刀、尺子、胶带内圈、小汽车轮胎等，通过验证发现，只有封闭的有孔的"神器"蘸上泡泡液才能吹出泡泡。用幼儿的话说就是"有缺口的工具"吹不出来，这样就解决了"为什么"（什么才是合格的"神器"）的问题。

在本次活动中，我和幼儿一起用不同的材料自制超级泡泡"神器"，并在实验中发现泡泡的大小和多少取决于"神器"的大小和材质。要想吹出更多更大的泡泡，还要考虑另外一个关键因素——风的力量。本次活动我将引导幼儿发现问题、提出问题，随之动手动脑解决问题。

活动目标

1. 知道镂空且封闭的工具才能吹出泡泡，尝试运用多种材料制作泡泡器。

2. 在观察比较与反复操作中，分析影响吹更多更大泡泡的相关因素（泡泡器的材料、风力的大小等因素）。

3. 体验吹出更多泡泡的快乐，有进一步探究的欲望。

活动准备

1. 经验准备：有吹泡泡的经验，知道泡泡液不能食用。

2. 物质准备：

（1）毛根、儿童手工软铁丝、儿童美工剪刀、吸管、泡泡水。

（2）幼儿随机寻找的工具。

重点、难点

重点：了解泡泡器的特点，运用镂空且封闭的工具才能吹出泡泡的原理制作泡泡"神器"。

难点：在观察比较与反复操作中，找到影响泡泡的各种因素。

活动过程

1. 引导幼儿回忆经验，了解泡泡器的特点。

组织幼儿玩吹泡泡游戏（用封闭的泡泡工具和未封闭的泡泡工具）

教师：孩子们，今天老师准备了许多泡泡工具和泡泡水，我们来玩一玩吹泡泡的游戏。

教师：玩的时候可以互相交换工具，体验每个吹泡泡的工具有什么不一样，一会儿大家一起说一说（见图4-24）。

教师：孩子们，你们发现什么问题了？是所有的材料都能够吹出泡泡吗？

幼儿1：有孔的可以吹出泡泡。

幼儿2：圆的圈圈可以。

幼儿3：有缺口的吹不出来。

幼儿4：我试了瓶盖也吹不出来。

教师：为什么有的工具能吹出泡泡，而有的却不能呢？

幼儿1：没有孔就吹不了，风进不去。

幼儿2：不是圆的圈圈就能吹，有缺口就吹不出来。

幼儿3：我发现不光是方形的，三角形的也能吹。

教师小结：泡泡器只有闭合和镂空的才能形成泡泡膜，吹出泡泡，而没有闭合的泡泡器是形成不了泡泡膜的，因为有缺口，它是吹不出泡泡的。

图 4-24 幼儿比较吹泡泡工具

2. 组织幼儿小组合作，自主选择材料制作泡泡器。

（1）提出制作泡泡器的任务。

教师：那你们想不想自己来制作泡泡器？什么样的泡泡器能让你吹出来的泡泡比其他泡泡器吹出来的多？今天的小任务就是制作自己的泡泡器。

（2）介绍制作材料，引导幼儿讨论、交流、设计泡泡器。

教师：你们组打算用什么材料做？请自由选择材料成立制作小组。

幼儿自由选择材料，分成毛根组、吸管组和儿童手工软铁丝组。

（3）引导幼儿合作制作泡泡器（见图 4-25），观察并适时指导。

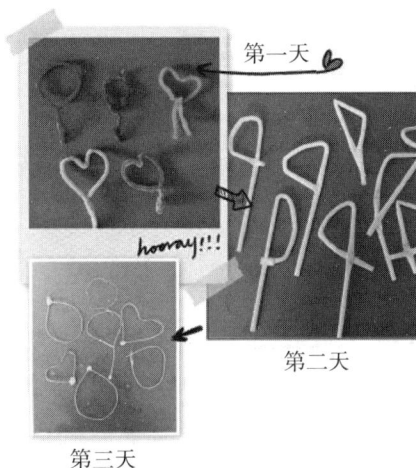

图 4-25 幼儿合作制作吹泡泡工具

教师：你们在制作的时候有没有遇到困难？遇到困难你们是怎么解决的？

幼儿：吸管不容易连接在一起，我们用订书器订上了。

教师：哪种材料做出来的泡泡器更容易吹出泡泡呢？

幼儿1：我觉得只要是符合条件的工具都可以吹出泡泡来。

幼儿2：我觉得毛根制作的吹不出泡泡来，因为它上面有毛毛。

3. 引导幼儿操作实验，尝试用泡泡器吹出泡泡。

（1）引导幼儿尝试吹出泡泡。

教师：你们制作的泡泡器能吹出泡泡吗？

幼儿1：上面有泡泡膜的时候就能吹出泡泡来。

幼儿2：有泡泡液的时候就能吹出来。

（2）师幼、同伴互动讨论。

教师：怎样才能形成泡泡膜呢？为什么毛根更容易形成泡泡，而儿童手工软铁丝和吸管不容易形成泡泡膜？

幼儿1：我发现毛根做的泡泡器吹的泡泡多。

幼儿2：我觉得吸管和儿童手工软铁丝太光滑，泡泡液不容易沾上，所以吹的泡泡少。

教师：除了吹，还可以用其他方法吗？

幼儿1：左右摇晃泡泡器。

幼儿2：拿着泡泡器跑起来。

幼儿3：用风吹。

（3）引导幼儿探索吹出更多泡泡的方法。

教师：怎么样能吹出更多的泡泡？

幼儿1：毛根吸水性强，可以吹出更多的泡泡。

幼儿2：光滑的工具吸得泡泡液很少，吹出的泡泡少。

教师总结：原来不同的材料吸水性不一样，毛根的吸水性很强，所以它更容易吹出很多泡泡。那现在想想看，怎样改进一下你的泡泡器，让它更快、更容易吹出更多的泡泡？

活动延伸

开展"泡泡神器大改装"活动，让幼儿尝试选择其他材料改进自己的泡泡器，再次体验、验证，在做中成长。

个人反思

活动中，从幼儿兴奋的表情可以看出他们的探索是自由的、快乐的。

幼儿的积极性非常高，从一开始寻找生活中的泡泡"神器"，到自己制作泡泡器，遇到难题寻求帮助或自己解决，再到最后的成功，他们的机智、动手能力、解决问题的方式方法都给我带来了感动。幼儿的体验是充分的，是自己对材料进行观察与操作而获得的真实体验。活动侧重于让幼儿在相关经验的基础上，探索制作泡泡"神器"的方法，然后自然而然地导入吹出更多泡泡的泡泡"神器"的环节。虽然内容简约，但是幼儿的探索是充实的。

教师活动组织成功与否，与活动中环节设计、语言组织以及对幼儿的反馈和预测等要素有关。因此，教师要准确把握好活动过程，做好充分准备。尽管如此，即使有了足够充分的准备，也不会一次就把活动组织得十分完美。事实上，组织活动的过程也是一个实验的过程，一个挖掘、发现问题的过程。

综合评析

幼儿的吹泡泡游戏让教师萌发出开展一次有趣的、操作性强的科学活动的想法。活动中的幼儿刚从中班进入大班，探索欲很强，喜欢尝试有挑战的"新鲜事"。他们经常吹泡泡，但没有自己制作过吹泡泡的工具，所以他们非常想尝试。

从活动设计到整个活动的实施，教师都十分重视对幼儿的动手能力、探索能力以及自主性的培养，充分给予了幼儿自主探究问题的空间，指导语以提问为主，把问题抛给幼儿，鼓励幼儿在探索过程中寻找答案。活动富有挑战性，深受幼儿的喜爱。通过体验、探索、讨论等方式，幼儿积极运用各种工具解决问题，体验到了使用工具解决问题的乐趣。同时，教师鼓励幼儿大胆表达自己的见解，抓住幼儿的闪光点，帮助幼儿提升经验。开放式的结尾引发了幼儿后续探索的兴趣，让这个泡泡"神器"从生活中来，到生活中去。

指导教师：中国人民解放军 63919 部队幼儿园　何芳

国旗升起来（大班）

空军直属机关蓝天幼儿园　杨威

活动由来及设计思路

在"我是国旗班"主题活动中，幼儿观看了仪仗队现场升旗，被庄严的仪式感震撼了。他们通过采访了解到国旗班的任务，在班级开展了竞选升旗手、护旗手、军乐队和宣讲员的活动，并且承担了幼儿园升旗仪式的各项任务。整个过程中幼儿体会到了满满的责任感与成就感，增强了"我是中国人，我爱我的祖国，我爱国旗"的情感。

我们在科学区组织了"滑轮升旗"的游戏，幼儿特别感兴趣，但是因为刚刚进入大班，且材料准备复杂，所以总是遭遇困难，难以成功。班级之前开展过"磁铁"主题活动，幼儿对磁铁进行了探究，知道磁铁能吸住铁制的东西、磁铁有两极、磁铁有不同的外形、磁力也有强弱等。国庆节马上就要到了，幼儿希望给祖国妈妈制作贺卡。能不能将磁铁运用到贺卡制作中，同时满足幼儿体验成功升旗的愿望呢？本次科学活动"国旗升起来"由此产生。

活动目标

1. 通过制作"国旗升起来"的贺卡，发现磁铁的穿透现象，获知国旗升起来的原理。

2. 通过自主探究，解决国旗升起过程中的实际问题，提高观察、发现和解决问题的能力。

3. 愿意迎接新挑战，增强克服困难的自信心。

活动准备

1. 经验准备：知道祖国妈妈即将过生日，有关于磁铁的基础探究经验，愿意尝试用各种材料大胆解决问题。

2. 物质准备：各种制作贺卡的小视频，成对可吸在一起的方块磁铁，打印小国旗若干、空白贺卡纸若干、彩笔、墙泥若干。

重点、难点

重点：尝试用磁铁的穿透性解决国旗升起来的问题。

难点：在操作磁铁等材料时能克服困难，发现更多解决问题的好办法。

活动过程

1. 导入情境，激发幼儿自制贺卡的愿望。

（1）提出为祖国妈妈过生日、送祝福、做贺卡。

教师：今天是 9 月 30 日，上午我们观看了"向英雄纪念碑献花"的观礼活动，知道了 1949 年 10 月 1 日中华人民共和国成立。

幼儿：杨老师，明天就是祖国妈妈的生日了，我们做一张贺卡祝福祖国妈妈吧。

（2）引导幼儿自主选择制作贺卡的方式和材料。

播放各种制作贺卡的小视频（纸黏土/彩绘/纸工花卉/国旗升起来动态贺卡……）提问：看一看，说一说，你们想做什么样的贺卡？

幼儿：我想做国旗能升起来的贺卡，那个好玩。

（3）提出问题，引导幼儿猜想国旗是如何升起来的。

幼儿1：我也喜欢那个国旗升起来的贺卡，国旗是怎么升起来的呢？

幼儿2：我觉得是后面有根线在拽着国旗。

幼儿3：不对不对，我看到老师的一只手在贺卡后面，肯定有一只手抓着东西在国旗后面。

教师：想知道国旗是怎么升起来的秘密，请自己去找答案吧。班级里有足够大家使用的材料，请大家随意挑选，制作自己的高级贺卡吧。

2. 引导幼儿自主探究，发现国旗升起来的秘密。

（1）引导幼儿自制贺卡底衬图案。

幼儿试着在贺卡纸上用彩笔简单绘制祖国妈妈生日、国旗杆的祝福背景。

（2）引导幼儿探究怎样让国旗升起来。

一边演示，一边引导幼儿观察发现国旗背后的磁铁及磁铁穿透性现象：老师这里做了一个小样，请小朋友仔细观察国旗是怎么升起来的。

教师：贺卡上的国旗是怎么动起来的？

幼儿：我看到啦，贺卡的背面有一个小磁铁，它和国旗背面的小磁铁互相粘（吸）住了。

教师：老师这里有很多小国旗、小磁铁（班里的其他材料也都开放，幼儿根据自己的需要可以随便拿），你们试一下，看看能不能不用胶水就能让国旗粘在贺卡上，而且还能上下移动。

与幼儿1、幼儿2互动：

幼儿1用墙泥把国旗直接粘到了贺卡上，但是国旗移动不了。

幼儿2对幼儿1说：你不能这么粘国旗，这样就不能动了。我刚才看到杨老师贺卡上的国旗背面有磁铁，是两块，还隔着贺卡纸，咱们试一试吧，也许那样就可以让国旗动起来了。

两名幼儿试了起来。磁铁的一面都贴了不干胶，很容易就撕下来固定在国旗后面了。另一块磁铁的不干胶不需要撕下来，就可以隔着贺卡纸直接吸住对应的磁铁。

幼儿1：我发现啦，把这两块磁铁隔着贺卡纸吸在一起国旗就能动起来啦。

教师小结：原来，磁铁是有穿透吸力的，可以隔着薄薄的贺卡纸互相吸住。

与幼儿3、幼儿4、幼儿5的互动：

幼儿3的国旗升不上去，总是往下掉，他很着急。

幼儿4：你看一下是不是你升旗的时候磁铁离开纸了，用墙泥捏一个小揪揪当一个把手就好了。

幼儿3捏了一个小揪揪当把手，果然国旗能移动起来了，可是升到一半时还是掉下来了。

幼儿5：你看你的贺卡总是躺着，你把它靠在你的怀里立好，这样顺着旗杆的方向就能一直升上去了。我给你唱国歌，你升啊。

幼儿3小心翼翼地移动着国旗后面的磁铁，另一只手扶着贺卡纸，顺应着磁铁移动的角度一点一点地保持两块磁铁一直互相吸引：升起来啦！我的国旗升起来啦！

教师小结：让两块磁铁互相吸住就可以让国旗升起来啦（见图4-26）。

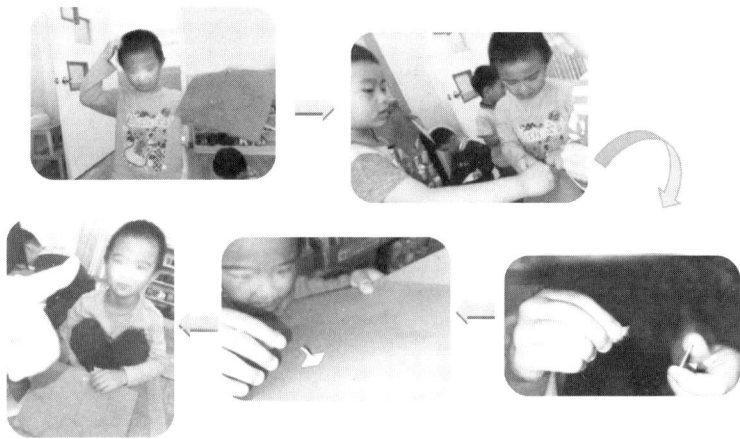

图 4-26　幼儿探索贺卡上国旗升起来的方法

（3）引导幼儿探究收纳磁铁与贺卡的好方法。

实验做完后，幼儿都沉浸在成功升旗的兴奋之中。大家都准备把国旗贺卡收好带回家。磁铁特别小，幼儿在收拾整理贺卡时遇到了困难。

教师：磁铁很小，怎么收材料才能保证磁铁不会丢，回到家里还能继续演示给妈妈看？

幼儿 1：我发现把磁铁吸在一起，然后用墙泥粘在里面，它就不会丢啦。

幼儿 2：我发现不用墙泥粘，用纸黏土也可以。

教师小结：原来我们生活里的好多材料可以帮我们解决国旗贺卡材料收纳的问题，只要小朋友肯动脑筋，多少难题都能解决。

3. 结束部分：总结梳理，带着问题结束。

师幼讨论：在今天的国旗贺卡制作过程中都做了哪些事情？解决了哪些难题？发现了什么更有意思的问题？令小朋友印象最深的是什么？下一步还打算玩哪些探究游戏？需要大人帮助做什么事情？

幼儿 1：我们能用自己的办法为祖国妈妈庆生，真开心，真自豪。

幼儿 2：原来要想让国旗动起来，用磁铁穿透贺卡吸住国旗就能控制它。

幼儿 3：想让国旗升起来就要想办法调整好操控手柄。

幼儿 4：遇到任何难题，只要肯动脑筋想办法，就能解决。

活动延伸

和幼儿一起设想新的挑战，利用所学知识讨论并解决生活中更多的问题。例如，磁铁还能继续让贺卡变魔术吗？如果不用墙泥，还可以用什么办法让磁铁不掉落？

鼓励幼儿在区域游戏中把自己的猜想完整地记录下来并与伙伴分享。

鼓励幼儿在贺卡上增加云彩、气球和小蝴蝶等素材，继续用磁铁穿透相互吸住的办法玩贺卡。

个人反思

《3—6 岁儿童学习与发展指南》提出：要最大限度地支持和满足幼儿通过直接感知、实际操作和亲身体验获取经验的需要。这次活动中我给了幼儿很大的自主空间，幼儿在多次尝试中积累了磁铁穿透性的经验。在和幼儿探究的过程中，我也享受着这次非常有趣、有意义的活动。

1. 只要是幼儿自己选择的就要支持，无论成功还是失败。

活动的三个目标均已完成。这让我感到在科学游戏中，幼儿是天生的玩家。曾经我以为制作贺卡只是写写画画、粘粘贴贴，但是我发现进入大班后幼儿的思维飞速发展，一不小心就会跟不上他们的脚步。本次活动让我看到了幼儿的积极状态，他们在彼此交流的过程中分享经验、寻找答案、解决问题。我看到了幼儿在有挑战的活动中的状态，他们展现出专注、合作、共享、乐于发现和解决问题等学习品质，获得了全面发展。

对于幼儿来说，能够自己确定游戏玩法，比什么都快乐。无论成功还是失败，他们都乐在其中，因为这个游戏是他自己选择的。有自己的主见是一件多么重要的事情，他们没有压力的表达让我明白了尊重幼儿的重要性，我也因此感到快乐和幸福。

2. "学"与"习"的关系在问题解决中更清晰。

幼儿热衷的游戏里会有真问题，幼儿的生活里会有真问题。大人眼里的问题不一定是幼儿的真问题，因为那不是幼儿遇到的。在制作贺卡的过程中，很多问题都是新发生的，有的当时就能解决，有的需要经历几次尝试才能得到答案，有的又属于"无心插柳"的新发现，还有的让我亲眼见证了"孩子真的不需要老师打扰"就能独立完成。突然觉得幼儿的"学"与"习"就像牛顿看到苹果落地的过程那么自然。我们转变惯常思维，尝试用幼儿的视角去想、去看、去理解，就会打开很多闭塞的通路，瞬间觉得幼儿就是生活里的科学家。因此，在幼儿的探究过程中，我们不应做急于给出答案的人，而要做观察者、倾听者、陪伴者，给予幼儿充分的空间，去引导、支持他们自己发现问题、解决问题，收获满满的成就感。

3. 活动的不足。

活动时间有点长，真正探索的时间略显不足。把选贺卡、画贺卡作为准备活动提前完成，就能给这次活动留出更多深入探究和表达的时间。探究过程中聚焦个体、伙伴合作解决问题较多，对团队合作的内容思考不够。

综合评析

"国旗升起来"这一活动有趣、有意义，体现了支持幼儿主动学习的过程。幼儿在活动中自主成长，也触发了教师在促进幼儿主动学习之路上的新思考。

1. 尊重兴趣，把选择权交给幼儿。

从"做贺卡"到"玩贺卡"，教师给予了幼儿很大的选择权，让幼儿自主选择主题、材料、玩法。正是教师的放手，才使得活动有了很大的突破。真实的问题情境使幼儿调动自身的多种经验来解决问题。伴随着一个个新的发现，幼儿的探究越来越深入，达到了"用满足兴趣带动学习"的效果，获得了成就感。

2. 教师退位，支持幼儿自主探究。

幼儿在解决问题的过程中遇到难题时，教师不急于支着儿，而是退位支持，和幼儿一起思考，借助幼儿间的互动解决问题，同时不断引导幼儿做好反思和经验梳理，这为他们今后的学习打下了良好的思维基础。自主探究成为该活动的最大特点。

3. 关注经验，落实活动核心目标。

此活动是爱国主题背景下的科学领域活动，凸显了科学活动的核心价值。幼儿之所以探索的兴趣浓厚且能快速解决问题，是因为有经验的支持。整个游戏过程中，幼儿需要的材料都是生活中常见的，"就地取材"提供了方便，"熟悉属性"为支持幼儿深入探究提供了更多经验。教师对幼儿经验的关注是对幼儿探究最大的支持。

指导教师：空军直属机关蓝天幼儿园　尹金娥　周悦

衣柜订单（大班）

北京邮电大学幼儿园　陈亚波

活动由来及设计思路

本次活动是由区域活动中接到的一个"订单"而生发的小组活动。基于主题活动"纸箱变形记"，幼儿已经掌握了通过改变纸箱形态来制作立体物品的经验，如环保纸箱单人床、角色区使用的收银台、售票处、购物车等，这些都是把纸箱展开后再剪裁、拼接制作而成的。在大班组区域联动游戏时，其他班小朋友看到我们利用废旧纸箱制作的家具后，便询问能否帮助他们制作一张桌子，我们班的幼儿欣然答应了。之后班级便会陆陆续续接到来自不同班级的"订单"，就此，点燃了幼儿利用废旧纸箱制作物品的热情和为他人服务的愿望。

在接到"衣柜"订单后，幼儿首先去大四班询问了客户的需求，并自主分工进行实地考察（见图 4-27），回班后根据"客户"提出的需求开始绘制设计图，最后请"客户"挑选出最满意的图纸。本次教育活动是在前期完成一系列小组活动后开展的。

图 4-27　幼儿进行实地测量

活动目标

1. 能根据"客户"需求将平面纸箱制作成立体衣柜。

2. 在实践中能发现测量、裁剪、拼接中的问题，并通过分工合作找到解决方法。

3. 通过实际操作，体会"变废为宝"的乐趣。

活动准备

1. 经验准备：能根据设计图完成立体物品的制作。

2. 物质准备：废旧纸箱、设计图、胶枪、胶带、儿童美工剪刀。

重点、难点

重点：能根据"客户"需求制作立体衣柜。

难点：与同伴合作解决遇到的问题。

活动过程

1. 引导幼儿回顾"订单"内容，了解"客户"需求。

教师：前几天班里收到了一个"订单"（见图 4-28），负责收"订单"的小朋友前期也做了大量的工作，下面请他们来说一说都做了哪些工作。

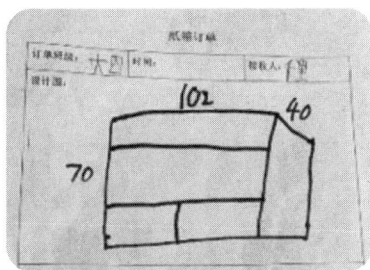

图 4-28　幼儿收到的订单

（单位：厘米）

幼儿：我们前两天收到了大四班小朋友的"订单"，需要我们帮忙拿纸箱做一个表演区的衣柜，于是我们去大四班进行了测量。大四班表演区的空地只能放下长 102 厘米、高 70 厘米、宽 40 厘米的衣柜，他们需要在衣柜里挂15 件衣服，还想把头饰和乐器分类摆放好。

教师：这个衣柜的尺寸是从哪来的呢？

幼儿 1：是大四班老师给我们的。

幼儿 2：我们根据"客户"的要求设计了 6 张图纸，最后客户选择了这张设计图。

2. 引导幼儿分工合作，制作衣柜。

（1）引导幼儿讲述设计图结构，并进行分组。

教师：你们认为根据这张设计图，衣柜可以分成几个部分来制作呢？

幼儿 1：可以分成三部分。

幼儿 2：衣柜的两个侧面和衣柜背面可以整体测量和裁剪。

幼儿 3：柜底、柜顶、间隔板可以一起制作，因为它们的大小是一样的。

幼儿4：承重杆先测量长度，然后用卷的方式制作。

（2）引导幼儿根据衣柜的三个部分，自主选择小组开始制作。

第一组：制作衣柜主体。

幼儿问题1：这么大的纸箱板，应该横向使用还是纵向使用？

引导幼儿通过实际操作得出测量结果，决定纸板使用的方向。

教师：你们打算用什么方法制作衣柜主体？

幼儿：用衣柜三面测量的方法制作。

教师：我们可以先尝试测量衣柜的三个面，再决定纸箱板使用方向。

幼儿根据衣柜三个面的长度进行测量并标记在纸箱板上，发现横向的纸箱板足够长，最终决定了横向使用纸箱板，并将多余部分进行裁剪（见图4-29）。

幼儿问题2：为什么分开测量纸箱板时，两边宽度测量的结果总是不一样？

请幼儿观察，发现使用软尺测量时的问题并进行调整。

图4-29 幼儿探索使用大的纸箱板

教师：谁来说一说你们是怎样测量的？

幼儿：我们用首尾相连的方法测量。

教师：谁来给大家演示一下？

三名幼儿用软尺进行测量，其他幼儿仔细观察。

教师：他们在测量的时候，你们发现了什么问题？

幼儿：测量时，首尾没有对齐，软尺也是弯曲的，两个小朋友没有拉直。

教师：小朋友观察得很仔细，所以在接下来的测量中要将软尺首尾对齐，并且拉直软尺进行测量。

两名幼儿合作将软尺拉直后进行复测，其中一名幼儿按住软尺，另一名幼儿进行标记（见图4-30）。

幼儿问题3：给柜体进行直线标记时，总是画得很歪。

引导幼儿关注标记点的位置，上下要在一条线上。

图4-30 幼儿探索用软尺测量

教师：你们是怎样进行直线标记的？

幼儿探索发现软尺在摆放时就是歪的，所以标记出来的线也是歪的。

教师：按照小朋友做的标记，将软尺向下拉，还是出现了歪的现象，这是为什么呢？

幼儿1：因为上面有标记，下面没有。

幼儿2：那我们就在下面做一个标记，然后将软尺拉直后再进行画线，画出的线肯定就直了。

幼儿根据画出的直线，用裁纸刀划出折痕，然后向上折（纸板较硬，需要反复正反折几次），最后柜体制作完成，幼儿也感知了从平面纸箱到柜体的制作过程。

第二组：制作柜顶、隔板与柜底。

幼儿讨论：怎样制作三块一样大的纸箱板呢？

幼儿：我们可以将一块纸箱板对折起来，然后一起剪。

幼儿尝试将纸箱板对折，发现太硬了，折不齐也剪不开，发现问题后继续讨论。

幼儿1：先做一个，然后用拓印的方式做其他两个。

幼儿2：我去拿了直尺，咱们开始测量吧。

幼儿问题：直尺有些短，不够用。

幼儿：我们可以再拿一个直尺进行拼接测量。

幼儿将衣柜的长、宽进行测量后分别标记在纸箱板上（见图4-31），再进行裁剪。制作完成第一块隔板后，通过拓印的方式完成其柜底、柜顶的制作。

配班教师关注幼儿操作的过程，指导幼儿安全使用剪裁工具。

图4-31　幼儿合作测量纸板

第三组：制作衣柜里的承重杆。

幼儿问题：承重杆（硬纸）卷得太粗了。

幼儿：纸箱板太硬，不好卷，可以请有力气的男孩子帮忙。

幼儿在尝试后，发现卷得还是很粗。

引导幼儿发现纸箱板大小与纸卷粗细的关系。

教师：纸箱板在卷的时候粗细是怎样变化的？

幼儿：卷一圈变大一点，卷一圈变大一点。

教师：你们认为卷到哪一圈就是你们需要的粗细了呢？

幼儿取来衣架，边卷边进行比对，并将多余部分裁剪掉。

（3）引导三组幼儿参与柜体组装。

幼儿问题1：发现承重杆与柜体粘贴不住。

与幼儿共同观察杆与柜体黏合情况，查找原因。

教师：为什么杆总是掉下来？

幼儿1：因为纸卷杆是空心的，不好粘。

幼儿2：胶带使用了很多，就是粘不住。

幼儿尝试将卷好的杆打开重新卷，发现纸板太窄，只能卷一圈。

引导幼儿回忆经验，解决问题。

教师：我们之前在做床腿时，怎样才能加大纸卷的空心面？

幼儿：我们可以剪两个与空心杆两头大小相同的圆片，然后粘贴在一起，增加黏合面。

迁移经验后，幼儿再次尝试，再次尝试粘贴组装，最终获得了成功。

幼儿问题2：组装衣柜时，没有人做衣柜的分类隔板。

与幼儿讨论分类隔板的大小，关注幼儿的操作过程，适时给予指导。

教师：你们怎样才能知道分类隔板有多宽呢？

幼儿：测量隔板中间的位置，就能知道有多宽了。

一名幼儿测量时发现光有宽度是不够的，长是多少呢？于是，另一名幼儿开始测量衣柜的长，并进行标记、裁剪，解决了分类隔板的问题。

关注幼儿的测量方法与测量位置，参与幼儿的组装环节。

3. 引导幼儿梳理经验，展示分享。

教师：你们在制作衣柜时，用到了哪些改变纸箱板的方法？

幼儿1：用到了首尾相连的测量方法，先测量衣柜两边的宽，划出折痕，然后按照划痕向上折纸箱板的方式制作柜体。

幼儿2：衣柜封顶、隔板与封底的大小都是一样的，所以我们只需要测量出一块纸箱板的大小后，通过拓印的方式就可以将其他两块隔板制作完成了。

幼儿3：一块很大的纸箱板卷承重杆会很粗，所以我们只用了纸箱板的一半，将多余的部分剪掉后重新卷，根据衣架钩来确定承重杆的粗细。

幼儿4：我们还给衣柜杆两边制作了圆片，加大了黏合面，这样就可以和柜子粘得更加牢固了（见图4-32）。

图 4-32　幼儿合作完成衣柜

幼儿能够将经验迁移到本次活动中，教师通过梳理、回顾制作过程，帮助幼儿获得新经验。

教师：制作过程中你们是如何分工合作的？

幼儿：需要一个小朋友进行测量，另一个进行标记或者撕扯胶带，有时还需要您扶着纸箱板帮助我们固定。

教师：如果意见不一样你们会怎么做？

幼儿：我们每个人都会说一说，通过投票的方式决定。如果意见还不统一，我们会尝试一下自己的解决方法，看看谁的可以用。

幼儿：还可以用石头剪刀布的方式决定。

通过不断追问，引导幼儿感受同伴分工合作的重要性。

活动延伸

制作完成后，我们将衣柜搬运给"客户"，并询问"客户"的建议和想法，利用拍照的方式记录"客户"的反馈，同时将"客户"的建议记录在"订单"表格中，让"客户"查看确认（见图 4-33）。

个人反思

在"衣柜订单"活动中，幼儿通过直接感知和实际操作，用平面的纸箱板制作出了立体的衣柜，提高了发现问题、分析问题和解决问题的能力，体会了变废为宝的乐趣及为他人服务的快乐。大部分幼儿能迁移经验，并通过小

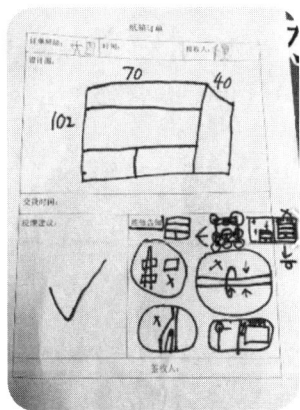

图 4-33　记录客户的反馈

组分工合作的方式共同完成立体衣柜的制作。实践中意见产生分歧时，幼儿能各自讲述观点并分析问题所在，通过实际操作验证观点，使得活动在发现问题—解决问题—发现新问题—解决新问题的过程中不断推进。我也

能通过有效的提问帮助他们梳理相关经验，使他们达成一致意见，统一解决方案，共同解决活动中的难题，最后获得成功体验。

活动中的不足之处为在分组操作中，过于关注参与性较强的幼儿，个别幼儿出现注意力不集中等现象。后续可以多开展制作类活动，调整小组人数，鼓励幼儿多表达、多参与，并给予积极回应。再如，活动中幼儿需要使用胶枪等工具时，考虑到幼儿安全，需要我帮助完成，因此投放数量少，导致部分幼儿出现等待轮流使用的现象，后续应加强幼儿的安全教育，提高幼儿正确使用工具的能力。

综合评析

活动中教师注重激发幼儿的探究欲望，通过充分调动幼儿的感官以及让幼儿亲自操作来感知纸箱板结构与功能之间的关系，初步理解其中的科学原理。教师在幼儿的实践活动中，特别注重对幼儿思维的培养，能够坚持以问题为导向，关注幼儿深度学习，注重幼儿在探究中迁移经验与建构新经验，同时，为幼儿营造了充满理解和尊重的课堂氛围，激发了幼儿的表达愿望，让幼儿在与同伴的合作中体验到了乐趣。

整个活动体现了多学科知识的融合、多种学习方法的交叠。在学习方法上，教师以幼儿为主体，注重幼儿直接感知、实际操作、亲身体验，相信幼儿是有能力的学习者，采取幼儿自由结组的方式，追随幼儿并支持他们独立完成任务。在学习过程中，教师有意识地扩展幼儿的思维，不断追问幼儿，引发问题冲突，同时又注重问题的解决，让幼儿在实际活动中体验到了成功的喜悦。

指导教师：北京邮电大学幼儿园　王晓彤　顾艺文

北京市海淀区教师进修学校　田彭彭

夏游幼儿园（大班）

北京市清华洁华幼儿园　赵翠翠

活动由来及设计思路

临近毕业，幼儿纷纷表达自己想在幼儿园做的事情，如"抱抱老师""多玩幼儿园的玩具""在幼儿园里寻宝"等，每个幼儿都清晰地表达了想要在幼儿园做的事情。我及时捕捉幼儿的情感共鸣，基于"以学定教、顺学而导"的思路，开展了"我们想在幼儿园做的38件事"主题活动，支持幼儿回忆幼儿园的美好生活，为想做的事情制订计划，体验完成活动计划的成就感，增强任务意识和解决问题能力。

如何将幼儿的想法转化成有意义并且有意思的教育活动是需要重点思考的。对幼儿毕业前想做的事情进行分类和统计后，我发现寻宝游戏在"我们想在幼儿园做的 38 件事"中占比很大。幼儿体验过室内寻宝，也玩过户外寻宝，有着丰富的游戏经验。在一次寻宝游戏中，有幼儿想要帮助我一起藏宝。感动于幼儿的热情与主动，我选择了两个小助手。过程中，我发现了一个问题，小助手不能准确地描述藏好的位置。我决定开展数学活动"夏游幼儿园"，一方面，支持幼儿通过沉浸式的体验，加深对幼儿园的热爱之情；另一方面，以幼儿喜爱并擅长的学习方式，运用空间方位经验解决游戏和生活中的问题。

活动目标

1. 能够辨别空间方位，并在地图上对宝物的位置进行表征。

2. 体验运用空间知觉藏宝寻宝的乐趣，留下美好记忆。

活动准备

1. 经验准备：有玩看图寻宝游戏的经验。

2. 物质准备：

（1）手绘版幼儿园前院地图（见图 4-34）和后院地图（见图 4-35）各 2 张。

（2）幼儿自选的"宝物"20 个、不同图案的小贴画 6 个、玩具筐 4 个。

（3）黑水笔 4 支。

（4）轻音乐。

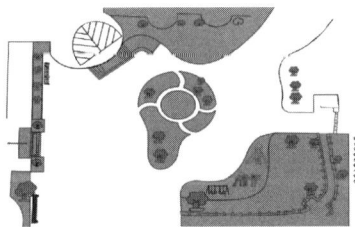

图 4-34　手绘版幼儿园前院地图

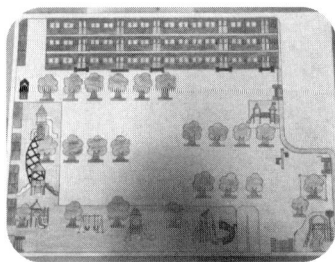

图 4-35　手绘版幼儿园后院地图

重点、难点

重点：在地图上对宝物的位置进行较为准确的表征。

难点：在平面图中准确表征物体的空间关系。

活动过程

1. 引出藏宝任务，激发幼儿参与游戏的兴趣。

（1）出示手绘版幼儿园地图，引出藏宝任务。

教师：你们是不是对幼儿园特别熟悉？今天我们要玩游园游戏。今天的游戏跟以往不一样，由你们来当老师，把你们准备的宝物藏起来，然后让其他小朋友找。

幼儿纷纷鼓掌，表示太棒了。

（2）引导幼儿自由分组，自选幼儿园地图，为幼儿介绍游戏规则。

教师：请4名小朋友组成一组，合作游戏。每个小组派一名小朋友来老师这里选一张地图。游戏规则是，看清楚拿到的是后院还是前院的地图，小组商量好把5件宝物分别藏在5个不同地方，并在地图上做好标记，设计小组的地图，一会儿小组之间要交换地图，然后玩寻宝游戏。

请每个小组在宝物和地图上面都贴上你们小组的标记——小贴画。这样一方面可以与其他组的地图和宝物区分开；另一方面在玩寻宝游戏的时候，可以通过标记来判断是不是要找的宝物。

幼儿根据自选地图上的标记分成4组，分别是后院小红花队、后院小汽车队、前院小花猪队、前院大红花队。组员将标记贴到宝物和地图上。

2. 组织幼儿分组藏宝、标记地图。

幼儿自主藏宝，教师观察、了解幼儿藏宝、在地图上做标记的表现，记录幼儿的典型行为，关注幼儿能否根据藏宝位置准确在地图上做标记。

与前院小花猪队的组员互动：

教师：你们小组打算怎么标记地图？

幼儿1：我们藏好一个画一个。

幼儿2：（手指着地图）我想藏在这里，这儿特别隐蔽。

幼儿3：（手指着地图）我想藏在这个大型玩具这儿。

幼儿1：为什么？

幼儿2：因为这里有很多狭小的空间，不容易被看见。

幼儿分别去藏宝，藏好后回来在地图上做标记（见图4-36）。

与后院小汽车队的组员互动：

教师：你们小组打算怎么标记地图？

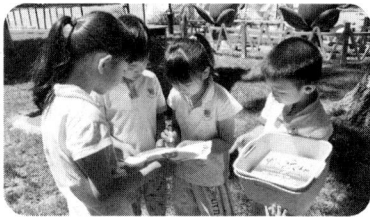

图4-36　幼儿讨论如何标记地图

幼儿1：我在中央座椅等他们，他们藏好后过来告诉我藏在哪里，我统一做标记。

幼儿2：你说的中央座椅，是大型玩具旁边第三棵树那里吗？

幼儿1：对。

一段时间后，幼儿纷纷跑过来说"藏好啦"。

幼儿1：你藏哪里了？

幼儿3看着地图，想了想：我忘记啦。

幼儿1：你再去看看。

幼儿1：你藏哪里了？

幼儿4：我藏在橘色滑梯的攀爬网那里了。

幼儿1调整了看图方向，将地图面向幼儿园北楼，然后开始做标记。

3. 引导幼儿分享藏宝方法。

教师：每个小组都标记好了地图。有的小组是先画后藏，有的小组是先藏后画，谁愿意来分享一下你们组的做法。

幼儿1：我们藏一个画一个，谁去藏宝物谁来画标记。

幼儿2：我们小队先画后藏，这样能节约时间。

教师：你为什么觉得先画后藏节约时间？

幼儿1：因为我们是先画好再去做的，有计划性。

幼儿2：我们先藏后画。如果是一个别人一眼就能看见的地方，我就不藏在那里了。我要藏在一个别人找1分钟也找不到的地方，然后再做标记。

教师：先观察一下环境，找一个特别隐蔽的地方，这样其他小朋友找起来就很困难了。

教师：接下来，我们交换地图，请小朋友选择一张不是藏宝时所在院子的地图，根据其他小组提供的地图来寻宝。拿好地图，出发吧。

4. 引导各小组交换地图，看地图寻宝。

幼儿自主寻宝，我观察、记录幼儿寻宝时的表现，在幼儿遇到困难或者寻求帮助的时候及时给予支持。

与后院手持小汽车标记的小组互动：

幼儿：我们全部找到了，回去吧。

幼儿开始点数，发现少了一个，于是围在一起看图，查找遗漏了哪个地点。

幼儿：我知道这个，在大型玩具那里。

4 名幼儿一起奔向大型玩具，围着大型玩具找来找去，没发现宝物。

教师：你们再看看地图，地图上的标记在哪里。

幼儿最终在大型玩具攀爬网下面找到了宝物。

教师与前院手持小花猪标记的小组互动。

教师：你们好棒，在这么短的时间找到了 3 件宝物，你们的识图能力很强呀。

幼儿继续寻找其他 2 件宝物。他们围着大树转来转去，嘴里念叨"就是这里呀"。

幼儿 1：我们去问问赵老师。

幼儿 2：赵老师，这块没有。

教师：我们一起来看看地图。这里是一进幼儿园大门的三棵树，画的是第一棵树。

幼儿：没有，没找到。

教师和幼儿一起拿着地图在周围找，最终在第二棵树的后面找到了宝物（见图 4-37）。

幼儿：他们标记错啦。

教师：待会儿我们分享经验的时候，把你们的发现告诉大家。

图 4-37　幼儿寻找宝物

5. 引导幼儿分享寻宝发现，共享经验。

教师：你们在寻宝的时候用了什么好方法？

幼儿 1：我们小队一起看地图，找到全部宝物了。

幼儿 2：我们小队倒着看地图，这样看到的位置就和地图上的一模一样了。

教师：他们的看图方法关注到了方向，倒着看图，使地图和我们所处的方向一致。

教师：你们在寻宝的时候有没有遇到困难？

幼儿 1：我们用前院的地图找宝物的时候，它明明标记的是藏在这里（手指一块空白地），可是宝物却藏在桌子里面。

幼儿 2：我们当时就想藏在桌子下面，可是地图上又没画桌子。

教师：这个问题怎么解决？谁来帮帮忙？

幼儿 1：可以画一张桌子。

幼儿2：不行，万一你画了桌子，别人会以为你的桌子是标记。

幼儿3：可以用其他颜色的笔来画桌子。

教师：我懂小朋友的意思啦。当我们藏宝的地方没有标记物的时候，可以用不同的颜色画一个标记。你们真棒，又想了一个好方法。

教师：还有哪个小组想要分享在寻宝过程中遇到的问题？

幼儿：我们看地图上标记的是在第一棵树那里，可是最后是在第二棵树那里找到宝物的。

教师：这张地图是谁设计的？请做标记的小朋友来说一下。

幼儿：我把宝物藏在了第二棵树那里。

教师：那你把标记做在哪里了？

幼儿：我画错了，我画在了第一棵树那里。

教师：这也提示我们画藏宝标记的时候要细致，藏在哪里就画在哪里。

教师总结：今天我们成功完成了藏宝寻宝游戏，提高了识图本领。无论是藏宝还是寻宝，我们都要看清楚，识别出宝物在地图上的位置。看地图的好方法能够帮助我们顺利找到宝物。我们又完成了一件想在幼儿园做的事，祝贺大家。

活动延伸

1. 支持幼儿继续开展寻宝藏宝游戏，既满足幼儿的游戏兴趣，又在游戏中巩固幼儿的空间定位和空间表征能力。

2. 鼓励幼儿在家中开展寻宝游戏，和家长一起体验画图、藏宝、寻宝的乐趣。

个人反思

1. 活动依托园内资源，让幼儿在游戏情境中、在浸润式体验中积累了空间方位经验。

一草一木皆课程，一草一木皆有情。活动依托园内资源，为幼儿创设了有趣味、有挑战的游戏情境。本活动的核心目标落在空间关系探索上。"夏游幼儿园"是活动载体，幼儿沉浸在游戏情境中，积极运用空间方位经验完成游戏挑战，在亲身体验中较好地完成了平面图与幼儿园立体空间的相互转换，提升了平面空间表征和立体空间感知的能力，感受到了数学游戏的有趣。

2. 活动内容富有挑战性，幼儿在游戏中有很高的自主性，体验到了成就感。

班级幼儿对于看图寻宝游戏有着丰富的经验，但是"自主藏宝并设计地图"对幼儿来说是新的游戏内容。新的游戏内容让幼儿充满探索兴趣。小组中的每一名成员都能发挥自主性，设计藏宝位置，并在地图上做好标记。大部分幼儿能够运用空间方位经验主动探索空间关系，完成藏宝和寻宝任务。幼儿藏宝、做标记的表现体现了对经验的有效迁移。

3. 数学教育与生活教育结伴而行，体现经验的有效迁移。

幼儿在活动中获得的核心经验丰富了幼儿的游戏与生活。以前寻宝游戏主要是我负责藏宝并在地图上做标记，以我组织为主。现在藏宝和寻宝游戏基于幼儿在活动中获得的经验、因幼儿的需要随时开展。幼儿在户外自主游戏时也可以选择藏宝寻宝游戏。

综合评析

1. 基于学情设计活动，满足了幼儿的情感需要和发展需要。

该教学活动源自大班幼儿临近毕业的心愿。教师一方面回应幼儿的兴趣和情感需要，另一方面满足了幼儿的发展需要，根据大班幼儿空间认知的发展目标，依托园所的空间资源，设计了藏宝寻宝游戏，支持幼儿在富有挑战的环境中自主探索，发展空间知觉能力。

2. 把握预设与生成的关系，支持幼儿在教师有准备的活动中自主学习，提高问题解决能力。

教师基于对学情的分析和幼儿发展的需要设计了本次活动，对于活动过程中遇到的问题并没有简单地表示"可以或者不可以"，而是通过聚焦问题引导幼儿调动经验，通过添画参照物的方式来解决问题，培养了幼儿不怕困难、积极应对的学习品质。

3. 活动中出现了新问题，为之后丰富相关经验找到了切入口。

活动中幼儿藏宝并在地图上准确做标记是难点，也就是如何引导幼儿将空间关系在平面图中进行表征。幼儿确实遇到了一些问题。例如，所藏的位置和在地图上标记的位置不一致，有的幼儿在地图上随意做标记等；在分享交流环节，教师由于对幼儿遇到的问题考虑不充分，因此对如何准确做标记的方法梳理不够。这也进一步说明，针对活动中出现的新问题，教师要善于发现新学情，在后续活动中继续丰富幼儿的经验，不断提升幼儿的能力。

指导教师：北京市清华洁华幼儿园　晏红

北京市海淀区教师进修学校　陈敏倩

数字密码（大班）

北京市六一幼儿院　闫昱洁

活动由来及设计思路

班级幼儿在区域进行"寻找小红军"的游戏时，我通过观察发现幼儿认识箭头所表示的方向，但大部分幼儿不能将箭头所指方向与平面图准确对应。箭头是幼儿在生活中常见的符号，幼儿园的地图中也会使用箭头表示方向。

《3—6岁儿童学习与发展指南》在科学领域的教育建议中指出，教师应丰富幼儿空间方位识别的经验，引导幼儿运用空间方位经验解决问题。在幼小衔接方面，幼儿进入小学后需要根据方位寻找教室等，因此空间方位这一数学认知水平的发展对幼儿适应小学生活非常重要。结合以上内容，我设计了本次活动。

活动目标

1. 通过观察和比较，理解方向标记在平面图中的含义。

2. 能够运用↑、↓、←、→四个方向标记表征空间方位。

3. 喜欢参与解密游戏，体会方向标记的作用。

活动准备

1. 经验准备：

（1）了解以客体为中心的上、下、左、右。

（2）认识方向箭头。

2. 物质准备：PPT，白板，宝箱，三把密码锁（每把密码锁上有三位数字密码），第二关、第三关密码的操作单（每人各一张）。

重点、难点

重点：在理解方向标记在平面图中的含义的基础上，正确破解密码。

难点：运用↑、↓、←、→四个方向标记表征空间方位，设计路线图。

活动过程

1. 导入部分：创设破解密码的情境，激发幼儿解密的兴趣。

教师：老师有一份神秘礼物要送给小朋友们，小朋友们要解开礼物盒上的三把锁才能得到它们，每把锁都是由三位数字密码组成的，你们有信心挑战成功吗？

幼儿兴奋激动地想要破解密码。

破解第一关密码（见图4-38），体会方向标记的作用。

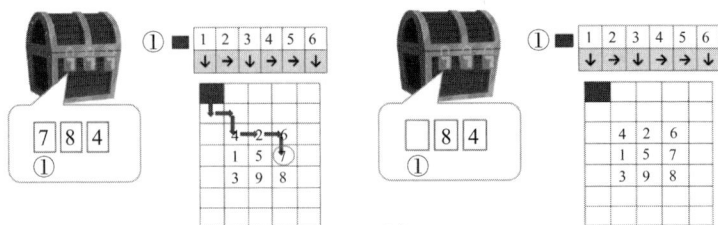

图 4-38 引导幼儿集体破解第一关密码

教师：这把锁上的数字密码老师已经破解了两个了，但是第一个数字还没有破解出来。请小朋友来帮助老师破解第一个密码吧，想想它是数字几，你是怎么知道的？

幼儿1：是数字7。我看到了1的下边有个向下的箭头，2的下边是向右的箭头，我们得按照这个箭头找密码。

幼儿2：我觉得是数字4，我也是按照箭头方向找的，第三次我就找到了4。

幼儿3：不对，你的箭头还没走完，要把6个箭头都走完才能找到密码。

教师小结：在密码表中，上边一行数字代表行走的步数，下边箭头所指的方向代表要行走的方向，通过观察箭头方向确定行走路线，根据箭头所指方向，按照顺序行走完6步，我们就可以找到正确的数字密码了。

2. 引导幼儿在解密及设计路线的游戏中，理解方向标记在平面图中的含义。

（1）引导幼儿自主探究，破解第二关密码。

教师：恭喜小朋友们成功破解了第一关密码，第二关密码可有些难了，这关密码需要破解几个数字？你是怎么知道的？红、蓝、绿三种颜色的方块代表的含义一样吗？

幼儿1：我们要破解三个密码，因为它们有三个起点。

幼儿2：三种颜色代表的起点不同。

幼儿3：我们要看清楚三个密码起点的颜色是什么，再根据箭头破解密码。

教师：这三个密码分别是几，你是怎么知道的？

幼儿自主尝试破解密码（见图4-39）。有的幼儿在密码表中用手指着往前走；有的幼儿对照路线图，每走一步在密码表中画一个箭头。教师通过提问

"你是用什么方法成功找到密码的"，引导幼儿用语言表述自己破解密码的方法。针对没有找到正确密码的幼儿，教师走到其身边，在路线图上一边示范行走第一步至第三步，一边引导幼儿观察，然后询问幼儿："看一看，所有箭头都走完了吗?"引导幼儿发现按照箭头方向走完6步才能找到正确密码。

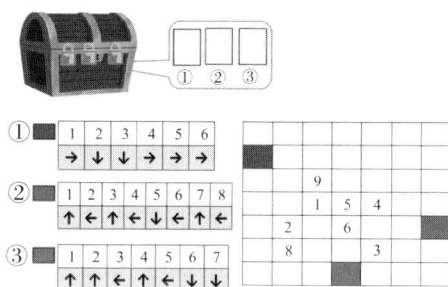

图 4-39　幼儿自主破解第二关密码

（2）带领幼儿总结梳理，掌握找到数字密码的方法。

教师：你们是用什么好方法成功找到数字密码的？什么样的方法可以更清楚地标记你们走的路线呢？

幼儿1：我是拿笔头指着数的，按照这个箭头往上、往上、往左、往上，最后就找到了。

幼儿2：我是用涂颜色的方法，走一个格就涂一种颜色。

幼儿3：我可以把箭头直接画在表格里，这样就能找到了。

教师：你们在破解密码的过程中遇到了什么问题？

幼儿：我是用画线的方式，但是画三个密码的线就画乱了。

教师：小朋友有什么方法能帮助他记住自己每次走到哪个位置吗？

幼儿：三个密码分别用不同颜色的线画，如蓝色起点的密码画蓝线，红色起点的密码画红线。

教师小结：我们在做标记时，用不同的颜色可以使标记更加清晰。

幼儿1：我在找密码的时候，总会记错下一步该往哪走。

幼儿2：我们得按照表格里的箭头方向走，然后按照第一步、第二步的顺序，每走一步就画一条线，这样就不会记错了。

幼儿3：我们也可以按照第一步、第二步的顺序走，每走一步就跟着箭头的方向涂一种颜色。

教师小结：要想成功破解密码，就要特别细心地记住箭头方向和根据箭头行走的顺序，用不同的颜色画线、涂色，或者是用手指指着，这些方法都能够帮助我们记清顺序和方向。

（3）鼓励幼儿自主尝试设计路线图，并用↑、↓、←、→四个方向标记表示设计的路线，破解第三关密码。

①与幼儿共同讨论设计路线图的方法。

教师：小朋友们太厉害了，成功破解了两关密码，第三关密码需要小朋友们自己设计路线图，只有成功设计出路线图才能够获得破解第三关密码的能量。我们在自己设计路线图时需要先确定什么？

幼儿1：要把起点设计在左上角。

幼儿2：也可以把起点放在右边，我们可以自己设计起点。

幼儿3：我们要自己知道最后的密码是什么，但不能写出来。

幼儿4：第6步一定要走到数字的位置才行。

教师：小朋友们发现原来起点可以确定在任意位置，除了起点和需要最后破解的密码，中间设计时我们还需要注意什么？

幼儿1：我们还要知道怎么走才能找到密码，得画箭头。

幼儿2：箭头应该画在提示卡数字下边的表格里，不能画在密码卡上，要不然别人一看就知道密码是什么了。

教师：小朋友们发现在设计路线图时需要知道起点和最终密码的位置，还需要确定每一个箭头的方向。路线图要怎么设计呢？我们一起来试一试吧（见图4-40）。

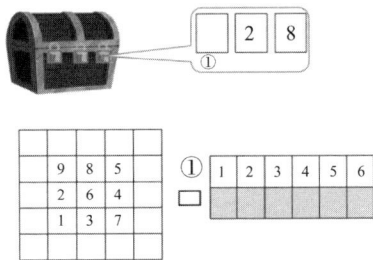

图4-40　幼儿自主破解第三关密码

②引导幼儿自主尝试设计路线图。

幼儿尝试用↑、↓、←、→四个方向标记设计路线。有的幼儿用小手指着，专注地将箭头记录在密码表中。有的幼儿第一次失败了，重新拿起一张密码表开始设计。教师一边指导一边提问："你是怎么设计路线的？"引导幼儿用比较清晰的语言表达自己设计密码的方法。

幼儿1：我想把密码设成3，我从3开始倒着画箭头，画完6步以后把箭头记在路线图上，最后就是起点。

幼儿2：我先确定起点，然后设计路线，最后一步到数字的位置，这样最后一个数字就是密码。

幼儿3：我也是先确定起点，但是在设计完路线以后发现6步走完后那个格子没有数字，我就重新改了几个方向，让最后一步到有数字的地方。

教师小结：小朋友们在设计密码时非常认真，可能第一次没有成功，但坚持继续挑战，不怕失败。在设计路线图时，我们要先确定起点或终点，然后根据路线图中的6步分别确定每一步箭头的方向。如果先确定起点，遇到问题时可以调整过程中的箭头方向，一定要确保最后一步的终点是在数字区域。如果先确定终点，也要保证起点是在空白区域，最后根据路线将不同方向的箭头按照顺序记录在密码表中，这样我们就能成功设计出路线图啦。

3. 鼓励同伴分享自己设计的路线图，相互挑战，巩固活动经验。

教师：你是怎么设计的？你的起点在什么位置？

幼儿1积极与周围的人分享自己设计的路线图。

幼儿2不愿意与同伴分享自己设计的路线图。教师走到幼儿2身边低声询问："你的路线图是什么？看看我能不能破解你的密码。"

幼儿2声音较小地在教师耳边分享自己的设计。当教师成功破解密码后，他开心地笑了起来。

教师小结：恭喜小朋友们成功设计出了自己的路线图，获得了破解第三关密码的能量。我们的三把密码锁已经全部打开，每个小朋友都将获得一份神秘大礼。

小朋友们今天在破解密码的过程中非常认真，面对困难，不仅能够特别细心地记住箭头方向和行走的顺序，还能够勇敢挑战设计6步路线图。相信在以后面对更难的路线图时，小朋友们一定能够挑战成功。

活动延伸

1. 将幼儿设计的路线图投放到游戏区，鼓励幼儿在游戏时间破解他人的路线图。

2. 在实际生活中再次帮助幼儿巩固路线图与方位的对应关系，如在游戏前，鼓励幼儿设计到达游戏场地的路线。

个人反思

"数字密码"这次数学活动的内容来源于幼儿实际生活中遇到的问题，与幼儿联系紧密。幼儿非常积极地参加游戏。活动目标的设定源于本班幼儿的经验，符合大班幼儿的年龄特点和发展需要。活动材料比较丰富，富有挑战性，不仅符合幼儿的学习特点，而且能够进一步加深幼儿对活动目标的理解。

游戏难度层层递进，帮助幼儿从理解方向标记的含义过渡到运用方向标记表征空间方位，可以丰富幼儿的经验。同时我能够密切关注幼儿的表现和反应，当听到幼儿的疑问时，能够及时为幼儿提供反馈；当发现幼儿遇到的问题较多时，能够及时调整教学内容，延长总结分享的时间来解决幼儿操作中遇到的困惑，在兼顾全体的过程中兼顾个别幼儿。

我关注到了对幼儿学习品质的培养，如幼儿非常认真专注地破解密码，在破解密码失败时，也没有放弃，而是重新开始再次尝试，我及时肯定幼儿坚持不懈的学习品质。整个活动过程充分体现了幼儿的主体作用。每名幼儿都能够主动尝试、操作，达到了活动的预期目标。

除此之外，此次活动也存在一些不足。首先在环节的时间安排方面，总结分享环节所占时间过长，导致幼儿在设计分享环节时间较为紧张。在总结分享时可以给予幼儿一些同伴间相互分享的机会，再针对几名幼儿出现的典型问题进行小结。在教师指导方面，可以加强和配班教师之间的交流，以便了解幼儿的个性化问题，兼顾全体幼儿。

综合评析

面对即将升入小学的幼儿，培养其探究精神、学习习惯、学习兴趣及学习能力能够有效帮助他们较快适应小学生活。

在学习品质方面，幼儿敢于探索和挑战比较有难度的解密游戏，并能够一直认真专注地投入破解密码的游戏，面对失败不怕困难，不断尝试解决问题的方法，最终获得了成功的体验。幼儿表现出的学习品质对幼儿后续的学习有着非常重要的影响。

在学习兴趣方面，幼儿对破解密码这一游戏有好奇心和探究欲，热情高涨，愿意动手动脑解决遇到的问题。教师为幼儿提供了充足的空间及丰富的操作材料，支持幼儿持续探究，获得问题的答案，体验用数学解决问题的乐趣，进一步激发了幼儿学习数学的兴趣，培养了幼儿好奇好问的探究精神。

在学习习惯方面，在富有挑战性的游戏情境中，幼儿在亲身感知、体验、发现和辨别的过程中专注地进行探究，学习空间方位。从自主探究破解第二关密码，到应用设计路线及密码，幼儿勇于挑战，不怕困难，针对教师提出的问题，能够独立思考，大胆表达自己的观点。

在学习能力方面，教师在层层递进的环节设置中，鼓励幼儿完整清晰地表述自己的观点，在倾听他人观点的同时分享自己在探究过程中的发现及问题。幼儿在操作中理解上、下、左、右四个方向所表示的含义，学习习惯的培养及学习能力的发展为幼儿适应小学生活奠定了基础。

指导教师：北京市六一幼儿院　刘佳佳

科学领域

221

艺术领域

飞舞的小花（小班）

北京市海淀区恩济里幼儿园　侯暖

活动由来及设计思路

一天早晨，糖糖神秘地笑着走到了我身旁。我问她："糖糖，什么事情让你这么高兴？"糖糖慢慢伸出小手说："您看。""呦，糖糖染了彩色的指甲。""您知道我是用什么染的吗？""不知道。""是指甲花，是妈妈帮我弄的。"说着她开心地给同伴看她的彩色指甲。大家你一言我一语讨论着糖糖的彩色指甲："我也想染。""还可以染其他颜色吗？""这个会被洗掉吗？""能染别的东西吗？"

花朵带来的神奇体验就在我们身边。鉴于幼儿有一定的涂鸦经验和图形认知能力，我选择了幼儿熟悉的事物进行创作与表达，有效调动了幼儿的参与性与积极性，丰富了幼儿的感知体验与审美经验。我充分接受幼儿的好奇心和疑问，希望通过一次特别的美术活动，带着幼儿感受花朵带来的神奇体验。

活动目标

1. 愿意参与美术活动，在游戏中感受创作的乐趣。

2. 用喷染、滴染的方法体验色彩美，用自己喜欢的方式进行艺术表现。

3. 能够大胆用色，体验画面构成的造型美和色彩美。

活动准备

1. 经验准备：

（1）了解基本颜色、花朵、图案等。

（2）会使用美术工具。

2. 物质准备：

（1）小花朵的家（花朵收集盒）、背景音乐。

（2）喷壶、挤压瓶、刷子、颜料、罩衣、抹布、画纸等。

重点、难点

重点：能够运用喷染、滴染等多种方式体验色彩美。

难点：尝试运用植物进行自由拼摆，感受植物组合的变化。

活动过程

1. 带领幼儿回顾收集花朵的过程，观察收集到的花朵的特点，引发幼儿的创作兴趣。

和幼儿一起回忆前几天下过的花瓣雨，观察"小花朵的家"（花朵收集盒）里收集到的花朵。

教师：小朋友们，你们还记得前几天下雨后我们做了一件什么有意思的事情吗？

幼儿1：去看花瓣雨了。

幼儿2：下了一场花瓣雨，我们捡了很多花瓣。

幼儿3：捡的花瓣特别美。

教师：你还记得你都捡到什么花的花瓣了吗？这是什么花的花瓣？

幼儿1：我捡到了粉色的花瓣。

幼儿2：这个红色的是月季花的花瓣。

2. 引导幼儿通过花瓣抛撒和自由拼摆游戏，感受自然之美。

带领幼儿将花瓣自由撒落在纸上，并引导幼儿自主观察花瓣落下后的变化。

教师：花瓣雨那么美，我们也来下一场花瓣雨吧。

幼儿：哇！太好了，要下花瓣雨了。

教师：下花瓣雨喽（见图5-1）。

幼儿：花瓣雨真漂亮，画纸上都是花瓣。

教师：小朋友们快看看，花瓣落下来你的画纸变成什么样了？

幼儿：这些花瓣飞得到处都是，都变成一块花布了。

教师：花布上的花瓣变成什么样了？

幼儿：我的花瓣都堆到一起了，就像一朵大花朵。

3. 鼓励幼儿自由拼摆，发现花瓣组合后的变化。

图 5-1　下花瓣雨

教师：下了花瓣雨的画纸变成了有美丽图案的花布。你喜欢哪个图案？

幼儿1：我的花布上好像有个小房子。

幼儿2：我这个图案有点像小兔子，我喜欢。

教师：小朋友们有很多喜欢的图案，我们一起摆一摆，把喜欢的图案摆在我们的画纸上吧。

教师：你用了什么花瓣？摆了什么？

幼儿1：我这个是用月季花的花瓣拼的太阳。

幼儿2：我这个是一个船帆，是我用大树叶拼的，还能坐人呢。

一名幼儿拼摆遇到了问题。

教师：牛牛，你怎么不拼了？

幼儿：我还想拼一个大房子，可是花瓣不够了。

教师：不够了怎么办呢？

幼儿：我需要更多的花瓣。

教师：我们的小花朵家里好像没有啦，这些都是我们寻找来的，还能怎么做呢？

幼儿：我想再去捡一些，那边还有花瓣和树叶。

教师：好的，我们一起去看看，捡一些合适的花瓣和树叶吧。

幼儿：我捡了一片大树叶，还有小花瓣，可以拼一个大房子了。

教师：那就去试一试吧。

幼儿：这个大树叶是房顶，我再拼一个窗户和门就可以了。

教师：你自己想办法解决了问题，创作的图案更加丰富了（见图5-2）。

图5-2 幼儿自由拼摆

4.通过"花朵变花布"的游戏，引导幼儿尝试多种染色方式，感受色彩之美。

（1）介绍工具。

教师：花瓣让画纸上有了很多漂亮的图案，想不想让画纸上有更多的色彩？

幼儿1：我想让花朵更红一点。

幼儿2：我喜欢黄色。

教师：这里有很多工具，喷壶、挤压瓶、刷子，这么多工具都可以为画纸带来色彩，你想使用哪个呢？

幼儿1：我用喷壶，喷壶可以下彩色的雨。

幼儿2：我喜欢这个瓶子里的红色，我想用这个瓶子。

教师：你们知道它们的使用方法吗？

幼儿1：喷壶可以喷喷喷，捏这里。

幼儿2：我用过刷子，沾上颜色在纸上刷。

幼儿3：这个瓶子怎么用？我不知道。

教师：小朋友来捏一捏这个瓶子。

幼儿：它是软软的，颜色从口流出来了。

教师：用力挤一挤颜色就会流出来，把你喜欢的颜色挤在你的画纸上吧。

（2）让幼儿自主选择工具，根据幼儿的选择适时指导。

观察幼儿使用工具的方法，鼓励幼儿大胆选择不同的色彩进行染色活动（见图5-3）。

教师：小朋友们，我们一起选喜欢的工具和颜色在我们的画纸绘画吧。

幼儿1：我的花瓣都变成蓝色的啦。

幼儿2：刷子刷一刷也像下小雨。

幼儿3：我这个像面条，好长啊。

教师：每种工具我们都来试一试，看看它们落在画纸上的样子。

5. 引导幼儿观察发现，自主表达观看画面色彩后的感受。

教师：我们的画纸上色彩丰富，请老师们帮助把画纸竖起来，我们一起来欣赏欣赏。

幼儿1：哇，真好看。

幼儿2：我的小兔子怎么掉下来了？

教师：画纸上的图案有什么有趣的地方吗？

幼儿1：这里还有个小蝴蝶，就像飞在花丛里。

幼儿2：这是我的小房子，变成白色的了。

图 5-3　幼儿选择不同的
色彩进行染色

教师：白色的小房子是怎么变出来的？

幼儿1：我摆的小花瓣掉下来了，就变成白色的小房子了。

幼儿2：我的星星也成白色的了，树叶和花瓣都掉下来了。

教师：看看我们的画纸，你还有什么新发现吗？

幼儿：这是我弄出来的紫色。

教师：你是怎么弄出来的？

幼儿：我喷了红色，又喷了蓝色，就变成紫色了。

教师：不同的颜色混合在一起就成了一种新的颜色，你还有其他尝试吗？

幼儿：我还喷了红色和黄色，喷在一起就变成橙色了。

教师：小朋友们通过创作让我们的画纸有了五颜六色的图案，我们一起寻找一下，画纸上有趣的图案还有哪些新颜色吧（见图5-4）。

图5-4　幼儿欣赏创作成果

活动延伸

1. 将幼儿的作品装饰在墙上，作为游戏材料，使艺术创造服务于幼儿的生活。

2. 将花朵收集盒、喷壶、挤压瓶等材料投放在美工区，支持幼儿继续进行创作活动。

个人反思

大自然是一个丰富多彩的物质世界，为幼儿的艺术创作提供了天然的素材。儿童美术是艺术表现形式的一种，轻松、愉快、活泼的内容和令人愉悦的形式相结合是其典型特征，审美性、娱乐性、教育性是其基本功能。通过美术表达出的多样的美，使幼儿在感受、创作、欣赏的过程中获得了精神上的满足。培养幼儿感知美、欣赏美、创造美的能力是美术集体活动的目的。

1. 美术活动源于幼儿熟悉和喜爱的事情。

随着活动的开展，幼儿对花朵的认知越来越深入。他们喜欢对花朵进行各种探究，如想象花朵像什么，花朵可以做什么，一片一片的花瓣摆在一起像什么……基于幼儿对花朵的兴趣，我尝试运用他们熟悉的花瓣以及常见的生活化材料开展了本次创作活动。这次活动不仅给幼儿带来了熟悉又新奇的体验，而且大大激发了幼儿美术创作的兴趣。

2. 活动符合小班幼儿的年龄特点，满足了幼儿的发展需要。

喜欢动手操作、直接体验是幼儿的学习特点。在本次活动中，我和幼儿一起走到户外，选择了幼儿熟悉的、简单易操作的物品，通过抛撒、拼摆、喷染，在画纸上共同创作。整个活动富有童趣。幼儿兴趣浓厚，乐于参与，大胆用色，使作品内容丰富且有创意。

3. 尊重幼儿的审美情趣和爱好，激发幼儿对美的无限向往。

活动中幼儿抛撒花瓣，自由叠摆，拼摆花瓣和树叶，将花瓣和树叶组合后形成的形状表现在作品中。我给予了幼儿更多的想象空间，也给予了幼儿画面构图的新体验，再结合喷染、滴染等丰富的形式将色彩融入作品，满足了幼儿对大自然中美好事物的探索兴趣。每一名幼儿都是艺术家，在审美体验过程中，我们要注重尊重幼儿独特的审美感受，不能将成人的审美标准强加于幼儿。

4. 活动通过游戏的方式开展，体现"玩中学"的特点。

游戏是幼儿发展的重要途径，是幼儿学习和理解周围世界最基本、最有效的模式之一。活动以游戏贯穿始终，通过"下花瓣雨""花瓣变变变""花朵变花布"等不同的游戏，能让幼儿将自己的创作和游戏进行结合，并将自己所想的事物表现出来。幼儿的参与性和表现力也更强了。我们应让幼儿把美术变成一种愉快的游戏。

在活动中还可以提供不同的纸张、布、染料等，给幼儿更丰富、更多元的感知体验，让幼儿感受在各种纸张、各种布上呈现的不同的画、染、喷、滴的效果。

综合评析

整个活动围绕幼儿喜欢的大自然中的植物、花朵展开，富有趣味和审美性。幼儿在操作过程中愉悦了身心，陶冶了情操。

1. 活动材料贴近生活。

教师选择了大自然中的天然材料（花瓣、树叶等）对幼儿进行美术教育。幼儿在感受自然物本身形态的同时，加入了对自然物的组合、叠加、堆叠等不同方式，给予了材料本身很多的变化。

2. 活动情境丰富有趣。

"花朵变花布"的游戏情境非常符合小班幼儿的年龄特点，富有趣味和游戏性。幼儿不断地交流自己的画纸上有什么颜色，表现出对活动的兴趣，并通过自由创想和操作，将自己所想的事物表现了出来，获得了在美术创作中的乐趣。

3. 活动内容开放多元。

幼儿将花朵自由摆放和组合，教师没有限制幼儿的想象空间。幼儿通过花瓣、树叶与颜色的多种组合，表现出了丰富的画面内容，想象力更加丰富。大张作品的呈现方式给了幼儿一种不同的画面体验，给予幼儿的视觉冲击力更加强。

4. 活动形式多样开放。

不同的材料可以给予幼儿不同的视觉刺激。因此，活动材料的投放可以更加丰富，让幼儿尝试运用多种材料进行画面的拼摆组合。

此次美术活动"飞舞的小花"通过丰富多样的体验、操作、交流等活动，帮助幼儿从身边的事物入手，感受美的事物，体验美的表现，创造美的作品，让幼儿的生活更加丰富多彩。

指导教师：北京市海淀区恩济里幼儿园　李晨
北京海淀区教师进修学校　李峰

小蜗牛，一起出去玩吧（小班）

北京师范大学实验幼儿园　金瑛

活动由来及设计思路

自然界里的小动物对幼儿具有极大的吸引力，小班幼儿对于周围生活和现象充满了新鲜感和好奇心。一次雨后寻找小蜗牛的活动激起了幼儿对蜗牛的好奇心。他们开始尝试饲养小蜗牛、观察小蜗牛、画小蜗牛、手工制作小蜗牛等，运用多种方式深入了解小蜗牛。我以"幼儿的小小发现、小小问题"为线索，抓住教育契机，开展了"啪嗒啪嗒小蜗牛"主题活动。

在一段时间里，班级饲养的小蜗牛三次从饲养盒里"出逃"。幼儿满是疑惑和担心，猜想小蜗牛会躲在哪里，去哪里玩，担心小蜗牛回不来。幼儿的奇思妙想越来越多，他们萌发出一个想法：给小蜗牛制作一个像幼儿园或者公园一样能让小蜗牛开心地玩儿的地方。

本次活动希望幼儿能够在轻松、愉悦的活动氛围中，借助多种材料更加自信地表达自己的想法和情感，体验手工创作的乐趣。

活动目标

1. 运用常见的美术材料，创作"小蜗牛出去玩"的场景。

2. 围绕小蜗牛出去玩的场景，大胆表达想法和创意。

3. 在与材料互动的过程中，体验创作的乐趣和成就感。

活动准备

1. 经验准备：

（1）认识基本的美术工具，熟悉班级的美工材料。

（2）有制作手工作品的经验。

2. 物质准备：

（1）幼儿制作的"蜗牛游戏场所"的作品。

（2）美工区所有的材料。

重点、难点

重点：运用多种美术材料创作"小蜗牛出去玩"的场景。

难点：大胆表达想法，表现创意。

活动过程

1. 激发幼儿参与活动的愿望，引出活动主题。

（1）回顾内容，引导幼儿欣赏并交流他们的作品。

教师：接下来，让我们静静地欣赏一下小朋友们的作品吧。你喜欢哪个作品？为什么喜欢？

幼儿围坐在作品周围，仔细观察、欣赏作品（见图 5-5）。

幼儿 1：我喜欢这个，感觉是一个秋千。

图 5-5　幼儿集体观察与欣赏作品

幼儿 2：我喜欢这里的所有作品。

教师：哇！你喜欢这里的所有作品，哪一个作品最能够吸引你？

幼儿：我觉得是那个小黄点点。

教师：这个作品中的小黄点点吸引了你，你喜欢黄色。

幼儿：这是我做的小石头。

教师：这幅作品的小作者出现了，小朋友们特别喜欢你做的黄色小石头。还有谁想要分享一下自己的感受？

幼儿：这个其实就是我的作品。

教师：原来是这样，你最喜欢自己的作品，能介绍一下你的作品吗？

幼儿：这是秋千，秋千上的小蜗牛一荡就会荡到小房子里。

教师：嗯，这是一个小蜗牛玩游戏的故事。

幼儿：金老师，我做了一个生态园。

教师：你也喜欢自己的作品，所以想介绍一下对不对？我们一起来看一看，小蜗牛的生态园里都有什么。

幼儿：小石头、小草，还有小蜗牛。

教师：她的作品是大自然风格的小蜗牛游戏场所。

鼓励幼儿尽情讨论并大胆表述自己的想法，引发幼儿发现作品中的亮点和特别之处。

教师小结：每个小朋友的作品都不一样，都有自己的想法和创意。接下来，请小朋友们动一动自己的小手，发挥想象力，制作"小蜗牛出去玩"的场景吧。

（2）介绍制作材料，引发幼儿对材料的关注与兴趣。

教师：我们一同来认识一下都有什么材料（见图 5-6）。

幼儿 1：有超轻黏土，还有小瓶盖。

幼儿 2：还有小毛绒球、毛根。

教师：这些都是小朋友们在美工区经常使用的材料，还有哪些我们在户外或生活中常见的材料？

幼儿：有包水果的网。

教师：生活中的一些物品也可以用作美工材料。

图 5-6　教师带领幼儿认识材料

幼儿 1：有树枝。

幼儿 2：还有松果。

教师：悬铃木的小球、小树枝，这些属于什么材料？

幼儿：自然的材料。

教师：还有我们生活中会用到的，这是什么呀？

幼儿：牙签。

教师：牙签属于生活物品。

教师小结：班级里不仅有美工材料，还有生活中常见的物品、废旧材料和自然物，小朋友们可以根据自己的意愿自由选择。

2. 支持幼儿自主表达，共同讨论主题并进行创作。

（1）引导幼儿自主表达，确定创作主题。

教师：你们想带小蜗牛去哪里玩？

鼓励幼儿大胆构思，表达自己的想法，并及时给予肯定。

幼儿：我想带它去公园玩。

教师：你想要创作的公园里都有什么？

幼儿：有羽毛，有小池塘，有花。

教师：哇！你的小池塘有花、有水，一定非常美。

幼儿：我也想让小蜗牛去公园玩，那里有小秋千、滑梯、跷跷板。

教师：哇！你的小公园简直就是一个游乐场啊，一定很有意思。

幼儿：我想做个立体的后院。

教师：你想要做一个立体的东西。

幼儿：立体的后院，立体的房子，立体的小路，立体的小花。

教师：那你的小手就要发挥它的独特性了。

教师小结：小朋友们的想法都非常有创意，期待小朋友们创作出自己满意的作品。

（2）引导幼儿自由分组，自主选择材料进行创作。

教师：接下来就请小朋友们开启你们的奇思妙想之旅，和小蜗牛一起"出去玩"吧。

①引导幼儿根据自己的想法自主创作"小蜗牛出去玩"的场景。

为幼儿提供轻松愉悦的环境氛围，鼓励幼儿结合自己的想法大胆表现。

②关注幼儿的创作过程，给予幼儿情感认同，根据需要提出指导建议。

鼓励幼儿遇到困难时主动想办法解决或寻求他人帮助。

师幼互动场景：树总是倒，怎么办？

一名幼儿把超轻黏土搓成条，制作了一个树干，然后选择一个梧桐树的干果放在树干上面，做成一棵大树的样子。几次操作后，她发现超轻黏土总是弯曲，有点不知所措。

幼儿：这棵树总是倒，怎么办？我想把它变直。

教师：你的这棵树是用什么材料制作的？

幼儿1：超轻黏土。（一边说，一边急忙从盒子中取超轻黏土继续往树干上填充）

幼儿2：超轻黏土里面放一个瓶盖或者是石头就可以了。

教师：这个小朋友给的建议是往超轻黏土里面放一种硬硬的、可以支撑的物品它就会立起来。

幼儿：我试试看。

教师：你可以在材料盒中找一找，这里面哪些材料可以支撑起来，适合做树干。

幼儿：只要是硬的东西都可以放进去试一试。

这名幼儿听到后，从材料盒子里找出一根牙签，放在超轻黏土做的树干里面进行固定，树干于是变得又直又挺。

3. 带领幼儿分组交流并相互欣赏作品。

通过"你喜欢你自己创作的作品吗？你最满意作品中的哪一个部分？为什么？在制作过程中有没有遇到问题？你是怎么解决的？"等关键提问引发幼儿讨论交流。

教师：有一些小朋友已经完成了作品，可以坐在一起互相分享一下。

第一组幼儿分享（见图5-7）：

幼儿：我创作的作品里面有数字。

教师：哦，原来这些都是数字呀，老师还真没有发现。这些数字是用来做什么的呢？

幼儿：你看，1、2、3。

教师：1、2、3……那这一串数字是用来做什么的呢？

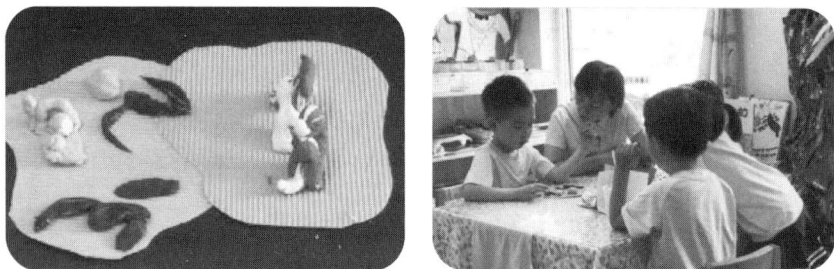

图 5-7　第一组幼儿分享作品

幼儿：它是用来编号的。

教师：那这个部分是什么呢？

幼儿：这个是地球。

教师：嗯，你的地球是使用什么颜色制作的？

幼儿：蓝色和绿色。

教师：为什么只选择这两种颜色来完成？

幼儿：因为我记得地球就是有这两种颜色。

教师：哇，一个是蓝蓝的大海的颜色，一个是绿绿的草地的颜色。

幼儿：这是三百一十二号。

教师：三百一十二是谁的编号？小蜗牛的吗？

幼儿：不是，这是操场的编号。

教师：小蜗牛在三百一十二号操场上的足球场踢足球，好有创意的想法。

教师：为小蜗牛设计一个足球场是你提前计划好的吗？

幼儿：对的。

教师：今天你的计划完成了，我们大家一起鼓掌祝贺一下吧。

第二组幼儿分享（见图 5-8）：

教师：你的小蜗牛去哪里玩了？

幼儿：小蜗牛去公园里玩了，这是小蜗牛的滑梯。

教师：小蜗牛现在在哪里呢？

幼儿：在草丛里。

教师：小蜗牛躲在草丛里，藏起来了。

幼儿：还有带房顶的棚子。

教师：哦，是一个凉棚。

幼儿：小蜗牛特别怕晒，它喜欢待在阴凉、湿润的地方。

教师：小朋友们很了解小蜗牛的生活习性。

幼儿：我还做了棒棒糖。

教师：我们班级的小蜗牛平时喜欢吃什么样的食物？

幼儿：白菜、水果。

教师：白菜和水果，还有棒棒糖，都有甜甜的味道，小蜗牛一定很喜欢。

图 5-8 第二组幼儿分享作品

活动延伸

鼓励幼儿继续创编故事《我和小蜗牛一起出去玩》，并在语言区分享交流。

个人反思

本次活动中我尝试为幼儿提供有力的支持，引导、鼓励每个幼儿充分投入创作，努力把自己的想法呈现在作品上。伴随着与材料的互动，幼儿想法越来越多，不断丰富自己的创作内容，涌现出很多有趣的故事。

1. 幼儿的兴趣和需要引发幼儿主动学习。

在本次活动中，每一名幼儿都积极展现自己的想法，主动参与，快乐操作，与材料互动，并最终将自己的想法一一实现。幼儿创作的内容，有对生活中的事物、经验和场景的记载，有自由想象的显现，也有情绪、情感的表达。每一幅作品都是幼儿心理的投射，都是幼儿独一无二的表达。幼儿把自己对小蜗牛生活习性的了解运用到了作品创作中，主动为小蜗牛搭建阴凉、湿润的环境。幼儿的每一幅作品都充满了独特价值。

2. 愉悦、轻松的心理环境保障幼儿获得发展。

在本次活动中，为了让幼儿能够得到更好的制作体验，激发幼儿的创作兴趣，我努力为幼儿创设轻松、愉快的氛围，支持幼儿的行动和情感表现。我为幼儿提供了数量充足、种类多样的材料，扩大幼儿可选择的范围，如提供基本的美术材料、生活中常见的物品以及自然材料等，提升幼儿在制作方面的可操作性，满足了幼儿想要创作一个立体作品的想法。

在与幼儿的互动中，我非常关注幼儿在活动中的想法和遇到的困难，关注每一名幼儿的行为表现，支持他们自由落实自己的想法。在幼儿需要帮助时，我会适时了解其具体原因，提供可参考的建议，并给予幼儿一定的思考和判断时间。

3. 拓宽语言表达通道，引发情感共鸣。

在幼儿分享作品时，我从幼儿的计划性、材料使用和创意想法等方面入手，引导幼儿用语言介绍自己的作品，给予幼儿充分的表达机会。以作品作为情感交流的媒介，让我对幼儿的想法和行为有了更深入的理解，这也成为我不断想要帮助幼儿实现其想法的动力。就在一次次温情的对话交流中，幼儿完成了自己的创作。每一名幼儿对自己的作品都如数家珍，赋予了作品丰富的情感。清晰连贯的语言表达让每一幅作品都在小作者的介绍下拥有了不可替代的生命力和灵气。

综合评析

这是一次主题活动背景下的美术活动。教师在带领幼儿对蜗牛进行深入观察和探究的基础上，结合幼儿对"小蜗牛，一起出去玩吧"的艺术创想，提供了丰富多元的、适合小班幼儿年龄特点的游戏材料，满足了幼儿进行艺术创意表达的想法。

首先，教师借助同伴间的相互交流欣赏，让幼儿从艺术造型的色彩、布局、材料组合等方面进行表达交流，引发幼儿对即将进行的艺术创作的兴趣和想法。在轻松、愉快的氛围中，教师以合作者、欣赏者、支持者的角色参与活动，尊重并接纳每一名幼儿与众不同的表达，引发幼儿对其他幼儿的作品进行欣赏。其次，在活动过程中，教师细致观察幼儿与材料、幼儿与幼儿的互动，注重分析不同幼儿的需求，并从材料提供、语言反馈等方面适时回应，支持幼儿完成自己的作品，体验创意表达的成就感。最后，教师注重引发同伴之间的互动学习。幼儿自由分享，同伴经验成了大家的共享经验。

整个活动中，幼儿呈现出很强的学习力，借助材料表达自己的想法，脸上露出笃定的神情。从幼儿对材料、工具的自如使用中，我们看到了一个个专注的艺术家和表达者。教师尊重每一名幼儿的独特表达，理解幼儿在不同阶段的表现，能与幼儿共情，通过提问、交流等方式和幼儿互动。幼儿的表达富有个性。在幼儿分享作品时，教师会从幼儿的计划性、使用材料的方法和创意等角度，引导幼儿用语言表达自己的想法。就这样，一个个富有灵性和生命力的作品带着幼儿的独特故事进入了我们的眼睛。

指导教师：北京师范大学实验幼儿园　滕瑾

北京市海淀区教师进修学校　李峰

嘟嘟嘟汽车开动啦（小班）

北京市海淀区立新幼儿园　莫雅然

活动由来及设计思路

在一次班级玩具分享活动中，许多幼儿带来了自己喜欢的汽车。他们对汽车爱不释手，不仅自己玩，还能主动与别人交换着玩。车辆独特的声音、奇特的功能、转个不停的车轮使幼儿着迷，吸引着他们去观察、发现、操作。于是我以玩玩具汽车为起点，引导幼儿做各种各样的汽车游戏，观察生活中的汽车，在班级建立起了"汽车王国"。主题活动"汽车嘟嘟嘟"应运而生。

随着主题活动的推进，幼儿对于汽车行驶速度的兴趣越来越浓厚。他们喜欢操作汽车轨道观察汽车上下坡；户外游戏时经常模仿汽车跑跑停停；在表演区经常唱与汽车有关的歌曲，扮演"汪汪队"开车执行任务。

根据幼儿的兴趣，我设计了此次活动。

活动目标

1. 愿意参加集体音乐游戏活动，体验和同伴一起游戏的快乐。

2. 在教师的引导下，能结合经验进行音乐想象，并尝试用肢体进行表达。

3. 听辨音乐中明显的快节奏和慢节奏，并尝试用动作进行表达。

活动准备

1. 经验准备：

（1）了解汽车的典型特征。

（2）能够跟着音乐中平缓稳定的节奏做简单律动。

（3）听过儿歌《鲨鱼来了》。

2. 物质准备：

（1）播放器、钢琴。

（2）活动场地，创设马路环境，如停车场、加油站。

（3）音乐选材：将儿歌《鲨鱼一家》改编成旋律明快、短小工整的儿歌，能清晰表现出旋律进行的歌曲，适合小班幼儿感受和表达（见图 5-9）。

汽车开动嘟嘟嘟

图 5-9　《汽车开动嘟嘟嘟》乐谱

重点、难点

听辨音乐中明显的快节奏和慢节奏，并将听到的用动作表现出来。

活动过程

1. 开始部分：引导幼儿在游戏情境中进行音乐想象。

（1）开车入场。

教师：我们一起开着小汽车去郊游吧。

和幼儿边听音乐边入场，音乐结束后，把小汽车开到停车场（见图5-10）。

入场时音乐没有节奏变化，意在使幼儿先熟悉歌曲内容，为之后感受节奏的变化做铺垫。创设游戏情境，激发幼儿的兴趣。

图 5-10　幼儿与教师共同游戏

（2）引导幼儿初次感受快慢节奏。

教师：莫老师的小车也去郊游了，来听听老师钢琴里的小车是怎么开的（见图5-11）（一遍快的音乐、一遍慢的音乐）。

幼儿：一会儿开得快，一会儿开得慢。

教师：汽车什么时候会开得快，什么时候会开得慢？

幼儿：下坡、在高速上行驶、追蝴蝶的时候开得快，堵车、上坡的时候开得慢。

图 5-11　幼儿感受快慢节奏

此环节通过情境创设和启发性的提问，唤起幼儿的记忆，帮助其理解音乐。

2. 进行部分：在多次节奏变化中，组织幼儿进行开车游戏。

环节一：开车游戏，感受音乐节奏的快慢。

（1）组织幼儿开展快节奏游戏。

教师：那里有一只小蝴蝶，我们快快开车去追它吧。

边弹边唱快节奏音乐，幼儿玩快速开汽车的游戏。

游戏结束，教师总结：小司机们好棒，方向盘转得快，车轮子转得也快，都追上了小蝴蝶，跟它一起做了游戏。

音乐节奏有了变化。幼儿很兴奋，能够做到音乐变快时，开汽车的速度随之变快。

（2）组织幼儿开展慢节奏游戏。

教师：哎呀，堵车了，小汽车会开得……（引导幼儿说出开得慢）

边弹边唱慢节奏音乐，幼儿进行慢慢开车的游戏。

游戏结束，教师总结：你们都很遵守交通规则，车轮转得超级慢。

幼儿对慢节奏表现出好奇。他们行驶的速度变慢了，虽然动作和音乐匹配不是很合拍，但他们能有意识地做慢慢开车的动作。

（3）引导幼儿整体感受、表达音乐快慢的变化。

请幼儿说一说还想开车去哪里玩，幼儿踊跃发言。

随后幼儿进行"开车"游戏。

幼儿第一次同时进行快慢结合的游戏（见图5-12）。每次加速的时候，幼儿都很兴奋。但节奏由快变慢时，幼儿不太能根据音乐速度将开车速度慢下来。因此，我创设了"洗车"游戏。

图 5-12　幼儿在游戏中感受音乐快慢的变化

环节二："洗车"游戏。

教师：小汽车开了这么久，都脏了，怎么办呀？

幼儿：洗车。

教师：那把小汽车开回停车场吧，你想洗哪里呢？

幼儿：车窗，车门，车轱辘。

根据幼儿的回答边弹边唱，并将慢速唱得更为夸张。幼儿进行"洗车"游戏。游戏中，多次变速，在由快变慢时，用眼神和身体姿态提示幼儿。

此环节源于对幼儿的观察。一是让幼儿都站在原地，更专一地感受音乐；二是在进行三次行进游戏后，幼儿非常兴奋，原地"洗车"能让幼儿静下来，动静结合。这一环节中绝大部分幼儿能更有意识地听辨节奏变化，特别是在由快到慢时，能够随之做出慢慢洗车的动作。还有个别幼儿与同伴合作游戏，一个"洗车"，一个当汽车。

环节三："开车"去郊游。

教师：车洗好啦！我们继续出发吧！

根据之前幼儿的回答，边弹边唱，幼儿进行"开车"游戏。

这次游戏中，幼儿听辨反应的速度更快了，非常期待他们下一次随着节奏的变化改变"开汽车"的速度。

环节四：开上喜欢的车去郊游。

教师：除了开小汽车，你还想开什么车？

幼儿1：我想开大吊车。

幼儿2：我想开洒水车。

幼儿3：我想开消防车。

教师：你的车长什么样子？

引导幼儿用肢体动作表现汽车典型的外形特征，并鼓励幼儿进行不同的创造。

之后幼儿开着各式各样的"汽车"出发了。

在此环节，幼儿模仿他们感兴趣的汽车。因在前几次游戏时对音乐有充分的感知，幼儿不仅能够听辨由快变慢的节奏，还可以结合经验创造性地表现汽车的外形。个别幼儿除了使"轮子"变速外，上肢动作也能做出较为细致的改变。游戏后请他们上前展示。

教师小结：我发现在音乐快的时候，他的大吊车除了车轮跑得快，大吊钩摆动也会变快。

3. 结束部分：小汽车休息啦。

总结幼儿的表现，肯定幼儿发现了音乐中的秘密：音乐快的时候都能快快地开，音乐慢的时候也能慢慢地开。

最后在小汽车休息的情境中，幼儿安静愉悦地做小汽车休息的动作（见图5-13），活动自然结束。

图 5-13　幼儿表现小汽车休息的情境

活动延伸

1. 将音乐投放在表演区，鼓励幼儿进行新的创造。

2. 将音乐与户外游戏相结合，幼儿开着自制纸壳汽车进行音乐游戏。

个人反思

优势：

1. 创设的游戏情境激发了幼儿主动学习的兴趣。

活动设计符合小班幼儿的年龄特点，将"小汽车出发去郊游"的情境贯穿始终。幼儿沉浸在各种汽车游戏中，开心、自在地玩耍，自发、自主地与音乐互动。

2. 改编歌词和节奏，创造了幼儿主动学习的音乐环境。

活动较好地利用了选材，去掉了附点音符，节奏更简单。我通过多次启发性的提问，让幼儿大胆想象，随后根据幼儿的回答，改编歌词边弹边唱。幼儿听到自己的回答被演唱出来后，更为主动地投入接下来的游戏。

3. 设计形式灵活，提供幼儿主动学习的机会。

活动中，在观察到幼儿不能听辨由快变慢的节奏并通过动作进行匹配时，我通过"洗车"游戏环节，让幼儿原地做"洗车"游戏，更专注地与音乐互动，助力幼儿主动学习和掌握新经验。

4. 尊重个体差异，支持幼儿主动学习。

游戏中，我为幼儿营造了轻松的学习氛围，鼓励幼儿对同一辆车用不同的肢体进行表现，尊重幼儿主动把自己的生活经验与作品相连接，理解幼儿的想法和创意，使每名幼儿都能尽情享受自己主动学习带来的成就感，真正成为音乐游戏的主人。

改进和不足：

活动组织的形式可以更加丰富：增加不同的游戏方式，如幼儿组合成各种类型的车，体验同伴共同游戏的快乐，丰富幼儿进一步开展游戏的经验。

综合评析

1. 游戏化的情境，引导幼儿沉浸于游戏之中。

小班音乐活动"嘟嘟嘟汽车开动啦"中，教师将音乐活动富于情节，以游戏情境贯穿始终，创设了"开车""洗车"等游戏情境，激发了幼儿参与的兴趣，让幼儿在情境化的快乐游戏中用自己的方式表达对音乐的感受。幼儿完全融入情境，自然、专注地参与整个游戏过程，感受、表达音乐的快慢变化。

2. 个性化的指导，支持幼儿自主学习。

幼儿的学习与发展存在个体差异。教师着眼于幼儿的最近发展区，尊重和理解每个幼儿发展过程中的个体差异性，通过歌词再创造，引导幼进行个性化学习，从原有的水平向更高水平发展。在游戏中，"去郊游"时，"小汽车"的动作不一，有的把手当成方向盘开车，有的直接伸起胳膊把自己当成"大吊车"，有的和小朋友开起了"公交车"。教师灵活根据不同层次幼儿的表现，变化节奏进行弹奏，多次将幼儿的回答和想法纳入歌词。幼儿在听到自己的回答被教师编成歌曲后，更能激发主动学、乐于学的意愿。教师在活动中尊重幼儿不同的表现方式和独特的感受，促使幼儿全身心地投入，尽情地"玩"。

3. 精细化的内容，引导幼儿逐步发展。

活动中，教师由浅入深地把内容精细化，让幼儿具体地感受、表现音乐。幼儿每完成一项内容，教师便在观察的基础上逐层提出更高要求，如先让幼儿跟随节奏初步感受快慢变化，再跟随音乐有节奏地用动作表现快慢，接着在"洗车"游戏中，感受节奏由快到慢和由慢到快，最后结束游戏。这体现了教师遵循循序渐进的教育原则，每个环节做到了内容具体、要求明细。整个活动设计由浅入深、由易到难。

4. 游戏化的学习，培养幼儿的学习品质。

在这次教育活动中，教师有意识地引导幼儿积极参与活动，培养幼儿对游戏中汽车形象、音乐的兴趣。在幼儿变成各种"小汽车"去"郊游"时，幼儿用肢体动作表现出汽车典型的外形特征。教师鼓励幼儿对同样的汽车做出不同的造型，发展了幼儿乐于想象和创造的学习品质。

指导教师：北京市海淀区立新幼儿园　王雪珩

北京市海淀区教师进修学校　李程

教室物品变变变（中班）

北京师范大学实验幼儿园　鞠亮

活动由来及设计思路

班级图书区里有一本《胡萝卜火箭》。书不大，装帧也算不上精美，但里面的画面充满童趣和想象力，最近深受幼儿喜欢，有几个男孩子常常边看边眉飞色舞地讨论感兴趣的画面。结合《幼儿园教育指导纲要（试行）》提出的"让幼儿在优秀作品中发展想象力"的要求，我顺应幼儿的兴趣，在前期组织幼儿欣赏该图画书的基础上，让幼儿迁移借形想象的创意思路，尝试对周围熟悉的物品进行大胆想象和表现。

活动目标

1. 能根据周围环境中物品的主要特征进行大胆想象，并用绘画的形式表现自己的想法。

2. 在观察、想象与创作的过程中体验借形想象的乐趣。

活动准备

1. 经验准备：阅读过图书《胡萝卜火箭》，了解该书的主要内容和绘画特点，有围绕书中的物品进行再次想象的经验。

2. 物质准备：水彩纸、水彩笔人手一份，展板一块，泥胶若干，轻音乐。

重点、难点

重点：根据原型物品的主要特征想象变化出的新的物品。

难点：以绘画的形式表现原型物品的变化。

活动过程

1. 引导幼儿回忆书中的主要内容，激发幼儿的兴趣。

教师：昨天我们一起欣赏了一本非常有趣的图书，还记得书名是什么吗？

幼儿：《胡萝卜火箭》。

教师：谁还记得书中都把什么变成什么了？

幼儿1：把酸奶瓶变成了汽车。

幼儿2：把妈妈的鞋子变成了汽艇。

幼儿3：把爷爷的眼镜变成了自行车。

…………

教师：书中的小朋友真是太有想象力了，就像一个魔法师，让生活中很多常见的物品摇身一变，成了一件新的物品。你们想不想也变成魔术师，把我们教室里的物品变一变呢？

幼儿（异口同声）：想。

2. 鼓励幼儿进行观察和想象。

播放轻音乐，请幼儿在教室里自由走动，观察并思考可以把什么变成什么，两者之间有什么相同特征。

部分幼儿分享个人想法。

教师：请几名小朋友说说自己想把什么变成什么，它们之间有什么相同特征。

幼儿1：我想把水杯柜变成帆船，因为它的形状跟帆船比较像。

幼儿2：水杯可以变成望远镜（的镜头），因为它们都是圆形的。

幼儿3：电视柜可以变成大门，因为它们都是方形的。

幼儿4：打开倒扣的书可以变成屋顶，因为它们都是三角形的。

3. 指导幼儿进行创作。

（1）提出绘画要求，鼓励幼儿把自己的想法画出来。

教师：刚才几名小朋友讲得非常好，我知道其他小朋友也有很好的想法，现在请你们把它画出来，这样方便更多的人了解我们的创意。

教师：绘画时要像《胡萝卜火箭》中的那样，在纸的一面画原来的物品，在另一面画变出的新物品，还要想想怎样让画面变得更加有趣。

（2）指导幼儿绘画。

在幼儿创作时，继续关注并了解幼儿的想法，鼓励幼儿通过添画使画面更丰富有趣。

4. 引导幼儿以"猜猜看"的方式进行作品欣赏。

先请完成作品的幼儿将画有原物的一面向外，粘贴在展板上。之后，与幼儿一起猜测并欣赏作品。

教师（指着其中一幅原型作品）：这是晨晨画的，你们看他画的是什么？

幼儿：好像是把生活区的两个玻璃碗扣到了一起。

教师：猜猜看，他把红蓝棒变成什么了。

幼儿纷纷猜测，之后请晨晨揭晓答案。

晨晨把作品翻到另一面，自豪地介绍：哈哈，你们猜不到吧，是地雷。

引导幼儿以同样的方式欣赏了其他作品。

活动延伸

鼓励幼儿继续在活动区自制创意图画书。

个人反思

本次活动源于幼儿对《胡萝卜火箭》一书的关注和兴趣。活动中幼儿对教室中熟悉的物品进行了大胆想象和创作，参与的积极性非常高，活动目标基本完成。幼儿的作品确实能够体现出本班幼儿较强的想象力。

进一步分析幼儿作品的特点可以看出，幼儿能够抓住原型和想象物之间的共同特点开展借形想象，部分幼儿在想象时还能考虑到原型的不同变式。例如，把打开倒扣的书想象成屋顶，把两个玻璃碗合扣在一起变成地雷。这说明幼儿的思维非常灵活，不是只对看到的教室里的物品形象进行创意组合，而是能够在头脑中对物品进行变化后再进行创意组合。

活动后的欣赏环节采用"猜猜看"的方式较为适宜，在调动幼儿欣赏和参与的积极性的同时发展了幼儿的发散思维能力。

不足之处主要包括以下几方面。

1. 幼儿创作之前的讨论还不够充分，只是让幼儿简单地说明了自己的设想，并没有追问这样想的原因。如果能够引发幼儿思考"你想怎么变""为什么这么变"，那么能引发幼儿更深层次的思考。

2. 对幼儿创作过程进行指导的针对性和有效性有待加强。从画面效果来看，个别幼儿虽然也画出了想象中的物品，但在丰富画面的过程中没有突出重点，以至于出现喧宾夺主的情况，我没能及时进行有效的指导。

3. 大多数幼儿对单一物品进行了想象，但仍有个别幼儿在画面中对多件物品进行了想象，后者是与《胡萝卜火箭》一书的特点不符合的。出现这样的情况的根本原因在于，我在活动前提出的任务要求不明确，没有特别交代一张纸上画几件物品。

综合评析

本次活动是基于幼儿的读物《胡萝卜火箭》生成的，这一点特别具有借鉴性，启发教师在幼儿感兴趣的事物中挖掘对幼儿发展有教育价值的内容。感兴趣的事物不能局限于幼儿的游戏，也可以是优秀的图书、动画片、戏剧等资源。

活动中教师对目标的把握比较到位，始终结合难点、重点进行有针对性的指导，体现了把握目标和完成目标的能力。教师将活动内容定位在幼儿熟悉、贴近幼儿生活的教室中的物品的变化上，符合幼儿的学习特点，为幼儿完成目标提供了支持。

活动中教师注重引导幼儿观察和比较原物与想象变化物的关系，活动节奏比较紧凑，幼儿思维比较活跃，尤其在操作的过程中体现得特别明显。借形想象的活动对发展幼儿的观察力、发散思维能力、创造与想象能力都是有益的，值得提倡和借鉴。

活动后的延伸很巧妙。教师参考《胡萝卜火箭》一书，让幼儿在本次创作中一边画原型一边画创意作品，这样把所有的作品集合到一起，再加上封面、封底等，就可以变成幼儿合作完成的一本图画书，让幼儿在体验成就感的同时，进一步感受一本图画书的创作过程。

建议教师考虑中班幼儿的绘画技能水平与幼儿大胆想象之间的关系，在前期讨论环节给幼儿提供有层次性的支持，帮助幼儿在想象和绘画过程中获得更有效的成功体验。例如，在幼儿回忆书中情节时，教师可以随着幼儿说到的内容翻到《胡萝卜火箭》一书中的相应页面，这样可以让幼儿再次欣赏画面与变化的技巧，帮助幼儿在后面环节中更好地进行迁移与创作。再如，当幼儿在讨论环节说到想把 A 变成 B 时，可以取教室中简单的原型物品呈现给幼儿，以便幼儿更有针对性地剖析原物与想象物到底有什么样的关联。

指导教师：北京师范大学实验幼儿园　高以华　邱守

小小波洛克（中班）

北京市海淀区恩济里幼儿园　任雅娟

活动由来及设计思路

前几天，我们班妍妍小朋友穿了一件漂亮的新衣服，刚进教室这件衣服就吸引了小伙伴们的注意。好几名幼儿围到妍妍身边仔细观察衣服上的图案。有的说："你的衣服好漂亮，这个图案像个大迷宫。"有的说："我觉着像五彩的水滴从天空中落下来。"还有的带着疑惑说："哇，太神奇了，这是怎么画出来的?"幼儿你一言我一语，被这件特别又神奇的衣服吸引了，在好奇的同时也在探讨着衣服上的图案的创作方法。其实这件衣服上的图案是模仿美国画家波洛克的创作风格画的，是一种特别有意思的滴流画作品。图案由不同颜色、不同大小或长短的点、线密密麻麻地交错在一起，色彩绚烂，给幼儿无限的遐想空间。

《幼儿园教育指导纲要（试行）》在艺术领域指出："让幼儿初步感受并喜爱环境、生活和艺术中的美，能大胆表现自己的情感和体验，并用自己喜欢的方式进行艺术表现活动，体验创作的快乐。"为了满足幼儿的好奇心和求知欲，我开展了以滴流画为主题的美术活动。本次活动从欣赏波洛克的作品入手，在对其作品进行观察解读的过程中，帮助幼儿初步了解滴流、泼洒的方法，鼓励幼儿尝试用这些方法大胆表现，体验不同艺术创作方式带来的快乐；同时，借助对幼儿作品的欣赏和点评，梳理幼儿的实践经验，使幼儿对这种自由奔放、无定形的抽象画风格有更深入的体验。

活动目标

1.欣赏波洛克的作品，感受自由奔放、无定形的抽象画风格。

2.初步了解滴流、泼洒的方法，尝试运用两种方法进行作画。

3.选择自己喜欢的工具和材料进行创作，体验创作带来的乐趣。

重点、难点

重点：通过欣赏，感受波洛克抽象画风格的美感。

难点：了解滴流、泼洒的方法，自选工具进行创作。

活动准备

1.经验准备：有赏析名画作品的经验，进行过色彩画的创作。

2.物质准备：波洛克作品视频课件、水粉笔、塑料勺、滴管、装有颜料的小喷壶、小杯装的水粉颜料、取放材料筐、水粉纸及各色硬卡纸、毛笔涮笔筒、幼儿罩衣、报纸、抹布、柴可夫斯基的音乐。

活动过程

1.播放柴可夫斯基的音乐，引导幼儿欣赏音乐作品，大胆表述自己对音乐作品的感受。

与幼儿在观察作品的过程中轻松地互动沟通，鼓励幼儿大胆想象，自由表达颜色给自己带来的感受。

教师：在这幅作品中你看到了什么颜色？这种颜色给你什么样的感觉？

幼儿1：我看到了白色，白色就像冬天的雪花，感觉很寒冷。

幼儿2：我看到了黄色，我觉得黄色就像阳光一样，让我感觉很温暖。

幼儿3：我看到了黑色，黑色让我感觉很害怕，又有点神秘。

幼儿4：我看到了蓝色，我喜欢蓝色，因为我想到了蓝蓝的天空，我感觉特别自由。我还看到了橘色，橘色给我的感觉是酸酸甜甜的，因为它和橘子的颜色很像。

教师小结：小朋友们观察得特别仔细，这幅作品中确实呈现出了白色、黄色、黑色、蓝色、橘色这五种颜色，你们还能将自己对这几种颜色的感受大胆地表达出来，说明你们认真观察和思考了。

教师：这些颜色聚集在一起，又给你带来什么样的感觉呢？

幼儿1：我觉得像彩虹一样，色彩斑斓的。

幼儿2：我觉得像个五颜六色的大迷宫。

幼儿3：我感觉像夜晚天空中的星座，密密麻麻地相交在一起。

教师小结：你们的想象力真丰富，都说出了自己独特的想法。虽然这幅画面只呈现了白色、蓝色、黑色、橘色和黄色这几种颜色，但它们聚集在一起，给我们带来的感觉是丰富的。

教师：这幅作品中除了有这么多颜色外，你还发现了什么？

幼儿：线条。

教师：这些线条数得清吗？为什么？

幼儿：根本数不清，因为线条实在是太多了。

教师：这么多颜色的线条很杂乱地交错在一起，布满了整个画面。看到这样的线条，你想到了什么？

幼儿1：我想到了晚上的星空。

幼儿2：我想到了森林里的小花。

幼儿3：我想到了怎么也走不出去的大迷宫。

教师小结：你们的想象力真丰富，晚上的星空一定又漂亮又神秘，森林里的小花真得很美，大迷宫的通道互相交错在一起。你们知道吗？其实这幅作品的名字叫作《会聚》，这样的画有很多种颜色聚集在一起，让人产生丰富的想象。这样的画还有一个名字，叫作抽象画。

在幼儿表达的过程中，肯定幼儿的感受，鼓励幼儿结合观察到的线条大胆想象。

2. 引导幼儿通过对比观察，自主发现作品的异同，并大胆说出感受。

（1）引导幼儿观察对比波洛克的两幅作品。

教师：在这两幅作品中（见图5-14），你看到了哪些颜色？这些颜色给你带来的感觉一样吗？

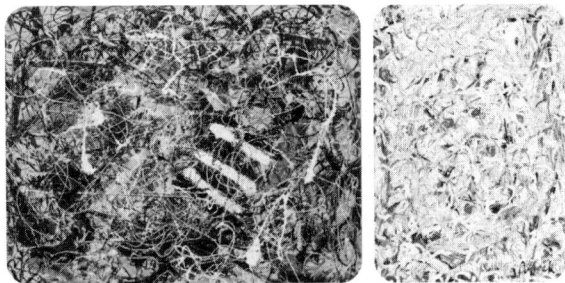

图5-14 波洛克的两幅作品

幼儿1：我看到了黑色、白色和黄色。

幼儿2：给我不一样的感觉，我觉着第二幅作品像羽毛一样温暖、温柔。

教师：你们说的这几种颜色（黑色、白色、黄色）在两幅画上都有，但为什么感觉不一样呢？

幼儿：第一幅画用的黑色很多，第二幅画用的黄色很多。

教师：看到这两幅画后，你想到了什么？

幼儿1：我想到了一个彩色的大世界。

幼儿2：我想到了彩虹。

幼儿3：我想到了冬天在下雪。

教师小结：你们每个人都有自己独特的想法，相信作者在创作这幅作品的时候一定也想到了很多美好的事物。

（2）引导幼儿对教师创作的两幅作品进行观察。

图5-15　作品1

图5-16　作品2

教师：在第一幅作品中（见图5-15），我运用了哪些颜色？

幼儿：蓝色、绿色、黄色和白色。

教师小结：这些颜色让我在黑暗的夜晚觉得特别温暖，所以我给它取名叫作《温暖的夜晚》。

教师：在第二幅作品中（见图5-16），我大量使用了绿色和黄色，还有一点点粉色和黑色，我感觉特别有活力、有朝气，所以我给它取名叫作《绽放》。

教师：波洛克的作品和任老师的作品中，都使用了滴流法和泼洒法。让我们一起来看一看这两种创作方法。

（3）通过视频演示两种创作方法，引导幼儿感知了解。

通过视频演示的形式展示接下来的创作技法和工具材料的正确使用方法，为接下来的自主创作做好铺垫。

教师：这是滴流法、泼洒法，绘画工具不直接接触我们的底纸。喷壶、吸管、小勺等工具也能够帮助我们进行创作。

教师小结：欣赏了这些作品，你们想不想也来试一试呢？今天老师给你们准备了不同颜色的笔和纸、丰富的颜料，还有一些有意思的工具。你们可以自由选择，大胆创作自己独一无二的作品。

3. 创作环节：鼓励幼儿自主选择工具和材料大胆进行创作。

鼓励幼儿自主选择所需工具及材料，按意愿大胆尝试创作。创作过程中，引导幼儿尝试运用滴流法创作出丰富的点、线、面，滴流、泼洒出丰富的线条、色块，并关注色彩的搭配（见图 5-17）。

图 5-17　幼儿自由创作

与幼儿的情境互动：

教师：洋洋，我发现你的作品中全是小点点。

幼儿：老师，我觉着小点点弄起来比较简单，像流星一样的线条我弄不好。

教师：哦，那你喜欢让流星出现在你的作品中吗？

幼儿：喜欢呀，可我弄不好。

教师：没关系，老师和你一起把流星画出来好不好？

幼儿：太好了。

教师：那你觉得创作流星用什么工具比较合适呢？

幼儿：我觉得可以试试毛笔，因为毛笔的毛可以吸很多很多的颜料。

教师：好的，那我们来试一试吧。

指导要点：鼓励幼儿尝试使用多种工具、多种方法进行创作。

4. 引导幼儿欣赏作品，交流感受，丰富创作经验。

分享作品的时候，鼓励幼儿分享创作过程中的观察与思考，与幼儿共同梳理关于线条形态、颜色运用等方面独特的创作方式，使幼儿能够进行集体分享，提升经验。

教师：画画的时候你的心情是怎样的？

幼儿 1：我特别开心，很兴奋，因为我感觉我像大画家。

幼儿 2：我很快乐，感觉很幸福。

教师：在创作过程中都运用了哪些工具、颜色及线条？

幼儿1：我用了塑料勺、滴管，我作品中的线条下面粗上面细。

幼儿2：我用了毛笔、塑料勺和喷壶，我的线条特别多，都缠绕在一起了。

教师：你的作品给你带来了什么样的感受？

幼儿1：我感觉我的作品很好看，向春天里的小花。

幼儿2：我觉得我的作品像冬天里的大树和雪花。

幼儿3：我的作品像雨后的彩虹。

教师：你能为作品起个好听的名字吗？

幼儿1：星空。

幼儿2：美丽的花。

幼儿3：小雪花跳舞。

幼儿4：迷宫大冒险。

············

教师总结：今天，每个小朋友都是小画家，每个人的作品都非常优秀，因为你们都创作除了属于自己的独一无二的作品。老师也发现，你们的想象力特别丰富，不仅能够说出对作品的感觉，还给每一幅作品都起了好听的名字，简直太棒了。老师给你们点赞。

活动延伸

可以带领幼儿尝试从不同的角度去欣赏作品，如从欣赏者的心情、画家作画时的心情、颜色代表的心情等角度的去欣赏，也可以尝试波洛克其他的作画方法，如用木棒、笔沾颜料滴到画纸上或用树枝、泥沙等工具作画。

个人反思

1. 本次活动是美术活动的新尝试。

活动中我通过引导幼儿运用感知欣赏、观察对比的方式体会不同色彩带给自己的不同感受，并大胆交流表达自己独特的想法。作品欣赏不仅要停留在其像什么的层面，而且要深层次地挖掘其美术教育价值。观察对比中，我发现教师的关键提问非常重要，幼儿追随教师的提问，大胆表达自己的想法，进一步感受作品的不同风格，可以激发幼儿的创作兴趣。

2. 材料投放的适宜性为幼儿的创作提供了有效支持。

活动中我提供的是多种颜色的A3硬卡纸，纸张大且硬，给予了幼儿充分发挥的空间。在颜料投放方面也要注意浓度的适宜性，如果太稀，会导致作品晾干后看不出颜色。因此调试颜色时要根据工具和材料的特点进行，如小喷壶里的颜料就不能太稠，否则会堵住喷口喷不出来，运用毛笔、塑料勺等工具时要尽量把颜料调试得浓稠一些，以便于幼儿创作。

3. 教学策略运用有效、适宜。

我从欣赏波洛克的作品入手，从局部到整体，伴随着柴可夫斯基的音乐，引导幼儿观察作品，并从色彩、线条等方面解读作品，支持幼儿大胆表述自己的想法和感受，通过视频演示的方式，让幼儿初步了解滴流法、泼洒法的创作方式，为后续创作提供支持。

在欣赏环节，我引导幼儿深切感受这种自由奔放、无定形的抽象画风格，让幼儿初步了解滴流作画和泼洒作画的方法。

4. 对活动后延伸教学的思考。

后续活动中可以带领幼儿尝试从不同的角度欣赏作品，如从画家作画时的心情、颜色代表的心情等角度的欣赏，也可以尝试运用波洛克的其他作画方法，如用木棒、笔蘸颜料滴到画纸上或用树枝、泥沙等工具作画。我相信不同的方法会有不同的效果，从而会给幼儿带来不一样的感受。我会在接下来的活动中继续摸索尝试，反思总结，让幼儿快乐地徜徉在艺术的海洋中大胆想象，体验艺术活动的快乐。

综合评析

《幼儿园教育指导纲要（试行）》在艺术领域中指出："让幼儿初步感受并喜爱环境、生活和艺术中的美，能大胆表现自己的情感和体验，并用自己喜欢的方式进行艺术表现活动，体验创作的快乐。"本次活动能够从幼儿的兴趣出发，让幼儿尝试运用熟悉的工具和材料，通过充分的观察与感知，按照自己的意愿大胆运用滴流及泼洒的方法进行创作。

1. 活动内容源于幼儿感兴趣的事物。

波洛克自由奔放、无定形的抽象画风格及独特的滴流和泼洒绘画方式非常适合中班幼儿欣赏和尝试，能满足幼儿的兴趣和需要，对于平时多用水彩笔、油画棒作画的幼儿来说拓展了表现方式。幼儿在整个活动中能够非常投入地参与创作。教师为幼儿营造了轻松、快乐的表达氛围与自由、自主的创作空间，使幼儿体验到了创作的快乐。

2. 工具多样，为幼儿自主创作提供了支持。

创作环节充分体现了幼儿的自主性。教师提供了多种生活中常见的、可操作的工具及材料，如塑料勺、滴管、小喷壶、水粉笔、多种水粉颜料，鼓励幼儿根据自己的创作需求自选工具及材料，并结合经验大胆创作，让幼儿在整个创作过程中感受到了愉悦、自信和快乐。

3.活动课件新颖，充分调动了幼儿参与活动的积极性。

教师能够把握幼儿的年龄特点和学习方式，为幼儿制作生动、有趣、直观的动画课件，让幼儿通过感知、欣赏，了解新形式的创作方法，并在创作过程中尝试运用，充分引发了幼儿的好奇心、求知欲，同时激发了幼儿参与活动的积极性。

在本次美术创作活动中，教师为幼儿创设了轻松、愉悦的精神氛围，师幼关系和谐，幼儿能在玩中学、学中玩，大胆感知欣赏、创作表达，培养了艺术表现能力。

指导教师：北京市海淀区恩济里幼儿园　李晨

小手小脚（中班）

北京师范大学实验幼儿园　吕霞

活动由来及设计思路

歌唱是一种集语言、音乐、表演为一体的综合艺术，也是再创造的艺术。《小手小脚》这首歌曲的歌词内容和幼儿非常贴近，适合中班幼儿接受和理解。在旋律方面，音域在1～6，一字配一音。我通过创编最后一小节歌词，引导幼儿灵活地学习一音多字的演唱方法。

活动目标

1.感受歌曲活泼、愉快的节奏，能自然、欢快地演唱歌曲。

2.通过创编歌词及相应动作，发展创造力和合作能力，感受音乐创编带来的乐趣。

活动准备

1.经验准备：初步学过歌曲《小手小脚》。

2.物质准备：乐谱（见图5-18）、钢琴等。

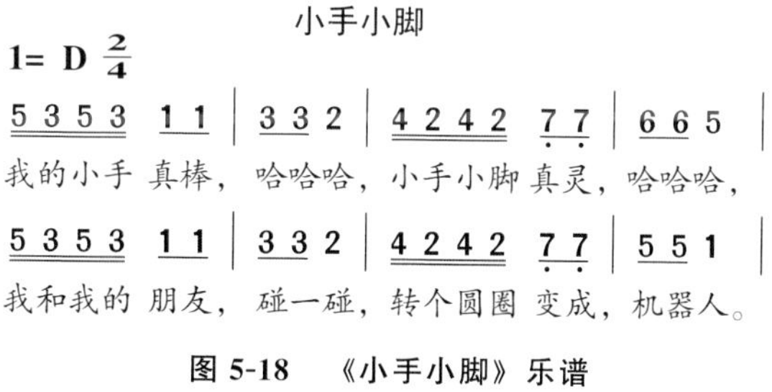

小手小脚

1= D 2/4

5 3 5 3　1 1 ｜ 3 3 2 ｜ 4 2 4 2　7 7 ｜ 6 6 5 ｜

我的小手 真棒， 哈哈哈， 小手小脚 真灵， 哈哈哈，

5 3 5 3　1 1 ｜ 3 3 2 ｜ 4 2 4 2　7 7 ｜ 5 5 1 ｜

我和我的 朋友， 碰一碰， 转个圆圈 变成， 机器人。

图5-18　《小手小脚》乐谱

重点、难点

学习一音多字的演唱方法和合作创编歌词及动作。

活动过程

1. 发声练习。

教师：请小朋友用清楚、好听的声音来回答吕老师。大拇指（中指、小拇指、无名指、食指）在哪里？

幼儿：大拇指（中指、小拇指、无名指、食指）在这里。（展示出相应的手指）（见图5-19）

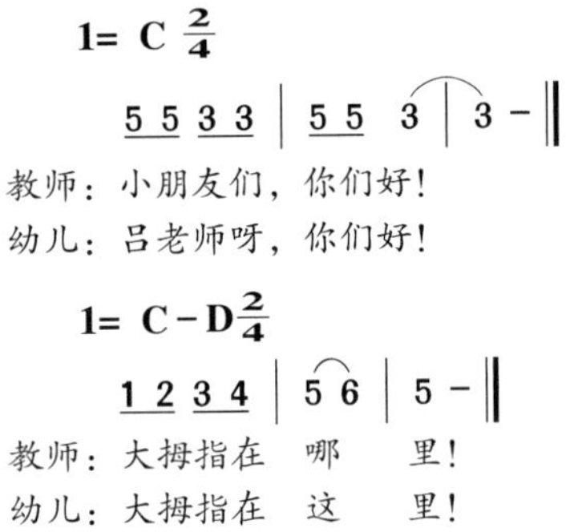

$$1= C \quad \frac{2}{4}$$

$$\underline{5\ 5\ 3\ 3} \mid \underline{5\ 5} \quad 3 \mid 3\ - \parallel$$

教师：小朋友们，你们好！

幼儿：吕老师呀，你们好！

$$1= C-D \frac{2}{4}$$

$$\underline{1\ 2\ 3\ 4} \mid \underline{5\ 6} \mid 5\ - \parallel$$

教师：大拇指在　哪　里！

幼儿：大拇指在　这　里！

图 5-19　发声练习

复习歌曲《小手小脚》，引导幼儿用欢快、自然的声音演唱。

2. 启发幼儿想象出肢体的多种变化，并能将动作转变成歌词唱出来。

引导幼儿创编符合节奏和音高的歌词，让幼儿明白歌词多唱得快，少则唱得慢。

教师：我们的小手小脚变成了"机器人"，你还想变成什么？把它唱出来，用动作表演出来。

幼儿变成小兔子、小孔雀、花等。

教师：歌曲里唱的"机器人"有三个字，"花"只有一个字，那怎么唱呢？

幼儿：可以唱成"小花朵""小红花"。

教师：小朋友想得很好，那能不能想想办法解决一下一个字的唱法，如"蛇"字怎么唱。

幼儿：那我们把它拖得长一点，唱得慢一点就可以了。

3. 创编"小茶壶"动作。

启发幼儿变出"小茶杯"等相应动作并进行组合，激发幼儿相互协作的意识与能力。

教师：小朋友们都那么棒，我也想来变一变了，小朋友们看一看，吕老师的小手小脚变成了什么。

幼儿：茶壶。

教师：你们想不想喝水呀？快变个小茶杯来接点水喝吧。

幼儿把"小茶杯"唱了出来，教师把"小茶壶"唱了出来。师幼唱得不一样，但音高是一样的。

幼儿自由组合，创编"小茶壶"和"小茶杯"的组合造型，完整演唱歌曲。

4. 幼儿自由组合创编不同造型，并跟着音乐边做边唱，感受合作带来的成功与喜悦。

教师：那可以请你的朋友和你一起合作变什么呢？

幼儿1：我想变成电视机，请我的朋友来变遥控器。

幼儿2：我想变成钢琴，有谁来变我的钢琴凳？

幼儿3：我想变遥控汽车。我变汽车，我的朋友可以变遥控器。

幼儿跟着音乐边做边唱，大胆表现。

教师：你们真棒，为《小手小脚》这首歌创编出了这么多不同的造型，不仅能唱出来，还能用动作表现出来，最厉害的是你们还创编了奇妙的组合造型，快给自己竖一个大拇指吧。

活动延伸

幼儿在生活中通过观察，创造出更多形态的造型，和家人一起边唱边表演。

个人反思

音乐活动"小手小脚"是集语言、音乐、表演为一体的综合艺术活动。在活动中，我引导幼儿进行了艺术再创造。幼儿能用欢快、自然的声音演唱歌曲，声音和气息都控制得非常好，体现出了歌曲活泼愉快的节奏。幼儿在创编歌曲最后一小节歌词及相应动作的过程中，参与度非常高，兴致高昂，都能专注于活动，并能够通过协商、讨论的形式学习一音多字。在活动最后小组合作的环节中，幼儿能充分展开想象，大胆表现自己的想法，感受到了音乐创编带来的乐趣。

如果活动能兼顾所有的幼儿，让所有的幼儿都动起来就更好了。例如，在活动中，一名幼儿做遥控器，一名幼儿做电视机，其他的幼儿都在看。可以让一组幼儿做遥控器，一组幼儿做电视机，让全体幼儿都参与到活动中。

综合评析

本活动选择了幼儿感兴趣的歌曲进行歌词与动作的创编，以轻松、愉快的游戏方式引导幼儿结合日常生活经验进行想象与再创造，为幼儿想象力和创造力的发展提供了有效的支持。在活动过程中，教师注重反馈，和幼儿之间相互展示创编的内容，通过这样的回馈方式来丰富幼儿的创编思路，较好地完成了活动目标。

本次活动形式、内容符合中班幼儿的年龄特点，但在活动中，教师也应关注到原唱歌曲本身的音乐元素的表现，如节奏、音色等，这样可使幼儿在创作歌曲的表现方面更加全面。

教师在反思中能够结合活动内容、教育过程分析出本次活动的优点与不足，关注不同幼儿的需要，提出了调整方案；如果能进一步归纳自己在引导幼儿创编歌词部分的做法，就会对提升自己的教育经验更有帮助。反思中教师提出"让全体幼儿都参与到活动中"，教师可以多思考使用哪些方法和教育手段鼓励更多幼儿参与到活动中，并将好的方法进行归纳、整理。

指导教师：北京师范大学实验幼儿园　杜军

快乐小面人（中班）

北京大学附属幼儿园　谢珍金

活动由来及设计思路

随着班级主题活动"美味的面条"的开展，班级幼儿对面条的喜爱程度越来越高，特别是在幼儿的建议下，我们开设了跟主题相关的"开心面馆"活动区域后，幼儿对面条加工过程更是兴趣盎然。在制作面条的过程中，幼儿不仅运用触觉感受面条的变化，还常常顺着制作过程尝试用动作来表现。

《3—6岁儿童学习与发展指南》指出：要根据幼儿的生活经验，与幼儿共同确定艺术表达表现的主题，引导幼儿围绕主题展开想象，进行艺术表达与创造。本班大部分幼儿比较喜欢艺术类表达活动，乐于提出话题、探讨话题，享受交流和探讨的快乐；也有部分幼儿在活动中不自信，不敢大胆进行表达，需要教师或同伴的鼓励及引导。由此我在主题活动中尽力创设更多机会，结合幼儿感兴趣的"美味的面条"主题内容以及班级幼儿喜爱艺术活动这一特点，在充分调动幼儿经验的基础上，选择"面条形态变化"这一幼儿最好奇、感受最深的点，采用音乐游戏的形式，来支持幼儿运用多种感官进行感受，希望通过这样的音乐活动，引导幼儿自由表达，感受创造带来的快乐，进一步提高幼儿肢体动作表现的能力。

活动目标

1. 了解面条在被煮过程中的不同形态变化，大胆尝试用肢体动作表现面条从生到熟的不同形态。

2. 能结合音乐段落的不同风格与不同形态的面条进行自由创编。

3. 体验在音乐活动中自由表达和创造带来的快乐。

活动准备

1. 经验准备：简单了解煮面条的过程，有制作面条、吃面条的经验。

2. 物质准备：

(1)《小夜曲一号》的三段音乐。

(2) 煮面条的视频、笔、纸、厨师道具等。

重点、难点

重点：大胆尝试用肢体动作表现面条从生到熟的不同形态。

难点：能用不同的肢体动作表现面条从生到熟的不同形态。

活动过程

1. 联系生活经验，激发幼儿对音乐活动的兴趣。

教师：孩子们，前几天你们跟爸爸妈妈在家一起煮了面条，吃了面条。这两天我们一起听过一首歌，大家都觉得很有趣，小朋友们说感觉这首歌跟煮面条的过程特别协调，今天让我们再来听一遍这首歌，看大家是不是能听出音乐里的变化像煮面条的变化。

2. 引导幼儿完整欣赏乐曲，感知三段乐曲的不同风格。

(1) 引导幼儿完整欣赏音乐，谈谈自己对乐曲的感受及理解。

教师：听完后，你觉得伴随音乐，面条发生了什么样的变化呢？

幼儿1用手比画：音乐是从高到低的。

幼儿2：是在"嗯、嗯"那个不一样的音乐响起时跳进锅里的。

幼儿3一边说，一边用肢体动作展示：一开始的时候是直直的。

幼儿4边说边做肢体动作：后面慢慢变软了，就可以出锅了。

教师小结：哦，有的小朋友觉得音乐刚开始的时候，面条是直的，随着音乐的变化，后来就慢慢变软了，最后就可以出锅了。

教师：好，那我们再来听一听，伴随音乐，面条到底是怎么变化的。

这一次听的时候可以把自己当成小面人，静静感受音乐。

（2）引导幼儿再次完整欣赏音乐，用身体部位表达对乐曲的速度及节奏变化的感受。

教师：哇，小朋友们都好厉害呀，用了手臂、小手、小腿、头、眼睛来表达对音乐的感受，还有小朋友把全身都动起来了，厉害，厉害！

教师：谁来说一说，你刚刚听到的音乐有几段，每一段音乐都是一样的吗？

幼儿1：我觉得有3段。

幼儿2：我也听出来有3段。

幼儿3：我好像听出有4段，中间有个"嗯、嗯"的声音。

教师：哇，你太厉害了，不但听得特别仔细，而且连音乐中的滑音也听出来了，还能哼出来，点赞。

教师：孩子们，那每一段音乐都是一样的吗？

幼儿：第一段和第二段是一样的。

教师：哦，第一段和第二段是一样的吗？（哼唱，帮助幼儿区分，引导幼儿感受不同）

幼儿：不一样。

教师：那是什么样的呢？有什么不一样？

幼儿1：这一段音乐，面条是直直的。

幼儿2：硬硬的。

教师：那第二段呢？（哼唱）

全体幼儿：变软了。

教师：是突然就变软了吗？

幼儿1：不是，它是等了一会儿才变软的。

幼儿2：它是慢慢、慢慢变软的。

幼儿3：水开了才能慢慢变软。

教师：孩子们，那最后一段音乐呢？（哼唱）

幼儿1：马上就可以出锅了。

幼儿2：速度越来越快，越来越快。

教师小结：孩子们，你们可真棒，不但听得仔细，还听出了音乐的不同，最厉害的是你们还能表达出它们的不同。

教师：那接下来我们就用动作来试一试。

幼儿：好。（表现出非常乐意和兴奋的状态）

3. 分段欣赏，鼓励幼儿根据乐曲的旋律变化进行自由表达与创作。

（1）引导幼儿欣赏第一段乐曲，感知乐曲坚定、有力的特点。

教师：有谁愿意来用动作来试一试面条没下锅的时候是什么样子的？

幼儿纷纷表示愿意尝试。

教师：好，既然大家都想试一试，那我们现在一起把自己变成小面人，跟着音乐一起来试试吧。

教师：看看谁能跟随音乐的节奏一起表现出面条形态。

幼儿跟随第一段乐曲进行创编。

教师小结：你们好厉害呀，竟然创编出了这么多不同的动作：有双手合在一起往上的，有双手分别放在身体两侧左右摆动的，有双手放在胸前上下敲击的，还有把手放平上下蹲起的。太厉害了，我比不过你们。

幼儿积极主动，都能跟随音乐的节奏进行自由创编，感受活动的快乐。

教师：好，请这几个小朋友先留下来，我们一起来看看他们的动作还有什么不一样的地方。

幼儿1：豆豆的动作很利索。

幼儿2：我喜欢小胡的动作，小手伸起，身体摆动。

教师：原来我们可以用身体创造出这么多有趣和不一样的动作。那我们现在再听着音乐一起来感受一次吧。

播放音乐第二段，全体幼儿表现出"面条变软"的样子。

（2）引导幼儿欣赏第二段乐曲，感知乐曲优美、缓慢的特点。

教师：接下来快想想这时的面条在锅里会怎么样，我们跟着音乐来试一试吧。

幼儿1：慢慢变软。

幼儿2：稍微有一点点软，然后再有一点点软，最后再变软。

教师：哦，先变软一点点，然后再变软一点点，最后全变软。那你能用动作表现一下吗？

教师小结：我发现有的小朋友是用胳膊表现慢慢变软的，有的小朋友是用整个身体表现慢慢变软的，还有的小朋友是用小眼神加上肢动作表现慢慢变软的，你们很棒！

幼儿非常开心地为自己的表现鼓掌，获得了自信。

教师：最后第三段音乐里的面条是怎么变化的？

幼儿：特别快。

教师：哦，是一下就变软了吗？

幼儿：不是，也是慢慢变软的。

教师：这个时候水慢慢沸腾啦，面条在锅里变软就越来越快，越来越快。好，那我们一起试一试。

（3）引导幼儿欣赏第三段乐曲，感知乐曲欢快、活泼的特点。

教师：水沸腾之后面条在锅里又会怎样呢？哪根"面条"表现得最不一样？

幼儿表现不同动作和造型。

教师：既然你们那么厉害，那现在谢老师要向你们发起挑战了，你们敢不敢应战？

全体幼儿：敢。（用非常坚定的声音齐回答）

教师：挑战的内容就是跟随音乐的旋律把面条的整个变化过程表现一次。

全体幼儿边欢呼边叫好。

教师：你们还记得先是什么样的，后是什么样的吗？

幼儿：先是硬硬的、直直的，然后慢慢变软了，最后在锅里沸腾了。

4. 引导幼儿进行"快乐小面人"游戏，巩固幼儿对乐曲的理解。

（1）绘制图谱，与幼儿共同梳理乐曲结构。

用图谱引导幼儿进一步感受音乐中面条变化过程（见图 5-20）。

教师：我刚刚发现小面人和我们的音乐还可以变得更有意思，现在老师要来跟你们一起画游戏图了。

图 5-20　通过图谱引导幼儿感受音乐

教师：你们用小手或者身体跟我一起来表现好吗？

教师：你们有没有发现谢老师在画第三段音乐的时候是怎么画的？

幼儿：从慢到快，越来越快，越来越快。

教师：对，刚刚有小朋友在进行第三段音乐的时候直接就很快了，没有表现出变化的过程，现在小朋友都知道了吧？

（2）教师扮演厨师，幼儿扮演面条，师幼共同游戏。

教师：我现在变成了什么？

幼儿：厨师。

教师：我变成了厨师，那你们现在是什么呢？

幼儿：面条。

教师：你们猜猜教室中间的这个"大锅"是用来做什么的？

幼儿：是煮我们的，哈哈。

教师：孩子们，你们还记得听到什么音乐的时候下锅吗？

幼儿：听到"嗯、嗯"的时候就下锅。

教师：哇，你记得好清楚，一会儿小朋友们不要忘了哦。那什么时候定造型不动呢？

幼儿：最后音乐结束的时候。

教师：那我们的小面条们现在在锅边准备吧。

教师：一会儿我会看哪根小面条煮好之后的造型最漂亮，我就会给他撒上香喷喷的调料哦。

教师：现在开始撒调料，捞面，嗯，太香啦！

可根据幼儿的状态重复游戏。

教师总结：孩子们，你们知道吗？这个游戏还有更好玩的玩法，可以伴随音乐所有人变成一根面条一起玩，还可以变成面条去旅行。除了这些玩法之外，还有我们小朋友们之前想的各种玩法，我们可以在表演区继续进行游戏哦。

活动延伸

可以将不同风格的音乐和辅助材料投放至表演区，支持幼儿继续游戏、创造和表达的需要。

个人反思

1. 从活动内容与音乐的选材来看，首先，活动结合班级主题活动开展，选择了幼儿熟悉的、与生活经验相关的面条作为内容，贴近幼儿生活，便于幼儿理解、感受与表现，又给予了幼儿一定的想象和自由发挥的空间。整个教学活动充分调动了幼儿的经验，选择了"面条形态变化"这一吸引幼儿的点，通过游戏的形式让幼儿将生活经验迁移到音乐中，使幼儿在不知不觉中领略到了音乐的三段体结构，能用夸张的肢体动作进行模仿和创造性表现，在音乐活动中体验到了自由表达与创造带来的快乐，很好地完成了设定的预期目标。其次，在音乐的选择上，我选择了《小夜曲一号》的三段音乐。这三段音乐的风格明显不同，幼儿容易分辨，而且该音乐的结构与面条在不同时段的形态非常吻合，幼儿能结合两者自由创作和表达。

2. 从幼儿的表现与发展来看，幼儿对这次音乐活动有着浓厚的兴趣，自始至终都十分积极主动，能根据音乐的特点进行表达与创编。

3. 从教学策略来看，我能通过不同的策略引导幼儿以自然的方式抒发情感、表现自我。①体验性策略。引导幼儿调动多种感官，主动充分地体验音乐。②情境性策略。活动中运用图谱的方式帮助幼儿梳理音乐结构，然后根据音乐特点创设情境，利用情境化的语言引导幼儿感受并熟悉音乐的特点，根据音乐的特点创编相应的身体动作。③角色游戏策略。角色游戏是幼儿喜欢的活动，活泼、可爱的小面人形象深受幼儿喜欢。让他们自己来扮演这一角色，更能激发他们大胆参与音乐游戏活动的积极性。

综合评析

艺术来源于生活。该活动的设计灵感来自班级近期开展的主题活动，幼儿在回顾生活中在家煮面条时看到的面条的变化后，会声情并茂地讲述自己观察到现象，也会不自觉地配合肢体动作进行状态表现，还会因此产生关于面条形态变化的激烈讨论。教师抓住了幼儿交流讨论中的焦点问题，给予了他们各种分享交流和展示表达的机会。教师从众多音乐中选取了与活动主题契合的《小夜曲一号》的三段音乐，自然、巧妙地将幼儿对物体形态变化的探讨与有趣的音乐结合起来，调动了幼儿的经验，也为幼儿自由进行艺术表达与展现提供了适宜机会，让生活成了幼儿大胆进行艺术创造和表现的源泉。

本次活动设计的目标明确清晰，活动过程环环相扣。教师通过多种活动形式的设计与组织，让幼儿在听、看、舞动中充分感受音乐的变化，能尊重幼儿，鼓励幼儿自由大胆地表达自己对音乐的感受，为幼儿自主表达个体艺术体验提供了平台。

指导教师：北京大学附属幼儿园　余丽

北京市海淀区教师进修学校　李程

开心跳跳糖（中班）

北京市六一幼儿院　邹颖

活动由来及设计思路

户外活动时，喇叭里播放了《开心跳跳糖》背景音乐。幼儿不自觉地随着音乐做各种各样的动作。我问幼儿："这首音乐听起来有什么感受？"

天天说："听着很开心。"豚豚说："听着就想跳一跳。"幼儿明显表现出了对这首音乐的喜爱。于是，我产生了以这首音乐为载体，与幼儿共同开展一次音乐律动活动的想法，并对这首音乐的乐曲特征、幼儿的发展现状及可能获得的发展进行了分析。

乐曲《开心跳跳糖》改编自肖斯塔科维奇的芭蕾组曲，是一首有趣、欢快、有跳跃感、节奏鲜明的乐曲，呈现出四段不同的节奏，适合幼儿运用身体动作进行表达。在中班，幼儿律动创编多以一般生活动作为主（走、跑、跳跃、点头、弯腰、屈膝等）。本次律动创编活动将鼓励幼儿结合生活经验，创编各种各样的"跳"。

幼儿在音乐方面有较强的节奏感，但是对乐曲乐段的感知能力较弱。在动作方面，他们在自由律动中会出现两种或两种以上的动作，上肢动作较多，下肢动作较少，动作的丰富性不足，缺少空间的变化。幼儿以往的律动创编主要以听音乐自由表现为主，大肢体动作与音乐配合还不够准确。我结合《开心跳跳糖》乐曲节奏鲜明、跳跃感强的特点组织了本次活动，以提升幼儿动作与音乐配合的准确度。

活动目标

1. 体验欢快的音乐表达的愉快情绪，愿意随音乐用动作表达自己对音乐的感受。

2. 感受乐段节奏快慢、旋律起伏的不同，能够随音乐和着节拍用较丰富的动作表现。

活动准备

1. 经验准备：

（1）日常生活中听过《开心跳跳糖》。

（2）有随音乐做上肢律动的经验。

（3）有过吃跳跳糖的开心体验。

2. 物质准备：

（1）创设糖果王国的游戏情境 PPT。

（2）音乐《火车开了》《芭蕾组曲》。

（3）小鼓、音响、钢琴等。

重点、难点

重点：尝试创造性地表现变换方位、不同形式"跳跳糖"跳的动作。

难点：能够随音乐表现。

263

活动过程

1. 导入部分：通过引入参加糖果王国的舞会的情境，激发幼儿参与音乐律动创编活动的兴趣。

幼儿和着欢快的《火车开了》音乐，排成一列小火车，走进糖果王国。

（1）引导幼儿和着节奏开火车，合拍做动作。

有的幼儿的步伐能够合上音乐的节奏，有的幼儿没有准确地合上音乐的节奏。

教师：有的小朋友能够合上音乐的节奏开火车，真是太棒了！老师看看还有谁能合上音乐的节奏。

用自身身体带动幼儿，手拍音乐节奏。

部分幼儿开始有意识地调整自己的动作，尝试合上音乐的节奏。

（2）引导幼儿聆听音乐开头，感受乐曲"跳"的特点。

教师：我们听听这段音乐，你觉得这是什么糖果在跳舞？

幼儿：跳跳糖。

教师：为什么你觉得是跳跳糖在跳舞呢？

幼儿：音乐听起来是一跳一跳的感觉。（用手指在手臂上比画着"跳"的动作）

教师：那我们看看是不是跳跳糖来了。

2. 基本部分：鼓励幼儿尝试表现"跳跳糖"跳舞的动作。

（1）引导幼儿品尝跳跳糖，丰富幼儿的体验。

教师出示跳跳糖：你们猜对了，果然是跳跳糖在跳舞。

教师：你们吃跳跳糖的时候，跳跳糖在嘴里是怎么跳的？在哪里跳？

幼儿：一跳一跳的。（边说边做跳的动作）

教师：哦，是上下跳的。

幼儿：在这边跳，又在这边跳。（手从嘴的一侧指向另一侧）

教师：跳跳糖可以从嘴的这一边跳到另一边。

幼儿1：跳跳糖在舌头上跳。

幼儿2：跳跳糖还在我的在牙齿上跳。

幼儿3：跳跳糖跳到我的上牙膛上了，哈哈。

幼儿4：跳跳糖一开始跳得特别快，后来就慢了。

教师：小朋友们发现了，跳跳糖跳的方向、速度都不一样，有的跳得高，有的跳得低。接下来，跳跳糖的舞会就要开始啦，用你的小手指扮演跳跳糖来跳一跳吧。

（2）引导幼儿完整倾听音乐，用手指扮演跳跳糖，和教师一起随音乐做上肢体态律动。

教师：在音乐中，跳跳糖跳的舞蹈一样吗？

幼儿：不一样。

教师：说说哪里不一样？

幼儿1：有的时候快，有的时候慢。

幼儿2：有的跳得特别高。

幼儿3：跳跳糖还能跳得特别远。

教师：你们太棒了！聆听到了音乐中的跳跳糖跳得不同。我们再来听一遍音乐，把我们自己变成跳跳糖，到场地中间的大嘴巴上来跳一跳吧。

通过上肢体态律动引导幼儿感受乐段之间的不同与变化，结合幼儿品尝跳跳糖的体验，引导幼儿初步感知生活体验与律动之间的关系，为接下来的创造性表现做铺垫。

（3）引导幼儿听音乐A段和D段，为这两段音乐创编不同方位、不同形式的跳跳糖舞蹈动作。

播放第一遍音乐，幼儿随音乐用整个身体自由律动，表现跳跳糖跳舞。

教师：谁想和我们来分享一下，你是怎么跳的？

幼儿：我是这样跳的。（边说边上下跳）

教师：这个小跳跳糖是怎样跳的呀？

幼儿：是向上跳的。

教师：你们发现了它跳的方向，还有没有不一样的跳法呀？

幼儿：我是向前跳的。（边说边演示）

教师：除了原地上下跳，向前跳，还可以向哪个方向跳？

幼儿1：还可以向后跳。

幼儿2：前后跳。

幼儿3：左右跳。

幼儿4：还可以转圈跳。

幼儿5：斜着跳。

…………

教师：太棒了！我们可以朝不同的方向跳，还可以转圈跳。那除了双脚一起跳还可以怎样跳？

幼儿1：还可以大步跳。（说着迈开步跨跳）

幼儿2：还可以单脚跳。

……………

通过提问引导幼儿调动生活中的经验来创编动作。在幼儿创编动作时，关注幼儿的个体差异、同伴间的学习和分享，引导幼儿表现更多动作。用弹钢琴为幼儿的动作伴奏、用小鼓敲击鼓点、请小朋友拍手打节奏等方法帮助幼儿学习合拍跳。

教师小结：小朋友们表演的跳跳糖有的前后跳，有的左右跳，有的转圈跳、斜着跳，还有的大步跳、双脚跳、单脚跳。下面我们把大家创编的动作串起来跳一跳吧。

播放第二遍音乐，幼儿随音乐不同方位、不同形式地表现跳跳糖跳舞。

教师：小朋友们想到了那么多跳的方法，让我们随着音乐的节奏再来跳一跳。

幼儿：老师，我们两个粘在一起了。（一名幼儿拉着小伙伴的手边跳边说）

教师：两个粘在一起的跳跳糖可以怎么跳舞呢？

幼儿1：手拉手跳（面对面）。

幼儿2：背靠背跳。

教师：除了两个人一起跳，我们还可以怎么跳？

幼儿1：三个人一起。

幼儿2：五个人一起。

幼儿3：许多人一起跳。

最后大家拉成了一个大大的跳跳糖集体共舞。

指导策略：抓住幼儿在律动中的随机事件的价值，结合目标进一步鼓励幼儿进行更加丰富的创编。

3. 结束部分：引导幼儿集体共舞，再次感受音乐所表达的愉快情绪。

和幼儿完整聆听音乐，幼儿用自己创编的动作表达乐曲的 A 段和 D 段。

教师总结：今天，我们变成了"跳跳糖"参加舞会，创编了不同的跳的动作。你们太棒了！接下来我们再想想还有什么动作可以表现跳跳糖跳舞，再来创编乐曲的其他乐段。

活动延伸

开展亲子"跳跳糖"的音乐游戏，鼓励幼儿在家和爸爸妈妈共舞，继续丰富创编内容。

个人反思

1. 活动设计基于幼儿的发展水平，有利于创编活动的顺利开展。

本次活动是幼儿第一次律动创编活动，结合本班幼儿的经验和实际水平请幼儿为 A 段和 D 段乐曲创编动作。因为这两段乐曲跳跃感更强，曲调相同，易于幼儿感知乐曲的节奏，进行动作的创编。从活动中我们可以看出，幼儿在我的支持下能跟上音乐的节奏，获得了成就感。待幼儿丰富了创编经验后，再继续引导幼儿为其他乐段创编，有助于逐步提升幼儿的创编能力。

2. 通过联系幼儿的生活经验，支持幼儿进行动作创编。

在本次音乐律动活动中，我结合幼儿的生活经验，引导幼儿和着音乐的节奏创造性地表现各种"跳"。我从幼儿喜欢吃的"跳跳糖"入手，创设"糖果王国的舞会"的游戏情境，激发幼儿的游戏兴趣，同时，利用跳跳糖"跳"的特点启发幼儿对于"跳"的动作的想象。在律动活动中，幼儿将生活经验迁移到创编中，能够大胆想象，自由表达自己的认识，抒发内心的情感。

3. 抓住活动中的随机事件，灵活调整活动内容。

在欢快的游戏中，幼儿结合自己的生活经验及同伴间的启发互动创编了上肢、下肢、全身和不同方位的丰富的动作来表现跳跳糖跳舞。表现的过程中忽然有两名幼儿碰到了一起，一名幼儿说："我们两个粘在一起了。"我立刻顺势说："两个粘在一起的跳跳糖可以怎么跳舞呢?"幼儿自然地开始了双人合作的创编活动。最后大家手拉手拉组成一个大大的"跳跳糖"跳圆圈舞，感受到了集体共舞的欢乐。在活动过程中，我抓住了幼儿的突发事件，将其作为契机推动活动进一步深入开展。幼儿初步认识了双人舞和多人舞的形式，体验了一起跳舞的快乐，也为接下来活动的深入开展做了铺垫。

4. 教师的引导作用还需加强。

在律动创编环节，我能够给予幼儿充分表现表达的机会，抓住幼儿不同的动作，请幼儿进行分享和展示。但是幼儿的经验毕竟有限，动作的丰富性仍显不足。在自由律动环节，可以充分地发挥教师的作用，通过教师的创意动作激发幼儿的想象。

综合评析

1. 符合中班幼儿的年龄特点和发展水平，科学、适宜。

中班幼儿相较于小班幼儿来说，对生活中的人、事、物有了一定的观察积累，生活经验丰富了。生活中积累的素材可以支持中班幼儿进行主动的创编，完成律动舞蹈作品。在创编手法上加入了对称创编的手法，引导幼儿改变动作的方向，如上下、左右、前后的对称，有效激发了幼儿的创编兴趣。此外，教师根据中班幼儿的年龄特点和感受能力，先进行了其中两段乐曲的创编活动，之后再进行整个乐曲的创编，循序渐进，科学合理。

2. 体现了预成课程和生成课程的有机融合，自然、和谐。

日常游戏中，教师观察到了幼儿对《开心跳跳糖》这首欢快、有跳跃感的音乐感兴趣，结合幼儿发展需求、培养目标生成了本次活动。在活动中幼儿创造性地表现了跳跳糖粘在一起的状态，教师及时捕捉，引发了幼儿对双人舞、多人舞的创造性表现，体现了活动设计的动态性了，生成了新的目标和内容。

3. 展现了高质量的师幼互动、幼幼互动，支持幼儿获得全面发展。

活动中，教师通过富有启发性的提问，引导幼儿联系生活经验进行律动的创编；通过示范、引导，支持幼儿感受乐曲的节奏；通过钢琴伴奏和鼓点敲击等方式，帮助不同发展水平的幼儿合拍做动作；注重每一个环节中幼儿的个性化表达以及幼儿间的分享、交流与合作，促进了同伴间的相互学习。幼儿在整个活动中积极主动，不但丰富了相关的音乐经验，而且促进了语言表达、社会交往、空间方位感知等多领域的全面发展。教师为幼儿提供了轻松、相互支持的精神环境，幼儿能够自由表达自己的认知，抒发内心情感，获得审美体验和创造性思维的发展。

指导教师：北京市六一幼儿院　宋颖

我和影子（大班）

北京大学附属幼儿园　李慧萍

活动由来及设计思路

开展"人体的奥秘"主题活动时，我发现幼儿在用绘画的形式表现人的动作姿态的过程中，很容易受服装、方位等外在因素的影响，不能很好地将人在运动过程中的姿态（包括头、躯干、四肢等部位变化姿态）表现出来。大多数幼儿都是在正面的、四肢伸展的人像上加上运动器材或运用语言补充说明来表示不同的运动方式和状态的。5～6岁的幼儿已经有了初步的欣赏、理解、评价能力，开始注重人物动作的形象化，所以初次画完之后，很多幼儿会对画人的动作产生一些畏难情绪。鉴于这些因素，我设计了此次活动，想通过平面化的人影与立体化的人体动作对照的方式，帮助幼儿提高对人物动作姿态的表现力。

活动目标

1. 通过影子了解人物的动作姿态特点，并将其用绘画的形式表现出来。

2. 通过在活动中与其他幼儿配合完成目标的形式，增强合作意识。

活动准备

1. 经验准备：对于身体各部分的功能有基本了解。

2. 物质准备：粉笔、画夹、画纸、画笔等。

重点、难点

重点：通过画影子掌握人物动态轮廓的画法。

难点：将描画影子转化成对真人的写生。

活动过程

1. 引导幼儿开展"影子人"游戏。

通过游戏，引导幼儿观察影子的动态特点。

这个游戏是根据幼儿喜欢玩的"木头人"游戏改编的，将儿歌稍加改编，不仅能激发幼儿参加游戏的兴趣，还能自然地引导幼儿关注自己的影子。

游戏儿歌：我们都是影子人，一不许说话，二不许动，三不许露出大门牙，还有最后一分钟，看谁的意志最坚定。

教师：小朋友们看看我们的影子，都一样吗？

幼儿1：不一样。

幼儿2：我们做的动作不一样，所以影子也不一样。

教师：影子和真实的自己有什么不一样呢？

幼儿1：影子黑乎乎的，什么都没有。

幼儿2：影子里面什么都没有，我们有五官，还有衣服。

教师：画影子简单还是画真实的人简单？为什么？

幼儿1：画影子简单，因为不用画眼睛、鼻子和衣服。

幼儿2：画影子简单，因为画外面一圈就可以了。

2. 引导幼儿描画影子。

（1）引导幼儿合作描画影子。

教师：刚刚有的影子看上去很美，有的看上去很奇特，可是现在小朋友动了，刚刚的影子也就看不到了，有什么办法可以把刚刚的影子保留下来呢？

幼儿1：我们可以站着不动。

幼儿2：老站着会累的，我们可以画出来。

（2）出示粉笔，引导幼儿将影子画出来。

幼儿：老师，我画不好，够不着。

教师：想想为什么会够不着，我们可以怎么办呢？

幼儿1：我们自己不能画，一画影子就不一样了。

幼儿2：我们可以让小朋友帮助我们画。

引导幼儿在描画影子时感受动态轮廓线的画法。

3. 组织幼儿进行平面写生。

幼儿自由组合、相互协商，一人当模特做动作，另一人进行平面描画。

教师：画在地上的影子能帮我们回忆刚刚的动作，还有什么办法可以把我们刚刚做的动作永远保留下来呢？

幼儿1：拿照相机拍下来。

幼儿2：那现在没有带照相机怎么办？

幼儿3：那就用我们带的笔画下来。

教师：我们还可以像刚才一样，互相做模特进行写生。刚才是画简单的影子，现在画复杂的人。你打算先画什么，后画什么？

幼儿：眼睛、头、手等。

教师：那等你画完身体的细节后，小模特也已经累得不行了，想想怎样才能先表现出模特的动作？

幼儿：先画出外轮廓线，再画五官和衣服。

教师：那对小模特有什么要求呢？

幼儿：坚持，先不要乱动。

4. 引导幼儿欣赏、评价作品。

教师：哪幅作品的动态表现比较生动有意思？你能猜猜画里的小朋友是谁吗？（根据画面表现的细节特征）你来学学他做的动作。

请幼儿互相欣赏同伴的作品。

活动延伸

下次活动可以引导幼儿对组合动作进行仔细观察，尝试进行动作组合绘画。

个人反思

1. 活动目标具体、明确，目标定位适合本班幼儿发展水平。

活动源于幼儿的需求和兴趣，幼儿参与的积极性很高，尤其是在画影子的过程中，有的幼儿能长时间地保持一个姿势，画影子的幼儿也很认真、投入，两个人在互相配合的过程中还能围绕这个过程进行交流，这些都说明幼儿乐在其中。有个别幼儿画得比较细致、比较慢，但是我尊重幼儿，给幼儿表现的时间，让幼儿自由交流。

2. 注重帮助幼儿获得新的知识经验。

我立足幼儿的兴趣和经验，以"影子人"和"画影子"的游戏让幼儿初步对人的动作姿态有大致的认知，然后通过写生的方式表现人的动作姿态，这样自然过渡的过程能帮助幼儿克服畏难情绪，使幼儿大胆表现和创作。人和影子的对应参照，也给具有不同发展水平的幼儿创造了宽松的创作空间，提供了自由表现的机会。

此次活动利用幼儿的经验，为幼儿搭建了一个平台，语言和过程的游戏化使幼儿循序渐进、由浅入深地感受到了影子和人物的关系，实现了幼儿从模仿画平面的人到写生动态的人的自然过渡。

3. 评价关注幼儿的操作过程。

在作品评价的过程中，通过"猜猜画里的小朋友是谁"和"学学他做的动作"的方式，克服了过分强调技能技巧的倾向，为幼儿展示自己富有个性的作品创设了条件。评价关注幼儿绘画作品中对姿态的表现、与同伴的合作，而不是对人物的表现像不像，给幼儿个性的表达创造了很好的氛围，让每个幼儿都能很自信地去表现自己。

4. 遵循因人而异的发展原则。

此次活动对于幼儿来说，有一定的弹性发展空间。对于具有不同发展水平的幼儿，我引导的侧重点不同，这就为幼儿搭建了一个很好的发展平台。可以将此次活动作为一个良好的开端，收集幼儿的作品，这样不仅能够体现幼儿的发展过程，还能帮助自己了解幼儿的发展水平，为以后的活动做铺垫。

综合评析

活动中幼儿能够充分表达他们对周围世界的情感、印象和认知。艺术活动已成为他们表达情感和认识的重要方式和手段。5岁后幼儿的美术创造能力逐步发展到认识事物之间的一些简单关系和联系，对于细节的描述也逐渐丰富起来，这是他们美术活动的突出特点。

教师在幼儿第一次画人的活动后分析了幼儿的特点和现有水平，在此基础上设计了这次活动。教师以游戏的方式带领幼儿进入活动，让幼儿在轻松、愉快的氛围中比较学习平面人与立体人的关系，并鼓励幼儿以合作的方式学习。在描画影子的环节，影子描画只能表现出一个轮廓，伸展的动作比较好表现，四肢合拢等动作用影子很难具体表现。因此在这个环节，对于怎样引导幼儿，教师需要做进一步反思。

指导教师：北京大学附属幼儿园　余丽

我们的幼儿园（大班）

中央军委机关事务管理总局红星幼儿园（新街口园）　高伟

活动由来及设计思路

进入六月份，幼儿马上要毕业了。他们对同伴、教师和幼儿园表现出深深的不舍，舍不得幼儿园的美丽景色，舍不得小菜园、升旗台、大操场、滑梯……幼儿提出想把幼儿园画下来，为幼儿园留下自己的作品。感受到幼儿强烈的表达欲望后，我围绕幼儿近期讨论的话题，结合幼儿的经验，设计并开展了"我们的幼儿园"美术写生活动。

班级幼儿有一定的写生经验，在绘画时创作欲望比较强烈，能够有目的、有意识地再现周围事物，表现自己的经验。他们表达方式多样，有自己的想法，在造型、色彩、构图方面都有明显发展。我希望通过写生活动，支持幼儿自主选择喜欢的绘画工具和方法进行表达，在细致观察的基础上，运用多种形式创造性地表现幼儿园的景物或人物。活动中幼儿感受美、欣赏美、表现美，抒发情感，主动表达自己对幼儿园、教师、同伴的爱，对幼儿园的留恋与感恩之情，感受成长的自豪、喜悦与幸福。

活动目标

1. 体验写生活动的乐趣，表达对幼儿园的喜爱与不舍之情。

2. 在细致观察的基础上，运用多种形式创造性地表现幼儿园的景物或人物。

活动准备

1. 经验准备：有写生的经验。

2. 物质准备：画架、画板、毛笔、水彩笔、油画棒、刮画笔、宣纸、刮画纸、彩砂纸、笔洗、国画颜料等。

重点、难点

重点：用自己喜欢的绘画形式表达对幼儿园的喜爱之情。

难点：能合理构图，表现出事物的位置关系和比例。

活动过程

1. 通过谈话活动鼓励幼儿充分表达毕业前的心情，激发幼儿的创作兴趣。

引导幼儿围绕"我们的幼儿园"话题自由交谈和讨论，激发幼儿的创作兴趣，支持幼儿充分讨论，接纳幼儿的独特感受和表达需要。

教师：孩子们，今天到你们毕业还有多少天？你们的心情是什么样的？

幼儿：还有 12 天，我的心情是既开心又不开心。

教师：开心的是什么？不开心的是什么？

幼儿：开心的是我长大了，上小学了，能学到更多的本领，交到更多的朋友；不开心的是幼儿园美好的时光太短暂了。

教师：好复杂的心情啊。其他小朋友呢？谁还想说一说？

幼儿：我很舍不得离开幼儿园，舍不得老师，舍不得升旗台和葡萄架。

教师：你为什么舍不得这些地方？

幼儿：老师天天陪我们做游戏，教给我们知识。每周一我们都在升旗台那里升国旗、行注目礼。葡萄酸酸甜甜的，每到葡萄成熟的时候，我们都去摘葡萄。

教师：好多美好的回忆啊！小朋友有那么多舍不得和喜欢的地方，我们可以用什么方法把它们记录下来？

幼儿 1：画画。

幼儿 2：我还可以写日记、拍照。

教师：都是好方法，那今天我们用什么方法呢？

幼儿：画画，我们今天就想画。

教师：那你们最想把幼儿园的哪些地方画下来？怎样画？

幼儿：我想用线描画，画我们幼儿园的操场、升旗台、葡萄架、小菜园……

教师：哦，要画的好多呀。怎样把这么多东西画下来，并且做到画面又完整又漂亮呢？

幼儿：合作。

教师：那怎样合作呢？合作绘画时要注意什么？

幼儿：要先商量你画什么我画什么，互相帮助画完整幅画，给画起名字，介绍画了什么。

师幼互动场景一：怎么才能把老师画得比小朋友高？

幼儿：我有一个问题，怎样能把老师画得比小朋友高？

教师：谁来帮她解决这个问题？

幼儿1：可以把老师的腿画得长一点。

幼儿2：不，要把老师各个部位画得都比小朋友长。

和幼儿站一起比较身体，幼儿直观感受，并讨论如何用绘画表达。

教师：佳佳，我们俩比一比给小朋友看一下。

幼儿：高老师的腿要比佳佳的长，身体也长，胳膊也长……所以我们画的老师的每个部位都要长一点。

教师：这个问题解决了吗？知道怎么画了吧？

幼儿：知道了。

教师：希望小朋友画画时，把大家的好办法都用起来。

教师：小朋友说得都很好，现在我们出去写生。户外观察时，你们选择自己最喜欢的景物或人物仔细观察，画出漂亮的画，老师期待你们的作品。现在我们出发。

2. 引导幼儿结合创作思路在幼儿园实地观察，自由讨论交流。

幼儿来到户外，自主选择喜欢的景物，近距离观察景物的造型特点，与环境互动，并主动与同伴交流自己的发现。

幼儿1：看葡萄架上的葡萄，都是绿色的。

幼儿2：不不不，你看那里有紫色的，一串串的……

幼儿3：那我画的时候画绿色葡萄，也画紫色的，一串串的就行了。

幼儿4：竹叶是长长的，我们摸一摸吧。

幼儿5：我看到竹子是一节一节的……

3. 引导幼儿选择自己喜欢的方式进行写生，适时巡视并指导。

幼儿自主选择国画、彩砂画、刮画、水彩画、线描画等形式作画，用相应的材料进行写生。

在幼儿写生活动中，观察幼儿的需求，适时给予支持与指导。

观察与支持要点：①关注幼儿绘画时的身体姿态，与幼儿讨论怎样绘画才舒服；②引导幼儿选择自己喜欢的角度进行观察，表现幼儿园的人、事、物；③关注幼儿如何分工、合作，引导幼儿通过协商在画面中合理构图，共同完成绘画内容；④关注幼儿绘画的情况，及时跟进指导，引导幼儿观察景物的造型特点，注意画面构图和比例；⑤关注幼儿遇到的困难，引导幼儿通过观察、讨论等方法自主解决问题。

师幼互动场景二：我们一起来画画。

教师：你们俩想一起画什么？

幼儿：我画楼房，他画葡萄架，还有滑梯。怎么画呢？

教师：你们仔细观察，楼房和葡萄架，在哪个位置。

幼儿：我们俩要换一下位置，楼房在他那边，葡萄架在我这边，应该换一下位置画。

教师：嗯嗯，一起观察后构图，分工合作，很棒！

师幼互动场景三：楼房的下半部分怎么画？

幼儿：楼房下半部分怎么画？

教师：你说的是哪里？咱们离得远，一起走过去，近距离仔细观察一下吧。

幼儿：就是这里，我看到了楼房的下半部分有半圆的。

教师：你仔细从上到下观察一下，每一部分是什么样的，考虑一下在画的时候该用什么样的线条。

幼儿：有五角星、小人，我会画。还有半圆形的，可以用曲线画，在门的位置要先画横的线条，然后画竖的、斜的线条，还可以画弧形的……我会了。

教师：对了，我们遇到问题时要学会仔细观察，与他人讨论一下，这样就很容易解决了，快去画出来吧。

4. 引导幼儿进行分享与评价。

鼓励幼儿大胆讲述作品内容，引导幼儿表达创作思路，促进同伴间相互评价与学习。

教师提问：

——你的画叫什么名字？你画的是什么？为什么这样画？

——其他小朋友喜欢他的作品吗？为什么？

幼儿自主分享作品《我爱我的幼儿园》（见图 5-21）。

图 5-21　幼儿作品
《我爱我的幼儿园》

幼儿1：我的作品是《我爱我的幼儿园》，幼儿园里有我最爱的高老师、刘老师、孙老师和蔡老师，我画的是每天早晨她们站在门口迎接我的样子。

幼儿2：那我怎么知道你画的分别是哪个老师？

教师：你仔细观察下，她画的老师有什么不一样。

幼儿3：我发现这是刘老师，她每天戴眼镜。

幼儿1：对对，我给刘老师画了眼镜。

幼儿4：我发现高老师头发最长。

幼儿2：蔡老师头发最短，没错，她画的那个头发最短的就是蔡老师。

幼儿5：孙老师个子最矮。

幼儿1：对对对，我就是这么画的。

教师：迪迪能把心中的老师表现出来，其他小朋友也能在画里面认出老师，你们真是太棒了，老师也爱你们。

幼儿自主分享作品《温暖的升旗活动》（见图5-22）。

教师：涵涵，请你来介绍一下自己的作品吧。

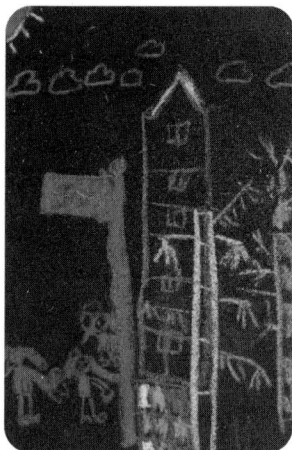

图 5-22　幼儿作品《温暖的升旗活动》

幼儿：我画的是操场上我们一起升国旗的场景。

教师：国旗旁边那个人是谁？

幼儿：我和好朋友童童、迪迪一起升国旗。我就画下来了。

教师：你为什么要画这里呢？

幼儿：我们每周一在这里升国旗，我感觉很自豪。

教师：我也很喜欢你画的这个升国旗的场景。

幼儿自主分享作品《我爱城堡幼儿园》（见图5-23）。

幼儿：我画的是我们的城堡幼儿园。

教师：城堡画得好细致啊，城堡下面画的是什么呢？

图 5-23　幼儿作品《我爱城堡幼儿园》

幼儿：这是我设计的园标，五角星代表祖国，下面是光芒宝剑和彩虹球，外面一圈是发射出的光芒，当坏人来的时候它们会变大，发射光芒，打败坏人，保护弟弟妹妹和老师们。

教师：你要毕业了，还想着让这么厉害的武器保护我们，谢谢你，好温暖。

幼儿自主分享作品《小菜园里的葡萄架》（见图5-24）。

幼儿：我画的是小菜园里的葡萄架，我看到了栅栏、门、葡萄架，还有葡萄下面的西红柿。我好喜欢葡萄，希望毕业前还可以再吃一次葡萄。

教师：你们喜欢他这幅作品吗？为什么？

幼儿1：喜欢，颜色搭配得很好。

幼儿2：喜欢，他上面画葡萄，中间是西红柿，旁边还有门，下面是栅栏。

教师：他的颜色、构图都很好，葡萄是绿色的，他画的却是紫色的，把自己想吃到葡萄的心情都画出来了。

幼儿1：我也想画，但发现叶子把门挡住了，该怎么画呢？

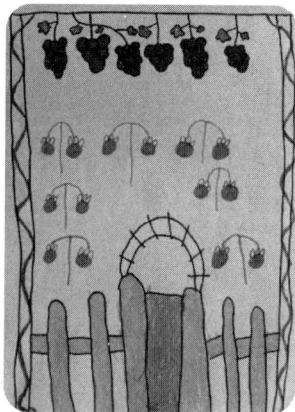

图5-24　幼儿作品
《小菜园里的葡萄架》

幼儿2：遮挡的时候，我们看到的是有前有后的。看不到的地方，就不用画出来了。

教师：小朋友在遇到问题时，能够仔细观察，发现前后构图关系，通过和同伴讨论解决问题，非常棒。

教师小结：老师太喜欢你们的作品了，你们可以将作品带回家留念，也可以送给幼儿园，展示在班级或者二楼的艺术长廊，让所有小朋友都能感受到你们对幼儿园、对老师的爱。

活动延伸

活动后将作品投放在区角、班级门口的作品栏、画廊进行展示，让幼儿进行更深入的交流，然后让幼儿自己计划、分配自己的时间，进行第二次创作。

个人反思

1. 尊重、接纳幼儿的情感，给予幼儿进行充分表达的空间和材料支持。

这次写生活动不仅是一次美术活动，也是幼儿毕业生活的一部分，幼儿借助绘画的方式表达对幼儿园的情感。我接纳和尊重幼儿的感受，关注他们的需求，充分利用幼儿园室内外资源，给足幼儿活动空间。活动前我了解幼儿的绘画需求，准备多种材料支持幼儿，让他们能用自己喜欢的方式充分进行情感表达。

2. 教育活动与幼儿生活融为一体。

教育活动不能脱离幼儿的生活，三年的幼儿园生活对幼儿产生了重要影响，每个幼儿对幼儿园都有很深的感情。这次绘画活动中，幼儿用一幅幅饱含情感的绘画作品有目的、有意识地再现了幼儿园的人、事、物。他们充分表现了自己的经验，提升了细致观察的能力和创造性地表现事物的绘画能力，表达了自己真挚的情感，获得了愉快的情感体验。本次活动是绘画写生活动，也是幼儿在讲自己和幼儿园、和教师的故事。

3. 师幼关系是影响教育效果的重要因素。

教育活动是在教师与幼儿间开展的，要想达到好的教学效果，在幼儿学习活动中，教师就要做好引导者、支持者、合作者。活动中，我随时观察幼儿出现的问题和需求，对活动进行跟进，让幼儿积极发挥主观能动性。幼儿遇到问题时，我作为引导者，引导幼儿通过观察、讨论、同伴间经验分享等方法，自主解决问题。在幼儿需要我时，我适时介入，以支持者、合作者的身份出现，积极与幼儿互动，围绕问题，鼓励幼儿互相讨论，尊重幼儿的想法，让他们以自己理解的、喜欢的方式去表达。

4. 我的思考——关于课程的开放性的探索。

写生活动中，我尽量提供给幼儿更多的空间和机会表达，但是每个幼儿都想分享自己的作品，有些幼儿还想再多画几幅作品。受限于课程时间，我没有给予幼儿更多的机会，满足他们的表达欲望。我想课程应该打破边界，有更多的开放性探索，满足幼儿的需求，尊重幼儿的年龄特点，让活动更加深入，如在时间、空间的设定上，材料的投放上，要有更多的灵活性。

综合评析

教学活动与幼儿生活融为一体。源于毕业离园阶段幼儿的情感需求和发展需要，教师为幼儿的个性化表达创造了机会和条件。在幼儿自主、自由的创作中，教师能够关注幼儿的真实感受和自然表达，通过运用观察、讨论和同伴分享等策略给予幼儿适宜、有效的支持。活动中师幼互动有效，教师能敏锐观察到幼儿的需求，对活动进行跟进，及时根据幼儿的问题做出适当的回应。教师亲和温和，善于观察，与幼儿互动自然，语言富有感染力，在活动中是好的支持者、合作者、引导者。

在活动分享与评价环节，教师能够引导幼儿结合作品分享自己与幼儿园的独特故事，注重学习与发展各领域之间的相互渗透和整合。在整个过程中，教师尊重幼儿的想法，不局限于集体讲评，鼓励幼儿自主分享作品。幼儿自由结组，相互欣赏别人的作品，热烈地讨论，以自己理解的、喜欢的方式去表达，开心地讲述自己和幼儿园的故事。整个过程幼儿作为主体，用一幅幅饱含情感的绘画作品，有目的、有意识地再现了幼儿园的故事。

指导教师：中央军委机关事务管理总局红星幼儿园（新街口园）　范振霞

北京市海淀区教师进修学校　李峰

问答歌（大班）

北京市海淀区唐家岭新城幼儿园　莫佳欣

活动由来及设计思路

近期，班级幼儿对"问答歌"产生了浓厚的兴趣，经常有一些幼儿自发地哼唱"问答歌"，还有些幼儿热衷于将歌词内容进行自由改编，班级中出现了"创编潮"。有的幼儿能适宜地将词语填到歌词中，而有的幼儿创编的歌词非常拗口，难以顺利演唱。经过思考，我发现幼儿会受经验能力限制，在创编歌词时遇到困难。《3—6岁儿童学习与发展指南》提出："经常让幼儿接触适宜的、各种形式的音乐作品，丰富幼儿对音乐的感受和体验。"因此我从幼儿的角度出发设计并组织了本次教学活动。

"问答歌"改编自电影《刘三姐》的音乐片段，是一首来源于广西壮族自治区的民歌，曲风明快悠扬。为了更适合幼儿学习，我将曲调改编为适合幼儿歌唱的音域，同时，以生活化、游戏化的思路开展活动，支持幼儿基于生活经验进行歌词创编。本次活动对少数民族的歌曲进行改编，使幼儿感知丰富、多元的民族艺术美。

活动目标

1. 欣赏壮族曲风的歌曲，尝试用问答的句式创编歌词并演唱。

2. 了解歌曲对唱的艺术表现形式，体验对唱的乐趣。

活动准备

1. 经验准备：

（1）有小组合作的经验。

（2）有出谜语、猜谜语的经验。

2. 物质准备：

（1）视频：《刘三姐》片段。

（2）高粱、玉米、芝麻、豆角、大象、老虎、河马、兔子的图片。

（3）图谱表格，纸、彩笔各组一套，打分牌，问号，黑板。

重点、难点

重点：尝试用"问答歌"的句式创编歌词并对唱。

难点：能结合动物特征进行歌词创编并顺利对唱。

活动过程

1. 以图片的方式提示幼儿演唱"问答歌"，复习歌曲内容。

教师：前几天我们学了好听的歌曲"问答歌"，还记得歌词里都提到了哪些农作物吗？

幼儿：有高粱、玉米、芝麻、豆角。

教师：是的，小朋友学得非常认真，把所有的农作物全部记下来了，让我们伴随音乐一起唱一唱吧。

以提问的方式引导幼儿初步回忆歌词，出示相应的图片。幼儿以直观的形式回忆歌词内容并伴随音乐齐唱，以达到复习歌曲、巩固乐曲旋律的目的。

2. 引导幼儿欣赏《刘三姐》的视频，初步了解并体验对唱的表演方式。

教师：视频中是广西壮族自治区的哥哥姐姐们在唱歌，他们是怎样唱的呢？

幼儿：开始有一个哥哥在唱歌，然后是一个姐姐在唱歌。

教师：谁还有不同的发现？

幼儿1：男生女生分组唱歌。

幼儿2：男孩问，女孩答。

幼儿3：他们唱歌时都很高兴、很开心。

教师：小朋友们观察得非常仔细，这样的一组唱问句，另一组唱答句的方式叫对唱。对唱时可以按男女分组，或者按人数分组，一组唱谜语，也就是提出问题，另一组唱谜底，也就是答出正确答案。

3. 引导两组幼儿伴随音乐尝试使用对唱的方式演唱歌曲。

主、配班教师用富有感染力的声音各带领一组幼儿演唱歌曲，一组唱第一段（问句），另一组唱第二段（答句）。在欣赏视频后，幼儿分男女两组进行对唱，并有意识地模仿视频中的演员，富有感情地进行表现。

4. 引导幼儿了解歌词结构并以小组形式进行创编。

环节一：与幼儿根据图片（大象）内容，尝试按歌词结构创编"问答歌"，并以图谱表格"什么××××××"的形式呈现句式，引导幼儿完整表达歌词。

教师：怎样为大象编谜语呢？它哪里最特别？

幼儿1：大象的耳朵大。

幼儿2：大象的鼻子很长。

教师：小朋友们发现了大象有很多特别之处，我们可以选其中一处创编歌词，那这句歌词可以怎么编呢？

幼儿：什么鼻子长又长？

教师：你描述得非常准确，而且也能按照歌词结构创编，非常好。

环节二：组织幼儿进行小组讨论，将图片中动物的特殊之处找出来进行歌词创编，并请一名幼儿运用绘画的方式表现谜语。

教师：老虎脑袋上有个什么字呢？河马哪里最大？小白兔有什么地方和其他动物不一样？

幼儿1：河马是在水里的，可是还有很多动物在水里呀，它的嘴巴特别大。

幼儿2：老虎身上有毛发。

教师：想一想老虎有什么最特别的地方，和别的动物都不一样，这样才更好猜一些。老虎头上有什么字呢？

幼儿：有王字，这个其他动物头上没有。

环节三：引导各小组分享谜语，将图示贴在黑板上的表格中，请其他组的幼儿猜。

第一小组：什么嘴巴大又大？

幼儿：狮子。

第一小组：不对，比狮子嘴还要大，住在水里的。

幼儿：是河马，河马嘴巴大又大。

第二小组：什么眼睛红红的？是地上跑的动物。

幼儿：兔子眼睛红红的。

第三小组：什么头上有王字？

幼儿：老虎头上有王字。

5. 引导幼儿运用对唱的形式演唱自己创编的歌曲。

幼儿在图式的引导下，分两组对唱新编的"问答歌"。

借助台下教师资源，运用举花评分的方式，激发幼儿乐于表现的愿望，引导幼儿微笑，可以加入动作。

幼儿尝试与不同的教师对唱，感受对唱形式带来的快乐。

6. 师幼小结，引发幼儿继续创编"问答歌"的愿望。

教师：今天我们给大象、河马、兔子、老虎编了好听的谜语歌，其他小动物也想加入，让我们一起给更多的小动物编歌吧。

活动延伸

1. 结合区域活动继续巩固和提升幼儿的创编经验。

首先，将乐曲和幼儿创编的歌词投放到表演区，支持幼儿重复演唱，巩固经验；其次，表演区与语言区联动，支持幼儿在语言区自主创编歌词并记录，随后投放到表演区进行对唱表演。

2. 通过家园共育助力幼儿音乐表达能力和创造能力的发展。

引导幼儿与家长分享创编的歌曲，并与家长一起尝试创编新的歌曲，鼓励家长支持幼儿扩展经验。

个人反思

1. 创设有挑战性的音乐问题情境，激发幼儿解决问题的积极性。

随着身体和心理各方面的发展，大班幼儿活动的自主性、主动性水平明显提高，他们更喜欢具有挑战性的事物，乐于表达自己的想法。因此在本次音乐活动中，我尊重大班幼儿的身心发展特点，在充分了解歌词特点的基础上鼓励幼儿以小组的形式进行歌曲创编，这对他们来说是一次全新的挑战。在小组创编时，大部分幼儿能够依据动物的特点创编歌词，每名幼儿都能积极投入地参与其中。

2. 以图谱的方式解析歌词结构，落实教育活动重点。

在活动过程中幼儿的积极性较高，能够自然地进行多次演唱，但是要进行歌词创编还需要对歌词结构与幼儿进行具体分析。大班幼儿以具体思维为主，直观的图谱配合图片符号有助于幼儿理解歌词。因此，在创编歌词的过程中以图谱表格的方式呈现歌词句式结构，幼儿能够直观地了解创编歌词的方法，完成本次活动的重点内容。在小组创编时我进行分组指导，支持幼儿使用"什么×××××"的句式进行创编。

3. 以多种途径引导幼儿关注物体的特征，突破教育活动难点。

在难点方面，我以大象作为范例，引导幼儿关注动物的典型特征。在创编过程中，我深入各小组，以提问的方式引导幼儿关注动物的特点。每组幼儿都找得很准确，为演唱奠定了基础。

4. 通过评价激励，让幼儿体验到了对唱的乐趣。

活动中演唱的次数较多，但是每次都有新的要求与挑战。怎样让自己的小组脱颖而出，获得更多认可，这是幼儿需要依据歌唱表演的效果进行反思的问题。我以提问的方式引导幼儿思考如何让歌唱表演更加精彩，幼儿能够结合经验提出面部表情、肢体动作等内容。我鼓励幼儿与同伴、教师进行对唱，营造轻松的歌唱氛围。从幼儿在演唱时自信的肢体动作以及洋溢在脸上的笑容能够看出他们真正体验到了对唱带来的欢乐。

综合评析

活动环节设计思路清晰，指向性强，在层层推进的过程中有效完成了活动目标。

1. 学习对唱形式，做好能力准备。

在活动前半部分，教师运用视频赏析、有效提问、分组体验等方式引导幼儿学习了对唱表演形式。这不仅帮助幼儿学会了新的演唱方式，丰富了幼儿的演唱经验，而且为幼儿在后续环节创编歌词和演唱新歌曲做好了能力准备，有利于后续环节的顺利开展。

2. 采用多元策略，支持目标完成。

首先，教师以创编"问答歌"为问题情境激发幼儿参与兴趣。"问答歌"中一问一答的歌词呈现形式、猜谜式的歌词内容、明快优美的壮族音乐旋律，对幼儿来说都极具趣味性和吸引力，能够很好地调动幼儿的参与积极性，激发其创编兴趣。其次，教师运用图谱支持幼儿按句式结构创编歌词。教师在活动中对于图谱表格的运用不仅帮助幼儿快速理解了歌词结构，明确了创编规则，而且为幼儿清晰记录创编内容提供了方法支持。再次，教师启发式的引导使幼儿明确创编内容。在歌词创编环节，教师通过启发式提问引导幼儿认真观察图片，帮助幼儿在头脑中逐步建构关于各类动物的特殊之处的认知，为幼儿选取素材创编歌词提供了支持。最后，合作化的共同学习助力幼儿新经验的建构。活动通过小组合作的方式支持幼儿尝试创编歌词并演唱新歌曲，帮助幼儿感受到了创编歌曲的快乐。幼儿感受音乐美、表达音乐美、创造音乐美的兴趣进一步得到激发。

3. 对活动的建议。

在活动的歌词创编部分，教师可以给予幼儿更大的自由想象、自主创作空间。活动前，教师可以帮助幼儿丰富动物特征经验，为其自由创编歌词做好知识储备。活动中，教师不规定动物种类，请幼儿以小组形式自由讨论并选择动物，创编本组独有的歌词。之后全班交流分享，使小组智慧转变为集体智慧。

指导教师：北京市海淀区唐家岭新城幼儿园　陈曦

舞狮乐（大班）

北京大学附属幼儿园　韩杰

活动由来及设计思路

自"好玩的民间游戏"主题活动开展以来，幼儿对民间游戏"舞龙舞狮"产生了极大的兴趣。在舞龙经验的基础上，幼儿萌发了开展舞狮游戏的活动愿望。我充分发挥家长资源的作用，带领幼儿查找和观看相关舞狮的视频资料，收集制作材料，幼儿对舞狮游戏有了初步的了解和认识，音乐游戏活动"舞狮乐"由此而来。活动旨在通过多种形式，使幼儿欣赏欢快、喜庆的"舞龙舞狮"乐曲，感受音乐表达的节日欢庆场面，并在欣赏音乐的基础上，大胆使用肢体动作表现音乐中的重音，合作进行舞狮游戏，在相互配合和表现中感受民间舞狮游戏的快乐。

活动目标

1. 感受欢快、活泼的乐曲风格，用肢体动作表现音乐中的重音。

2. 自由结组，能相互配合完成舞狮游戏。

3. 体验与同伴合作游戏的快乐，感受民间游戏的趣味性。

活动准备

1. 经验准备：

（1）观看过舞狮的视频。

（2）有小组合作舞龙的经验。

2. 物质准备：

（1）自制狮子道具 8 个、绣球 8 个、白板、笔。

（2）音乐《舞龙舞狮》。

重点、难点

重点：能听辨乐曲中的重音，用不同的动作表现。

难点：在重音出现的地方合作变换狮子造型。

活动过程

1. 回顾舞龙游戏，通过舞狮音乐激发幼儿参与活动的兴趣。

教师：前些天，我们进行了舞龙游戏。小朋友们说还想玩舞狮游戏。今天老师为大家准备了一首舞狮音乐，先请小朋友们一起来听一听。

2. 引导幼儿欣赏乐曲，感受乐曲的欢快，感知重音的出现，并用动作进行表现。

（1）引导幼儿完整聆听音乐，用语言表达对音乐的感受。

教师：听音乐的时候，你觉得小狮子在做什么？

幼儿1：我觉得音乐里的小狮子在练习本领，在玩耍。

幼儿2：我觉得音乐里有只狮子在蹦蹦跳跳。

幼儿3：小狮子在奔跑。

…………

教师：听的时候，你有什么样的感受？

幼儿1：我很开心，很激动。

幼儿2：我觉得这首音乐很好玩。

幼儿3：我听完这首音乐后想站起来跳舞。

…………

教师小结：小朋友们听完音乐后都有自己不同的感受，还想用动作表现一下自己的感受，那我们就一起跟随音乐动起来吧。

（2）播放音乐，鼓励幼儿随音乐用动作表现自己的感受。

教师：刚才小朋友用了很多动作来表现自己对音乐的感受。那你们有没有发现音乐中有什么不一样的地方？（启发幼儿感知音乐节奏）

幼儿1：我听到了在音乐结束的时候有两个"咚"的声音。

幼儿2：音乐中还有一段时间有很多"咚"的声音出现。

教师：小朋友的耳朵很灵敏啊，听到了音乐中"咚"的声音，那它是轻的还是重的？

幼儿：重的，声音很大。

教师：小朋友说音乐中"咚"的声音很重。我们叫它重音。

教师：这个时候，你们是怎样做动作的呢？

幼儿1：小狮子在重重地行走。

幼儿2：两只小狮子在翻滚。

幼儿边表述自己的感受边进行动作展示。

（3）引导幼儿再次欣赏乐曲，关注音乐中的特殊音效——重音，并大胆表现。

幼儿跟随音乐模仿狮子玩游戏，对于音乐中的重音用各种动作造型进行自由表现。教师关注幼儿动作表现的过程，鼓励幼儿倾听和感受音乐节拍，并在重音出现的地方启发他们用不同动作造型进行表现。

3. 组织幼儿开展舞狮游戏，进一步感知并表现音乐中的重音。

（1）引导幼儿借助道具，自由结组，跟随音乐进行舞狮游戏。

教师：请小朋友两人一组，商量怎样配合完成舞狮游戏，特别是当重音出现的时候，两个人可以用什么动作来表现。

幼儿自由结对，讨论动作分配，跟随音乐节拍相互配合，并在重音出现的地方用不同动作造型进行表现。

关注和启发幼儿的动作和创意表现。

（2）鼓励幼儿小组展示表现音乐中的重音的动作造型。

教师：哪组小朋友愿意表演，分享你们的动作造型设计？请其他小朋友注意观察他们在重音的地方都做了哪些动作，是怎么配合的。

幼儿伴随音乐进行展示，动作体现了狮头与狮身之间的配合、高低动作的变化、方向的变化。教师引导其他幼儿关注展示小组的幼儿是否跟随音乐、是否用不同动作表现音乐中的重音以及小组配合的情况等，并进行小结。

教师：刚才展示的小朋友，狮头和狮身是怎么配合的？

幼儿1：身子是跟着头动的，头往前身子就一起往前了。

幼儿2：身子抬高了，头也抬高了。

幼儿3：也有身子抬高了，头低下去的时候。

…………

教师：那重音出现的时候，他们又是怎样表现的呢？

幼儿：他们两个一起动，一起停。

教师小结：小朋友们看得很仔细，总结得也特别好。小狮子的动作要表现好，两个小朋友一定要按照音乐的节拍一起配合完成。

（3）引导幼儿进行"狮子滚绣球"的游戏，大胆使用不同动作造型表现重音，感受合作游戏的乐趣。

教师：下面我们要玩"狮子滚绣球"的游戏，请小朋友们想一想，应该有几个角色，需要几个人一组来完成，怎样配合音乐完成这个游戏。

幼儿1：有3个角色，2个人舞狮，1个人当绣球。

幼儿2：狮子要跟随绣球的方向和变化来运动。

…………

幼儿三人一组进行自由组合，伴随音乐进行游戏。一段音乐后暂停，教师引导幼儿分享游戏初步体验。

教师：请小组讨论一下，一会儿一起分享。小组三人游戏中遇到什么问题了吗？怎样配合才最有默契？当重音出现的时候，是怎样一起表现的呢？

幼儿1：我们组是听绣球的指挥，看到它动作停我们就停，它动我们就动。

幼儿2：三个人在玩的时候，后面当身子的人有时看不到前面绣球的动作，总是会慢一点。

教师：那你们是怎么解决的呢？

幼儿：我们就让当绣球的小朋友喊"停"，或者喊"走"，这样就可以了。

教师：那效果怎么样呢？

幼儿：这样就动作比较整齐了，不用看就能一起做动作了。

教师：很不错。你们发现问题后，能想办法去解决，还解决得很好。

幼儿进行小组交流，我重点指导幼儿角色之间的相互配合。

音乐再次响起，游戏开始（见图5-25）。幼儿跟随音乐关注3个角色之间的配合，在重音出现的地方用不同动作造型进行表现。教师关注并启发幼儿相互配合，用不同的动作造型来表现重音。可根据幼儿兴趣重复游戏。

图5-25 幼儿合作游戏

4. 活动结束，师生共同总结梳理活动情况。

通过集体总结、小组分享交流等形式，鼓励幼儿总结梳理各小组的游戏情况。

活动延伸

将狮子道具及音乐投放于表演区，鼓励幼儿大胆、自主地进行合作游戏。鼓励幼儿在户外活动中以及回家后继续进行音乐游戏。

个人反思

幼儿能积极参与游戏，表现出较强的游戏欲望，在倾听、感受、表现的过程中感受欢快、活泼的曲调；能跟随音乐自由结组，借助两人舞狮、三人舞狮（滚绣球游戏）的游戏形式，运用肢体动作表现音乐中的重音，在欣赏感受音乐的基础上感受民间舞狮游戏的快乐。

大班幼儿已具有初步评价他人、发现问题的能力。活动中，通过小组合作展示，幼儿在观察中学会寻找问题，发现问题，正确评价他人，提出合理建议，并接受他人的建议。在自评和互评中，幼儿对舞狮游戏中出现的问题进行总结、反思。小组间的互相评价进一步提升了幼儿的游戏经验和问题解决能力。

通过多种游戏，我带领幼儿进一步感知并表现音乐中的重音，鼓励幼儿自由结组，跟随音乐进行舞狮游戏，关注幼儿相互配合、用不同动作造型表现重音的情况，引导幼儿发现配合中出现的问题，共同寻找解决问题的办法，在舞狮游戏中体会合作游戏的快乐。活动逐层深入，给予了幼儿更多听音乐的机会，让幼儿更好地感受音乐、理解音乐、表现音乐，同时通过让幼儿用动作大胆表现自己对音乐的感受，鼓励他们分享自己好的经验，更好地提升了幼儿的想象力和创造力。

此次活动还有需要改进的方面，如可以给予幼儿更多探索的空间，增加小组评价，以更好地促进同伴间的合作与交流。

综合评析

教师选取的音乐节奏鲜明，曲式结构完整、清晰，风格欢快、活泼，充分表达了热闹的节日欢庆场面。

本次活动教育目标清晰明确、切实可行，重、难点突出。教师引导幼儿在欣赏、感受音乐的基础上，大胆使用肢体动作表现音乐中的重音，依据大班幼儿年龄特点，设计了小组合作共同学习的方式，让幼儿在相互配合和表现中感受民间舞狮游戏的快乐和有趣。

在活动准备阶段，教师将音乐作为背景，反复播放，给予幼儿充分聆听、欣赏音乐的机会。前期为活动的开展做好了充分的准备工作。过程中，教师注重幼儿经验的作用，鼓励幼儿用语言、动作表达自身对音乐的理解和体会，展示和塑造音乐形象，如想象狮子游戏的不同情境和画面，激发幼儿用身体动作大胆进行音乐表现等。与此同时，教师还关注引导幼儿的合作交流与分享，运用多种方式鼓励幼儿进行合作游戏，学习协同配合，并大胆使用不同动作造型合作完成对音乐的表现，感受合作游戏的乐趣。教师还利用展示分享的机会，通过问题引导、观察分析、交流讨论等方法，进一步提升幼儿发现问题、解决问题的能力。教师也关注在活动重点、难点的解决过程中幼儿自身能动性的发挥，引导幼儿通过角色之间、小组之间的协同配合，获得彼此认同、彼此肯定的愉悦的情绪体验。

指导教师：北京大学附属幼儿园　余丽